Ragots

DU MÊME AUTEUR

Terre Wakan, essai, Robert Laffont, 1974 (épuisé) ; *Terre sacrée*, Albin Michel 1991.

Macumba, essai, Seghers, 1975 (épuisé) ; Albin Michel, 1981.

L'Itinéraire du fou, roman, Flammarion, 1978 (prix del Duca du premier roman).

Un piège à lumière, roman, Flammarion, 1979.

Man Ray, essai, Belfond, 1980.

Le Livre des dates, essai, en collaboration avec J.-P. Amunategui, Ramsay, 1981.

La Danse du loup, roman, Belfond, 1982 (Prix des libraires 1983) ; Livre de Poche n° 5950.

Un poisson muet, surgi de la mer, roman, Flammarion, 1985.

Léonard de Vinci, essai, Jean-Claude Lattès, 1988 (prix Vasari de la biographie 1989) ; édition corrigée, 1995 ; Livre de Poche n° 6741.

Le Manuscrit sur le vol des oiseaux, de Léonard de Vinci, avant-propos d'A. Chastel et d'A. Marinoni, préface et traduction de S. Bramly, Les Incunables, Paris, 1989.

Le Cheval de Léonard, essai, Adam Biro, 1990.

Le Dit de Murano, essai, photos de K. Tahara, Maeght, 1990.

Edward S. Curtis, essai, Photopoche, 1990.

Madame Satan, roman, Grasset, 1992 ; Livre de Poche n° 13555.

Chambre close, fiction, photos de B. Rheims, Maeght, 1992.

Walter Carone photographe, essai, Jean-Claude Lattès, 1992.

La Terreur dans le boudoir, roman, Grasset, 1994 ; Livre de Poche n° 13898.

Mona Lisa, essai, Assouline, 1995.

Amateur, essai, Gina Kehayoff Verlag, 1996.

Le Réseau Melchior, roman, Jean-Claude Lattès, 1996 ; Livre de Poche n° 14430.

I.N.R.I., en collaboration avec B. Rheims, Albin Michel, 1998.

Fleurs de peau, essai, en collaboration avec G. Levy, Gina Kehayoff Verlag, 1999.

Derrière les murs, essai, en collaboration avec G. Levy, Gina Kehayoff Verlag, 2001.

SERGE BRAMLY

RAGOTS

Pour servir à l'histoire de Bussy-Rabutin,
de sa fille de Coligny,
et du chevalier de La Rivière

LABOR IMPROBVS OMNIA VINCIT
Plon

ISBN : 2-259-18627-0

« Bussy-Rabutin (Roger, comte de), né dans le Nivernois en 1618. Il écrivit avec pureté. On connaît ses malheurs et ses ouvrages. Ses *Amours des Gaules* passent pour un ouvrage médiocre, dans lequel il n'imita Pétrone que de fort loin. La manie des Français a été longtemps de croire que toute l'Europe devait s'occuper de leurs intrigues galantes. Vingt courtisans ont écrit l'histoire de leurs amours, à peine lue des femmes de chambre de leurs maîtresses. Mort à Autun en 1693. »

VOLTAIRE
Le Siècle de Louis XIV.

1676

1

1676. Progrès de la campagne de Flandre : le 17 mars, le roi a pris Bouchain.

De petites choses. Une chute, une blessure. Non loin de Condé-sur-l'Escaut, pendant le siège de la ville, le marquis de Coligny, aide de camp du maréchal de Schomberg, est tombé dans un fossé ; un pont vermoulu a croulé sous lui.

Gilbert de Coligny examine ses plaies, les juge superficielles. C'est sa première campagne.

Il s'est dégagé tout seul d'entre les planches. Une botte déchirée à deux endroits, un gros trou à la culotte, la fesse très râpée. Il voit le rouge de son sang, mais la surprise lui a causé une telle frayeur qu'il ne s'en soucie guère ; il se félicite plutôt de s'en tirer à bon compte. Des écorchures. La jambe droite fonctionne. Il plie la gauche ; là non plus, rien de cassé. On veut l'aider. Il repousse le bras qu'on lui tend et boitille jusqu'à un arbre.

— C'est idiot, dit-il aux soldats qui l'entourent, résumant ainsi le sentiment général.

Il y en a un qui ricane. Comment en est-on arrivé là ?

Gilbert de Coligny effectuait une reconnaissance avec six hommes. Ils longent un cours d'eau, cherchent un gué, trouvent ce pont. C'est le matin, la vallée baigne dans la brume. Une forêt commence sur l'autre rive, dont on ne sait ce qu'elle cache. Coligny descend de cheval, poste les gardes à l'abri, en position de tir, et s'avance crânement. Il regarde droit devant lui, s'inquiétant de l'éventuelle présence de l'ennemi, et de faire bonne impression, non de la solidité de la passerelle tendue par-dessus une eau très véhémente. Quand le plancher craque, se dérobe sous son poids, et qu'il se sent aspiré par le vide, il croit qu'une salve de mousquets lui a fauché les jambes.

— C'est idiot, répète-t-il.

Il s'est extirpé du trou en jouant des coudes. Il a le pied trempé, il est blême, défait, couvert de débris grisâtres du talon jusqu'à la taille. Son chapeau tient de guingois. Il s'efforce cependant de prendre la chose à la légère :

— Je crains, messieurs, qu'il ne nous faille pousser plus loin.

Et l'on se remet en selle. La douleur ne l'emporte pas encore sur l'humiliation.

Combien de fois sa mémoire lui repassera-t-elle cette scène ? L'imagination n'y peut rien. La voilà jouée.

Le soir, de retour au camp, le chirurgien du maréchal de Schomberg prie Coligny de baisser culotte et de s'étendre à plat ventre sur le lit. Des échardes restent fichées dans la chair. Il y en a même deux ou trois assez profondément enfoncées, qu'il faut déloger à la lancette.

Coligny serre les dents. Ce n'est pas un personnage ridicule. Trente-cinq ans, de la prestance, un nom, de vastes terres, quinze mille livres de rentes. Son beau-père lui-même, le comte de Bussy, dont on connaît la plume, n'en parle pas en mal : « Il a de l'esprit, il est sage et me paraît vigoureux. »

Le chirurgien se fait conter la mésaventure. Avec son visage carré, ses sourcils épais et joints, son air rustaud et froid, ce gros homme présente quelques ressemblances avec le ministre Colbert. On le dit très savant : il aurait anatomisé plus de cent cadavres à la Salpêtrière. Il a réclamé un flacon d'eau-de-vie et deux verres, qu'il remplit régulièrement.

Ce qui l'ennuie, dit-il, c'est le frottement, c'est la macération. Sous le manteau qui les a dissimulées tout le jour, dans les balancements du cheval, à racler contre l'étoffe et le cuir, certaines plaies se sont envenimées. Les déchirures de la culotte se sont collées au sang caillé, y laissant des bouts de fils.

Le logement qu'on a attribué au marquis de Coligny se compose de deux pièces humides en rez-de-chaussée. Le chirurgien demande qu'on y fasse gros feu, car la chaleur assèche les humeurs. Tandis que le domestique va s'approvisionner en bûches, il extrait d'une mallette des fioles, des boîtes et un petit mortier pour préparer les onguents. Il fait une pâte diluée d'huile de lin, applique son cataplasme à deux doigts et, après avoir découpé un vieux drap en lanières de la largeur de la paume, bande tout ce qui doit être bandé.

Le marquis se laisse faire sans broncher ; il attend le verdict. Celui-ci consiste d'abord dans un haussement d'épaules. *Nego consequentium.* Qu'entend-on par là ? Rien de bien grave. — Mais... Pressé d'en dire davantage, le chirurgien laisse son *mais* en suspens, pour poursuivre sur le ton badin :

— Cette partie de votre habit me paraît condamnée. Voilà ce que c'est que de porter des bottes pour le bal. Le cordonnier de la troupe vous en fera de solides, qui vous protègeront mieux.

Il force son patient au repos et promet de lui envoyer avant le soir une potion somnifère.

Le 25 mars, la fièvre a pris le marquis.

Le chirurgien, de son côté, a perdu de sa bonhomie. Il a eu fort à faire : un bataillon du régiment d'Artois, secondé par une cinquantaine de grenadiers, a tenté l'assaut de La Sourdine, un fortin qui se dresse sur l'Escaut. C'est un ouvrage à couronne, palissé et fraisé, que défendent deux demi-lunes. Mauvaise évaluation des forces qui s'y retranchaient, manque de concertation dans l'attaque, on ne sait. La place n'aurait pas été prise sans le concours de deux compagnies de mousquetaires accourues en renfort. On lui a amené des blessés par charretées ; parmi ces malheureux, plusieurs grands noms.

— Vos coupures, dit-il au marquis, vous ont évité le pis.

Coligny ne l'entend pas de cette oreille. Il se lève à demi, en fureur.

— Allons, allons... Je ne pensais pas à mal. Laissez-moi défaire vos pansements. Il faudra que j'enseigne à votre laquais comment vous bander, pour le cas où je serais à nouveau occupé ailleurs.

Les chairs ont un peu enflé et bleui par endroits, mais la cicatrisation s'annonce bien.

Le lendemain la fièvre a augmenté. Coligny montre une prunelle dilatée et brillante. Le chirurgien hume sa sueur, son haleine, examine ses selles, lui prescrit certaines herbes qu'il faut cuire en décoction ; puis le saigne, le met à la diète.

Deux jours plus tard, il lui tire encore un plein bol de sang. Ce régime réussit au marquis. Si la jambe gauche, la plus atteinte, l'élance et le démange, la fièvre du moins a baissé. Du coup, il s'ennuie. Il reçoit pourtant des visites. Celle du maréchal de Schomberg, venu prendre des nouvelles de son aide de camp ; celle de son beau-frère, Amé-Nicolas, qui sert sous les ordres du marquis de Renel, lequel a repris la charge de mestre de camp général de la cavalerie, que possédait naguère le comte de Bussy.

Amé-Nicolas est un demi-frère de sa femme. Ils se connaissent à peine, et de fraîche date ; le mariage de Coligny, plusieurs fois retardé, a été célébré en novembre.

Bien qu'il soit d'environ quinze ans son cadet, et qu'il effectue également sa première campagne, le jeune homme semble au marquis beaucoup plus instruit du métier de soldat qu'il ne l'est lui-même. Il sait quantité de détails sur la manœuvre. Quand il raconte les développements du siège — on a commencé d'investir les dehors de la ville —, il s'exprime en stratège accompli. Coligny lui en fait compliment.

Des silences entrecoupent toujours cette sorte de visite. Amé-Nicolas se balance sur sa chaise. Gilbert de Coligny gratte sa jambe sous la couverture. Profitant de l'un de ces intervalles :

— Je serai debout sous peu, dit-il. N'écrivez rien dans vos lettres, s'il vous plaît, qui puisse alarmer nos familles.

Il songe autant à son épouse, grosse de cinq ou six mois, qu'à ses parents, à qui le lient des liens très tendres. On se quitte sur cette recommandation.

Le domestique tisonne les bûches, en rajoute de nouvelles. Il fait maintenant très chaud dans la chambre.

Ce domestique est un vieux Bourguignon attentif et ridé que le marquis tient de son père. Il cuisine des bouillons revigorants. Héritier unique, très choyé des siens, Coligny s'est peu éloigné jusque-là du cercle familial : un voyage à Paris, quelques séjours en Auvergne ; les bouillons, qui font passer le pain de munition, l'aident aussi au moral : ils le rapprochent de chez lui en pensée.

Les journées s'étirent en longueur. Le matin, le domestique rase son maître, applique l'onguent que le chirurgien a préparé d'avance, puis remet en place le bandage, lequel, maculé de sang, gras de la pommade, est devenu fort sale. La fesse semble pratiquement guérie. La croûte noire qui s'y est formée ne demande qu'à tomber pour découvrir une peau neuve et saine. Plus bas, là où elle a été tailladée en profondeur, la jambe n'a pas trop mauvaise allure. Au repos, elle ne se fait presque pas sentir ; mais quand Coligny, lassé de rester étendu sur le flanc ou bien désireux de se soulager, fait quelques pas hors du lit, elle se rappelle violemment à lui : il a l'impression qu'une pince lui tord les nerfs. Et puis il y a cette fièvre qui ne tombe jamais tout à fait ; la tête lui tourne, des suées le glacent, une grande fatigue lui alourdit les paupières dès que son esprit vagabonde.

La lecture n'a jamais procuré grand plaisir au marquis. Les deux romans que le maréchal de Schomberg lui a fait porter, tout frais arrivés de Paris, lui sont tombés des mains. Il aime la chasse, la sonnerie des trompes dans le vent, les soupers qui s'ensuivent. Son souhait le plus cher serait que des camarades viennent tenir le jeu chez lui : le bruit des dés roulant sur le plateau, des cartes que l'on bat, lui serait, pense-t-il, la meilleure des médecines.

Parfois, il s'interroge sur les raisons qui l'ont conduit dans ces provinces du Nord. Pour y trouver quoi ? Au lieu de la gloire escomptée, une chambre grise dont il apprend par cœur les taches et les fissures. Il ne s'est jamais senti d'inclination pour les rigueurs de la vie de soldat.

Un après-midi qu'il est plus d'aplomb que d'ordinaire, Coligny se souvient du conseil du chirurgien et fait appeler le cordonnier du régiment. Celui-ci prend les mesures sur le pied valide. On choisit le cuir : deux heures de tuées.

Parfois, après la saignée, le marquis songe à son épouse, dont il répète le nom dans sa tête — Louise, Louise —, afin de mieux se remémorer sa physionomie. Fiancé l'été dernier, il s'est marié au début de l'hiver et s'est enrôlé avant le printemps. Il se mettait en route quand la jeune femme lui a annoncé qu'elle portait le fruit de ses œuvres.

Maintenant il se distrait à compter les chevaux qui passent devant ses fenêtres, à deviner la provenance d'un roulement d'un tambour, à suivre le tonnerre lointain des canons : comment distinguer les nôtres de ceux du prince d'Orange ? Un instant, il croit tenir une différence ; illusion.

La ville, l'informe son domestique, ne devrait pas tarder à se rendre. « Puisque je suis à l'armée, se dit Coligny, autant y faire bonne figure. » Son épée pend à un clou. Il n'a plus d'autre idée. Il s'habille, enfile ses nouvelles bottes, péniblement. Elles le serrent ; épaisses, encore raides, elles le tiennent en même temps comme une éclisse.

L'air du dehors l'étourdit. Il lui faut un escabeau pour se hisser en selle. Son esprit flotte dans une espèce de brouillard ; il ne reconnaît rien de l'endroit, et l'on doit pratiquement le conduire par la bride jusqu'au maréchal de Schomberg.

Le 24, sans s'être jamais porté au combat, des vapeurs le prennent, il s'évanouit, on le ramène au logis sur une litière.

Le chirurgien découvre une jambe très gonflée. Il la saigne au-dessus de la cheville. Comme il a bu, parce qu'il a opéré tout le jour — et la veille aussi —, sa main tremble, la lame fait une entaille en dents-de-scie. Le sang qui gicle présente une vilaine couleur, il s'accompagne d'un grand épanchement nauséabond ; sous la peau, le muscle forme une sorte de bouillie ; l'odeur ne trompe pas, la putréfaction y est. Cela coule sur le drap, jusque sur le sol. Aidé du domestique du marquis, le chirurgien cautérise jusqu'à l'os, tant bien que mal.

Progrès de la campagne de Flandre :

L'armée avance bien. Le roi en personne s'est mis à sa tête. Cinq maréchaux de France — Humières, Schomberg, La Feuillade, Luxembourg, Lorges — commandent chacun leur jour, tandis que Vauban dirige les opérations. Condé-sur-l'Escaut tombe le 26 avril. On occupe toute la place et, pour mieux la tenir, on répare aussitôt les fortifications endommagées.

Amé-Nicolas fait encore une visite au marquis. Il se présente dans un moment de lucidité paisible, si bien que les beaux-frères ont ensemble une conversation aisée, courtoise — on ne parle pas seulement de la valeur des mousquetaires gris —, d'où les projets d'avenir ne sont pas exclus. Louise se porte bien, dit Amé-Nicolas ; quant au comte de Bussy, son père, une faveur spéciale l'autorise à sortir d'exil pour aller à Paris s'occuper de ses affaires durant deux mois — n'est-ce pas merveilleux ? Lui-même est tout enivré de l'entrée triomphale dans la ville.

Ces moments-là sont rares. Coligny subit régulièrement l'emprise d'une fièvre qui peut croître jusqu'au délire. Ce n'est pas toujours désagréable ; il y a des nausées proches du bien-être, certains malaises touchent à la volupté. Il lui arrive de ronronner ; il se croit dans les bras d'une femme qui serait la sienne, l'ardeur en plus. Louise lui donne alors davantage qu'elle ne lui a refusé durant leur brève cohabitation — un amour qui s'exprimerait par beaucoup de ces caresses que vendent les filles ; et il ne se contente pas de sentir un corps de femme rouler et s'agiter sous lui, il en aperçoit également les parties les plus intimes, en pleine lumière, comme s'il les explorait à la loupe.

Le plus souvent cependant, la douleur le fait claquer des dents, et crier. La nuit, ces cris deviennent effrayants ; ils incommodent les voisins, lesquels commencent à se plaindre. Le domestique ne sait plus comment soulager son maître. Des bulles putrides, issues des profondeurs de la chair décomposée, crépitent sous la peau qu'elles finissent par crever. On en est à faire réciter des neuvaines dans les chapelles des environs.

Après la prise de Condé, la campagne se poursuit, l'armée marche sur Aire-sur-la-Lys, si bien qu'on s'intéresse de moins en moins au sort du marquis. On l'oublie d'autant mieux que Coligny, tout compte fait, n'a pas eu le temps de nouer beaucoup de liens, n'ayant guère paru sur le théâtre des opérations.

Avec les semaines qui passent, la douleur augmente, compliquée d'étouffements. Il faudrait amputer la jambe malade, mais le chirurgien du maréchal a cessé d'un coup ses visites. On le croit retenu par d'autres blessés, on l'envoie chercher : il garde le lit, il aurait contracté la fièvre de son patient. La main droite enflée, deux doigts nécrosés, l'œil vague, la sueur au front, des ganglions à l'aine. D'ailleurs il a réclamé un prêtre. Il faudrait trouver un autre praticien ; mais c'est au tour du domestique du marquis, pour s'être barbouillé de pus, à se dévouer de trop près, de souffrir du même mal : tuméfaction prononcée, coloration vineuse, abolition des fonctions, fièvre intermittente, alternance de souffrance et d'insensibilité... On n'en réchappe pas. Le pont rompu aura fait au total trois victimes.

Lettre d'Amé-Nicolas au comte de Bussy, son père, de Condé-sur-l'Escaut, en date du 7 juillet 1676 :

« On ne vous a pas mandé, monsieur, la maladie de M. de Coligny, de peur d'alarmer ma sœur, et l'on ne croyait pas qu'elle fût dangereuse. Cependant il vient de mourir par la gangrène qu'il avait au pied, et qui a couru par tout le corps ; cela marque une étrange corruption du sang. Nous l'allons faire enterrer dans le chœur de la grande église, avec une tombe sur laquelle son nom sera écrit. »

Mme de Sévigné écrira de son côté à Mme de Grignan, sa fille :

« Ma nièce de Bussy, c'est-à-dire de Coligny, est veuve ; son mari est mort à l'armée de M. de Schomberg, d'une horrible fièvre. La maréchale de Schomberg veut que je la mène après-dîner chez cette affligée qui ne l'est point du tout ; elle dit qu'elle ne le connaissait point et qu'elle avait toujours souhaité d'être veuve. Il lui laisse tout son bien, de sorte que cette femme aura quinze ou seize mille livres de rente. Elle est grosse de neuf mois. »

2

— Et voilà que la douceur de notre Bon Dieu lui a donné un trépas si chrétien, si glorieux que nous avons tout sujet de croire qu'il a commencé une vie d'honneurs et de félicité interminables.

Le comte de Dalet prenait les eaux en Auvergne quand on lui a appris la mort de son fils, Gilbert de Coligny. Il semble qu'il en ait été le dernier informé ; trois ou quatre lettres de condoléances lui sont parvenues en même temps que l'affreuse nouvelle. Il est rentré sur ses terres aussi vite que le permet le grand âge. A la sortie de la messe qu'il a fait célébrer dès son arrivée, où il n'a épargné ni l'encens ni les cierges, on l'a vu essuyer des larmes. C'était pitié que le spectacle de ce vieillard maigre, à la moustache blanche, égaré et trébuchant.

La rumeur court aujourd'hui que sa bru lui a donné une nouvelle descendance. L'enfant et la mère se porteraient bien. Cela ne diminue pas son chagrin que rien, paraît-il, ne saurait émousser. Il n'a pas reçu M. de P., venu lui témoigner sa sympathie, ni M. de Ch., ni personne ; les visiteurs se heurtent chez lui à une porte close.

Seul l'abbé Durieux a permission de le voir. Il vient le consoler chaque jour ; mais lorsqu'il lui a fait remarquer, au sujet de la naissance de ce petit-fils baptisé Roger-Marie, comment Dieu, dans sa clémence, lui avait rendu d'une main ce qu'il avait pris de l'autre, le comte de Dalet lui a rétorqué qu'il se fût volontiers dispensé de ce jeu de passe-passe, car il se trouvait lésé dans l'échange, ayant troqué un adulte qu'il aimait contre un nourrisson qu'il ne verrait sans doute pas grandir. La comptabilité céleste lui a inspiré des mots regrettables. L'abbé l'a arrêté, avant qu'il ne s'embourbât dans le blasphème, et l'a exhorté à la prière.

Contrition, pénitence, repentir.

Le comte ne dort plus. Il marche les cents pas dans son oratoire, se signant chaque fois que sa déambulation le ramène devant le crucifix. Ce qui le frappe lui paraît trop injuste ; il lui faut un coupable à punir. Son épouse, plus fine qu'il ne semblait, lui en a trouvé un tout indiqué en la personne de M. de Bussy. On lui aurait répété que celui-ci se vantait de dicter ses quatre volontés au marquis de Coligny. Ce qu'il appréciait le plus en lui, aurait-il dit, *c'est le grand désir qu'il a de suivre mes conseils.* Le mot fait d'autant mieux son chemin que les langues se délient. Selon M. de Ch., qui lui était très lié, l'idée de faire carrière à l'armée n'aurait jamais effleuré Gilbert de Coligny si le comte de Bussy, héros déçu, ne lui en avait fait une quasi-obligation : un emploi à la guerre, afin d'obtenir une position à la cour, c'est le moins, disait-il, qu'on est en droit d'attendre de son gendre. Il lui aurait fait miroiter une lieutenance du roi en Bourgogne, lui aurait tenu quantité de discours sur la grandeur de sa maison ; voilà comment on envoie un jeune homme à la mort.

Quand son épouse lui a rapporté toutes ces choses, ce pauvre Dalet s'est rappelé d'autres propos, lesquels lui étaient sortis de l'esprit, qui allaient aussi dans ce sens, de sorte qu'il est très bien entré dans le raisonnement. S'il s'est réconcilié avec Dieu, il émaille maintenant ses prières d'invectives et de menaces contre *l'assassin.*

Tout se sait. Les nouvelles vont vite, surtout en cette saison. Mme de Coligny, dit-on, n'est pas une veuve à l'antique ; elle aurait décidé de survivre à son mari. Sitôt délivrée du fardeau de sa grossesse, son fils en nourrice, elle s'emploie à se distraire, avec son père, à Paris. On l'y a vue à la promenade, et chez Mme de G., et au spectacle.

M. de C.-R., qui nous en revient tout juste, l'a raconté à M. de Ch., lequel s'est exclamé, connaissant comme tout le monde l'extravagante affection que Bussy porte à sa fille : « Ils sont donc inséparables ! » A quoi M. de C.-R. a répondu : « Ces deux-là font bien la paire ! »

Les parents de feu Coligny battent froid tout le clan Bussy-Rabutin, et jusqu'à cette bonne Mme de Rouville, leur amie, qui avait arrangé le mariage.

On ne parlerait que de ça, de cette souffrance et de cette inconvenance, si d'autres nouvelles n'étaient parvenues entre-temps de la capitale : l'affaire de la Brinvilliers éclipse désormais tout le reste.

Accusée d'avoir assassiné son père et ses frères, la marquise de Brinvilliers a été arrêtée à Liège, en mars, et écrouée à la Conciergerie, en avril. Une cassette, découverte dans ses bagages, contenait un mémoire de sa main, où elle avouait qu'elle avait cessé d'être fille à sept ans, qu'elle ne s'était guère écartée de cette voie, qu'elle avait empoisonné aussi son fils et elle-même, mais afin d'essayer un contrepoison. Voilà qu'aujourd'hui elle se dédie ; elle aurait eu la fièvre chaude quand elle a écrit sa confession, laquelle serait une extravagance qu'on ne saurait lire sérieusement. Là-dessus elle a demandé à jouer au piquet, car le temps lui pesait. Les archers de la garde l'ont retrouvée le lendemain, baignant dans son sang : c'est sa troisième tentative de suicide depuis son arrestation, cette fois à l'aide d'un bâton qu'elle s'est fichée... — devinez où, écrit dans sa lettre M. de Coulanges, « ce n'est point dans l'œil, ce n'est point dans la bouche, ce n'est point dans l'oreille, ce n'est point dans le nez, ce n'est point à la turque. » — Devinez...

Ce bâton fait beaucoup, ici, pour la gloire de la marquise de Brinvilliers, heureusement secourue. On s'arrache à présent chaque lambeau d'information qui la concerne. Elle avait une liaison avec un capitaine de Sainte-Croix et, pour pouvoir l'épouser, versait régulièrement du poison dans la nourriture de son mari ; celui-ci en serait mort si l'amant, effrayé des conséquences, ne l'abreuvait par ailleurs d'un philtre antidote ; n'est-il pas touchant de voir aujourd'hui cet époux, empoisonné et désempoisonné tour à tour durant un ou deux ans, solliciter pour sa tendre femme ?

On se répète des mots et des chansons sur le bâton dont la galante a failli se tuer. Elle ne pouvait en mourir, a dit M. de Caumartin, car de ce côté-là elle était mithridatisée.

Tout n'est point de cette veine. Pour se défendre, la Brinvilliers accuse à présent plusieurs grandes dames de l'avoir imitée en faisant périr de sa *poudre de succession* Henriette d'Angleterre, pas moins. Elle promet de ne point mourir sans que d'autres ne meurent avec elle. La cour en est si secouée qu'elle néglige les affaires de la guerre ; on en oublie presque que l'armée du prince d'Orange assiège Maëstricht. Il faut dire que le nombre des crimes commis par la belle enragée augmente chaque semaine. On parle de tourtes de pigeonneaux accommodées à sa façon, auxquelles auraient succombé des convives qui n'avaient d'autre tort que de participer à ses charmants repas. L'un d'eux agonise depuis de longs mois. Quand elle en a été informée, la Brinvilliers a dit, en se retournant, qu'il avait la vie bien dure.

Enfin le procès s'achève, on la juge, on lui lit son arrêt, elle fait sa confession, subit bravement la question ordinaire, n'omet rien : l'arsenic, le vitriol, le venin de crapaud, son père empoisonné dix fois de suite parce qu'elle n'en pouvait venir à bout, ses deux frères, sa sœur qu'elle a ratée, d'autres personnes encore, tout cela par cupidité ou vengeance.

D'où tenait-elle ses drogues ? De chez Christophe Glazer, l'apothicaire du faubourg Saint-Germain.

Vers le milieu de l'après-midi du 16 juillet, un tombereau la conduit devant la grande porte de Notre-Dame. Elle en descend, nue sous la chemise, et les pieds nus, coiffée d'une cornette, toute blanche, la corde au cou. Là, sur le parvis, à genoux, tenant entre ses mains une torche ardente de deux livres en signe de repentir, elle répète ses aveux et demande pardon à Dieu, au roi, à la justice ; puis le tombereau la mène en place de Grève, accompagnée de son confesseur et du bourreau ; et elle est à demi recroquevillée dans le fond, sur la paille.

Paris n'a jamais vu, dit-on, pareille presse. Beaucoup sont accourus dès l'aube pour assister commodément au supplice. Pas une fenêtre où l'on ne se hausse du col. La foule s'étage jusque sur les toits, comme pour un couronnement, attentive et émue.

La Brinvilliers monte sans aide sur l'échafaud. On lui coupe les cheveux, on la prépare ; elle se laisse toiletter sans un murmure ; et elle affiche une âme si sereine lorsqu'on la couche sur le billot que c'est le peuple qui gémit lorsque la jolie tête tombe.

Alors, quand le corps est brûlé et les cendres dispersées au vent, la rumeur commence de courir qu'elle a fait preuve de tant de courage, de tant de piété, de tant de modestie, de tant de résignation qu'elle devait être entrée en état de sainteté. Les plus superstitieux viennent le lendemain fouiller le bûcher pour y chercher ses os. Il y a à parier qu'il s'en vendra bientôt des morceaux jusque dans nos campagnes.

Le vent se levait au moment où le feu a pris, de sorte que la marquise de Sévigné, qui profitait du spectacle depuis une fenêtre des maisons du pont Notre-Dame, a pu dire de la malheureuse :

— Nous la respirerons, et par la communication des petits esprits, il nous prendra quelque humeur empoisonnante dont nous serons tous très étonnés.

Son cousin, le comte de Bussy, n'y était pas. Il n'aurait pas le goût de cette sorte de divertissement. Cela ne l'a pas empêché de faire des épigrammes sur l'empoisonneuse, qu'on se répète un peu partout. La Brinvilliers s'en est-elle allée au paradis ? Cette question agite les salons. Bussy aurait beaucoup glosé sur la fascination de notre siècle pour les figures de la mort et les conversions ultimes.

S'il n'a pas le droit de se montrer à la cour — après le long exil qui l'en a tenu éloigné, il est seulement *toléré* à Paris —, Bussy ne manque pas d'amis de qualité, le duc de Saint-Aignan d'abord, lequel lui a prêté un carrosse presque tout neuf, avec de fort belles glaces en place des portières de cuir, et le père Rapin, Mme de Montmorency, le président de Thou, sans oublier ses collègues de l'Académie, chez qui il apparaît régulièrement, toujours flanqué de sa fille. Il serait plus gai, plus content, plus plaisant que jamais. Fin, toujours nouveau, plein d'anecdotes, il raconte mieux qu'homme du monde, du ton de la vieille cour, et quelle cour ! Personne ne parle comme lui, dit-on, et vous savez ce que bien parler vaut à Paris.

L'âge semble l'avoir épargné. A cinquante-huit ans, l'œil vif, le teint frais, la jambe solide comme au temps où il gagnait ses lauriers au champ d'honneur, il continue d'en imposer, à tous ceux du moins que sa langue n'a pas blessés et dont il ne s'est pas fait des ennemis ; ceux-là aussi sont nombreux.

3

Tandis que les derniers visiteurs prennent congé, le comte de Dalet se sent soudain tant d'obligations, devant la compassion, les civilités, les bons offices prodigués, que les mots se bousculent dans sa gorge : aucun des remerciements qu'il adresse ne lui paraît suffire.

Plein de confusion, il dit encore à M. de Ch. qu'il raccompagne, lui faisant mille promesses de reconnaissance :

— Vous ne voudriez pas que je passasse pour un ingrat...

Puis, baissant les yeux, il s'embrouille dans une phrase qui l'étrangle, et ne peut poursuivre.

Depuis qu'il a rouvert sa porte, c'est chez lui un défilé continu, qui ne laisse pas de l'attendrir, quoique beaucoup ne viennent que dans la curiosité de son chagrin.

Ses prières incessantes :

— J'espère, mon Dieu, que vous lui avez fait miséricorde, et que votre bonté aura suppléé à ses faiblesses...

Les collines déploient leurs losanges de prairies et de champs aux teintes variées.

Tandis que de longues ombres s'étirent dans la vallée silencieuse, la beauté finissante du jour suscite dans le cœur du vieil homme un grand sentiment de vide. Une boule oppresse sa poitrine, qui le prive même de la faculté de se souvenir. De toutes les heures de la journée, celle-ci est la plus pénible. Chaque coucher du soleil lui semble un purgatoire.

Le comte de Dalet continue de pleurer son fils comme s'il n'y avait que cela au monde. Survivre à ses enfants, dit-il, n'est-ce pas faire injure à l'ordre naturel ?

Assis sur un banc, il aperçoit la silhouette d'un jardinier, qui pousse une brouette. Entre ses pieds, une coccinelle escalade un brin d'herbe. Là-haut, un nuage solitaire… Quoiqu'il eût fait résolution de se soumettre aux volonté de Dieu et de tout accepter de Ses mains sans soupir, il succombe dans ces moments-là sous le fardeau ; une peur indistincte le gagne, l'étreint, le glace, qui le fait se réfugier en toute hâte dans l'obscurité de sa chambre.

Lorsque son épouse l'entoure de ses soins :

— Et Bussy ? demande-t-il.

Depuis la mort de son fils de Coligny, nous dit M. de Ch. ce pauvre Dalet est bien diminué.

4

M. le comte de Bussy dîne avec son épouse mais soupe au-dehors avec sa fille.

La comtesse a encore grossi. Épanouie, vermeille, dodue par nature, et d'une nature qui ne se sent plus de bride depuis dix ans que les époux vivent chacun de leur côté. Tout ce volume déborde de robes chamarrées qu'il faut retailler d'une saison sur l'autre.

— Ma femme, dit Bussy, ne mourra point étique.

Là-dessus, la plus honnête, la meilleure compagne possible. Dévouée, discrète, économe, tenace, sagace, d'une patience de nonne. Tandis que le comte subit son exil en Bourgogne, elle se complaît à Paris dans la gestion de leurs affaires — des affaires du couple, de celles de leurs quatre enfants, de celles même des trois filles qu'a eues Bussy d'un premier lit. Elle calcule plus juste qu'un épicier et connaît les chicanes de la loi mieux que les juges dont elle fait régulièrement le siège, car elle a l'âme fort procédurière. Quand elle n'arpente pas les couloirs du tribunal, elle plaide la cause des siens à la cour, poussant la carrière de l'un, quémandant une charge pour l'autre, faisant intercéder sa parentèle pour tous, se réclamant ici du prince d'Orléans, frère du défunt roi (vous n'ignorez pas que le père de Mme de Bussy était chevalier d'honneur de la princesse), là de la Grande Mademoiselle et de toutes les duchesses, Lorraine ou Vendôme, dont elle s'est assurée la protection.

Pour ceux qui ne la connaissent pas, c'est merveille que de voir se démener cette masse blonde, plus large que haute. Ceux dont elle a croisé le chemin se méfient en revanche de l'énorme Mme de Bussy ; elle ne lâche jamais prise, les tracasseries administratives lui sont pain béni ; on l'a vue, souriante et affable, solliciter durant six années pour gagner un procès que les avocats estimaient perdu d'avance.

En présence de son époux, toujours réservée.

Bussy lui parle politique, poésie, religion. Elle l'approuve en tout, sans jamais le relancer, sinon lorsqu'il s'agit de la campagne de Flandre, car leur fils y est.

Bussy se lasse du monologue, consent à discuter de leurs intérêts particuliers : l'œil de la comtesse s'anime. D'un bleu très suave, ses yeux sont la partie la plus charmante de sa personne.

C'est une femme de bon sens.

Au dessert, elle sort fièrement ses cahiers, tenus en partie double, exacts à la virgule près, et se fait une joie d'en justifier chaque entrée, chaque sortie. Bussy n'y entend pas grand-chose. Elle lui explique comme à un enfant le pourquoi de ses manœuvres, et il lui expose ses propres soucis, puis l'écoute d'une oreille confiante jusqu'à l'heure de la sieste.

D'ordinaire, quand il est en Bourgogne et que leurs rapports se bornent à une correspondance mensuelle, elle lui épargne le détail des chiffres, le pas à pas des négociations, ne l'informant que de l'essentiel. Mais puisque le roi a accordé au comte de séjourner à Paris, et qu'ils sont à nouveau réunis sous un même toit, elle tient à lui faire partager ses bonheurs, à défaut d'autre chose. Devant sa minuscule écriture de clerc :

— Madame, lui dit Bussy, vous êtes un modèle de gouvernement. Je ne sais ce que nous fussions devenus sans vous.

On a desservi. Il va se retirer quand elle aborde le sujet de leurs enfants. Bussy se rassied. En cette matière les époux se serrent les coudes, se relaient, se secondent l'un l'autre.

De feu sa première femme, Bussy a donc eu trois filles :

Diane, religieuse à Paris, Charlotte, religieuse près d'Autun, et sa chère Louise, veuve de Coligny. De l'actuelle comtesse, il a eu Amé-Nicolas, un garçon, enfin ! Celse, qu'on destine à l'église, Marie-Thérèse, filleule de Mme de Sévigné, et la petite Éléonore, laquelle a clos la liste, car depuis sa naissance la comtesse a adopté pour la nuit un type de chemise que n'eût pas désapprouvé M. Vauban.

Il s'agit aujourd'hui d'établir la cadette, dont on a réuni la dot en empruntant sur celle de sa sœur de Coligny : douze mille écus ; et de trouver une charge au second des fils ; et de songer à remarier Louise : à près de trente ans, aimable comme elle l'est, dit Mme de Bussy — et son confesseur, à qui elle a présenté la chose, partage cet avis —, Louise ne saurait demeurer veuve.

Bussy se fige et ne dit rien.

Nous avons tous nos tics de langage. Mme de Bussy conclut volontiers ses phrases par la formule *autant que faire se peut*. Le verbe *faire* est essentiel à son vocabulaire. *Il faut faire ce qui est à faire*, dit-elle encore. Cela se comprend, car elle fait beaucoup.

Bussy la reprend en général sur ce pli qui lui paraît une faiblesse, comme le sont en général les habitudes ; il se vante de son côté d'avoir cassé la machine. Il ne peut s'épargner cependant de donner dans un travers semblable : le mot de grâce revient avec insistance sur ses lèvres comme sous sa plume, de même que celui de disgrâce qui en est l'autre versant. Bussy ne l'ignore pas ; cela date de certain séjour à la Bastille ; mais le moyen de se corriger tant que dure la disgrâce ?

Pour la cadette, le prétendant est M. de l'Isle, frère de Mme de Cauvisson. Négociation serrée. On a rabattu un peu les prétentions du père, l'affaire devrait aller bon train, mais quelques points restent encore à régler, quelques visites à faire, vous savez ce que c'est. Pour leur second fils, marquis de Chaseu, âgé de huit ans, il y aurait quelque bénéfice vacant qu'on lui pourrait obtenir ; une des abbayes de M. d'Alby conviendrait à merveille. Bussy souscrit à cet espoir, opine, promet de se renseigner, de s'entremettre ; il écrira à M. de Pomponne, ministre et secrétaire d'État, au père de La Chaise, à son ami le duc de Saint-Aignan, qui ont l'oreille du roi. Voilà qui est bien.

— Quant à Louise...

Le visage de Bussy se ferme.

Mme de Bussy revient à la charge dans la soirée, puis deux jours plus tard, car elle passe le lendemain au tribunal, tandis que le comte fatigue les couloirs du Parlement pour ses propres affaires.

Bussy ne voit pas l'urgence du projet. Louise, dit-il avec impatience, n'est veuve que de quelques semaines, elle sort à peine d'une grossesse, et l'on voudrait lui imposer les désagréments d'une nouvelle union ? Il secoue la tête.

L'accouchement a fait souffrir sa fille plus que si elle avait été rouée : faudrait-il qu'on renouvelât le supplice ? Il entend encore ses cris ; il ne les supportera pas deux fois. Et puis, les maternités répétées rendent les femmes moins désirables, n'est-ce pas ? et conduisent à en faire moins de cas. La jeunesse, la beauté, la santé, la gaieté, tous ces biens précieux sont gâchés par les corvées du sexe. Non, non. C'est un chemin à se défigurer, tout le monde en convient : la bile remonte au visage ; langueurs, boursouflures, étiolement, Louise mérite meilleur sort.

Faisons la part des choses, dit Mme de Bussy.

Peine perdue. Le comte se lève, dissipant d'un geste le problème importun.

La chose le travaille cependant, durant la promenade, durant le jeu, de sorte qu'il y revient de lui-même, au moment de la toilette, comme pour se justifier, comme pour en finir :

— Songez à la délicatesse de ma fille, murmure-t-il. Imaginez-la en ménage. Elle est d'un tempérament froid, mais un mari a besoin de satisfaire sa lubricité, vous ne l'ignorez pas. Louise accomplira le devoir conjugal, pour payer sa dette, et sacrifiera les agréments de sa jeunesse en donnant du plaisir sans l'éprouver.

C'est au tour de Mme de Bussy de rester songeuse.

Et de nouveau, le matin suivant, encore en bonnet :

— Les nécessités du jour lui rouilleraient l'esprit. La conversation réitérée, la platitude d'un époux médiocre lui dissiperaient le vif de son esprit. A la longue, celui-ci s'assoupirait.

Aurait-on, d'ailleurs, quelqu'un en vue ? La comtesse n'attendait que cette demande pour avancer son pion :

— Le comte de Limoges, dit-elle.

Au grand ébahissement de Bussy, elle ajoute qu'elle en a déjà parlé à Louise, qui ne l'a pas mal accueilli.

Charles-François de Rochechouart, comte de Limoges. Fils unique du marquis de Chandenier, emprisonné au château de Loches pour avoir embrassé le parti de la Fronde. Limoges a l'âge de Louise, à peu près. Comme elle, enfant d'exilé : cela rapproche.

Quelques années plus tôt, avant que Gilbert de Coligny n'entrât en lice, c'est à lui que Bussy voulait fiancer sa chère fille, mais à la condition que le jeune homme gagnât un procès contre des créanciers de son père qui le déclaraient obligé aux dettes. Souvenez-vous : le prétendant était pauvre. *C'est la faim et la soif ensemble.* Mme de Sévigné disait que Bussy n'était sensible qu'à la beauté du nom. C'est injuste ; Bussy aimait autant Limoges qu'il était touché par les malheurs de sa famille, reflet aggravé des siens. Fin, spirituel, vaillant. Mieux que cela : installé non loin de Semur-en-Auxois, le fiancé vivait à quelques lieues du château de Bussy-le-Grand ; Louise fût demeuré à proximité des siens, si bien que la séparation n'en eût pas été une : moindre mal.

Bussy s'était rendu à Dijon pour suivre en personne le procès du jeune homme, dont une issue heureuse était la condition de la noce. Le comte de Limoges avait perdu et s'en était allé servir en mer. Là-dessus le marquis de Coligny s'était déclaré.

Limoges ne déplaisait pas à Bussy, non ; mais cette volte-face de Louise ? N'écrivait-elle pas de lui à sa tante de Sévigné, quand l'affaire était rompue : « Le mérite est aussi petit que le nom est grand. Ajoutons à la petitesse du mérite, celle du bien et de la personne. Je ne sais si je trouverai mieux mais je sais que je ne saurais plus mal trouver. » Voilà qui était clairement dit.

Louise ne s'estime-t-elle pas quitte envers la société ?

— Qu'a-t-elle besoin de m'abandonner pour se cloîtrer dans un nouveau mariage ?

Limoges : sa situation, paraît-il, se serait améliorée. Il aurait des *espérances* du côté d'un frère de son père.

On entend le bruit d'une voiture roulant à vive allure sur les pavés de la rue. Un chant de femme, des coups de marteau sur une enclume, les cris de Paris, sur quoi Boileau a composé une satire.

Bussy regarde sa fille de dos, qu'on lui voudrait ôter. Il va l'interroger, ne sait par où débuter ses questions, décide d'attendre de se trouver seul à seule avec elle.

Louise porte la robe bleue qu'elle s'est fait tailler au sortir de ses couches. Un livre à la main, elle se tient bien droite dans le contre-jour de la croisée, et il aperçoit, coupée par la cascade des cheveux, le renflement lumineux de la chair qui s'abouche à l'épaule.

Il suffoque.

Des mouches tournoient dans l'air ; au-dessus de Paris, le ciel est à l'orage. Mme de Bussy transpire beaucoup aussi, quoiqu'on ait ouvert grand les fenêtres. Les personnes opulentes, constate le comte, ont souvent de ces moiteurs. Chez les dames, cela se remarque au creux de la gorge et sous les bras, tandis que l'homme sue plutôt du front jusqu'au col. Y aurait-il quelque morale à tirer de cette différence ?

5

C'est curieux, se dit Bussy, cet écart entre les projets formés dans l'enfance, lesquels se perpétuent dans l'âge mûr en dépit de toutes les vicissitudes, et notre situation réelle, dont nous ne sommes jamais entièrement convaincus. D'anciennes chimères subsistent, qui donnent l'appétit de vivre : des désirs gravés en nous comme dans le marbre, auprès de quoi c'est la réalité qui paraît un songe : on croit qu'il en est d'elle comme du mauvais temps dont on sait qu'il passe. Les déconvenues sont parfois amères, mais quelle grande chose que l'illusion !

Poussant plus loin la réflexion :

Il paraît que j'ai l'humeur double, deux visages, à l'instar du Janus romain, l'un tourné vers les noirceurs de l'hiver, l'autre résolument tendu vers les joies du printemps. Double, dit-on ; et en voici sans doute la cause :

Je me sens composé de projets, et certains me viennent de mon père, de ma lignée, comme si le temps me laisserait les accomplir ; je m'accorde toujours le pouvoir de changer de route, de défaire ce que j'ai fait la veille ou de peaufiner ce qui mérite de l'être, de même que le peintre rectifie d'un jour sur l'autre son ouvrage ; je me sens fort enfin des droits de la jeunesse, laquelle ne conçoit point l'irrémédiable. Or j'ai cinquante-huit ans, et toujours m'est devenu peu de chose ; or je perçois régulièrement, comme éveillé en sursaut, qu'on ne revient pas en arrière et que la vaste palette dont je me croyais doté s'est réduite à deux ou trois couleurs assez ternes. Ainsi je passe par des phases d'exaltation et de désespoir, de légèreté et de pesanteur, de malice et de sagesse. On me dit soupe au lait. Double, assurément, mais qu'y puis-je ?

Vous faut-il un exemple ? Mes habits d'hier ne vont plus ; j'en prends conscience au moment de les mettre. Avant d'être remisé dans mes châteaux, j'avais la taille mince ; onze années sédentaires ont accumulé des graisses qui m'appartiennent assurément, mais qui ne correspondent guère à l'idée que j'ai de moi. Me voici svelte en pensée et épais de fait. Ma pensée et mes habits se contredisent, et c'est ma pensée que je crois.

6

Roger de Rabutin, comte de Bussy. Ses armes se voient d'azur, portant la croix d'or engrelée. Grande noblesse de Bourgogne, mêlée d'un peu de sang royal.

Il dit, sans qu'on sache comment il l'entend :

— Chez nous la gloire commence dans les langes.

Au physique, c'est un homme grand, gracieux, avec un double menton, l'âge aidant. Très soucieux de sa personne : bouclé au petit fer, la moustache fine soigneusement frisée. Les jambes ouvertes en compas, il bombe beaucoup le torse, et fait à tout moment bouger ses sourcils dans une moue de perplexité enjouée. Le visage large, noble, très peu ridé pour un homme qui est grand-père, l'œil brillant, les lèvres gourmandes, d'un modelé agréable. Très affable avec les dames, exigeant beaucoup des autres. On le dit vaniteux, libertin. C'est peut-être l'hérédité.

Il ne faut guère prier le comte de Bussy pour le faire discourir sur ses ancêtres. Il les connaît par le détail pour en écrire la généalogie, dans le même temps que ses mémoires. Cette marotte lui est venue dans un de ces moments d'incertitude où l'on court après ses racines. « Un de mes amusements, dit-il à sa cousine, c'est de recueillir tout ce que je puis trouver de nos pères. » Il invoque en tout premier lieu un Mayeul de Rabutin, sire d'Épiry et de Chaseu, dont il a découvert la mention dans une charte datée de 1118. Il nomme un Amé de Rabutin, lequel entrait dans la bataille en lançant des plaisanteries qui faisaient s'esclaffer jusque dans les rangs de l'adversaire. Cela s'appelle *rabutiner* ; on parle aussi de *rabutinage*, de *rabutinade* ; tous les Rabutin, paraît-il, en font grand cas.

Derrière son éventail, Mme de Macé n'en perd pas une miette. Elle ne connaissait le comte de Bussy que de réputation. Dans le temps qu'il prenait le chemin de la Bastille, elle apprenait son catéchisme au couvent. Comme tout le monde elle a lu l'*Histoire amoureuse des Gaules*, motif du grand scandale qui a causé la disgrâce. Le voici à quelques pas de sa chaise, en chair et en os. Quand il s'interrompt, parce qu'on sert des limonades, c'est elle qui le prie de poursuivre.

Il fait cette fois un peu de manière, invoquant qu'il risquerait d'ennuyer, que ces choses ne peuvent intéresser que ceux qu'elles concernent, mais il poursuit.

Il y eut aussi un Claude de Rabutin, dit-il, tué à la bataille de Marignan. Avant de servir François Ier, il faisait l'enchantement de Louis XII, si bien qu'un chroniqueur n'hésitait pas à dire qu'il gouvernait l'humeur royale. Sa lance ne supportait pas qu'on eût quelque avantage sur elle. Il faut imaginer dans le feu de l'action cette belle *furia francese*. Et Bussy de citer :

Devant lui tout se fend,
Il entre au beau milieu sur son cheval piaffant.

Sur ses lèvres, les vieux papiers de famille deviennent épopée. Il forme ses phrases aisément, avec naturel et couleur. La vivacité du style importe moins cependant à Mme de Macé que les regards enveloppants dont elle s'imagine être l'objet. Il lui semble que M. de Bussy, délaissant le reste de l'auditoire, ne s'adresse qu'à elle, et que les exploits qu'il relate s'entendent à double sens. Mars et Vénus ont toujours fait bon ménage.

D'âge en âge, les seigneurs de Rabutin n'ont cessé de s'illustrer par le courage et par l'esprit, elle veut bien le croire. Une race solide, hautaine, turbulente, pleine d'appétits, c'est ainsi qu'elle se les figure. Ceux qui les disent fanfarons sont détrompés à grands coups d'épée. Très jaloux de son honneur, Celse de Rabutin se bat en duel en petits souliers à mules de velours noir. Dix-huit rencontres à l'actif de Christophe de Rabutin, lequel n'est tué qu'à la chasse. Il y a pourtant dans la famille une abbesse canonisée, Jeanne de Chantal, proche de saint François de Sale. Elle avait gravé sur son sein gauche, au fer rougi au feu, le nom de Jésus en lettres hautes d'un pouce ; ses baisers soignaient les lépreux, mais elle ne dédaignait pas non plus les railleries et n'était guère en reste de *rabutinade.*

— Voyez-vous maintenant ce que c'est ?

Mme de Macé le voit très bien. Le comte de Bussy est Rabutin par la branche cadette ; sa cousine de Sévigné, née Rabutin-Chantal, appartient à l'aînée. Il n'en apparaît pas moins un représentant exemplaire de cette mémorable maison. Roger de Rabutin, comte de Bussy... Jusqu'où ira la galanterie ? Elle fait des mines et pince les lèvres pour les rétrécir, parce qu'on lui a dit une fois, ce que confirme le miroir, qu'elle a la bouche un peu large.

Bussy, dont la mémoire semble prodigieuse, rappelle comment Philippe de Commynes qualifiait l'un de ses ancêtres, tué au combat du pont de Beauvais : *Très gentil chevalier pour ses beaux et adornés mots, le plus sage, le plus courtois qu'on ait su en Bourgogne ou qu'on sût nulle part.* Ce pourrait être le portrait du comte ; n'a-t-il pas un même tour d'esprit ? quant à la bravoure, n'a-t-il pas eu l'honneur, dans les temps douloureux de la Fronde, de mettre en déroute le prince de Condé, à la bataille des Dunes ? De combien de duels a-t-il réchappé ? On connaît son histoire.

Là-dessus il fait le modeste, puis se tait ; et Mme de Macé, qui a la tête pleine de corps couturés et d'épigrammes jaillissant d'un entrechoquement de lames, Mme de Macé n'aperçoit pas comment le relancer sans montrer son penchant. D'ailleurs la conversation roule bientôt sur un autre sujet. Toujours la Brinvilliers. Décapitée et brûlée, l'empoisonneuse vit mieux que jamais dans les esprits.

Des ruines parmi les arbres.

Il y avait dans le comté de Charolais une forêt au milieu de laquelle se trouvait une espèce de marais où l'on apercevait les reliefs d'un vieux château qu'on continuait d'appeler le château des Rabutin. C'était le berceau de cette famille : Bussy-Rabutin, Rabutin-Chantal.

Le comte de Bussy ne manque pas de succès.

Mme de Macé le fixe dans l'espoir que, se sentant observé, il comprenne qu'il intéresse, et qu'il lui prodigue à nouveau ses attentions. Il n'en est rien. Il parle à d'autres dames, à M. Benserade, à M. Voiture.

On l'invite, les dames lui écrivent, lui faisant mille promesses, car il reste étrangement à la mode malgré sa longue absence. En vérité, après un moment d'exaltation compréhensible chez ce mondain longtemps privé du monde, le comte de Bussy sort peu de chez lui, quoi qu'on puisse en dire, comme si la vie de Paris l'étourdissait et qu'il n'en pouvait prendre qu'à petites doses. Il doit être en cela pareil au convalescent qui, à force de garder la chambre, éprouve de la peine à s'en extraire. Personne ne lui connaît de nouvelle maîtresse. Le désir lui en est peut-être passé.

Une dame, qui se plaignait qu'il ne lui eût pas encore fait visite, disait que le roi avait grand tort de lui avoir permis de venir à Paris, puisqu'il en usait si mal. Le voyant enfin chez elle :

— Tous vos amis grondent contre vous, monsieur.

Les hommes ne semblent pas moins le courtiser, on dirait que son prestige s'est accru dans sa retraite. Les loisirs ne lui y ont pas fait défaut, il est vrai, pour versifier et augmenter ses lectures. L'abbé de Brosse, comme les pères Bohours et Rapin, l'ont en si haute estime qu'ils le disent volontiers oracle en matière de lettres. Ces jésuites eussent bien voulu, dit-on, qu'il répondît en leur nom aux *Provinciales* de Pascal ; il eût, selon eux, magnifiquement défendu les vues de leur ordre, et le parti janséniste se le fût tenu pour dit. Bussy a refusé le combat, s'estimant peu qualifié pour les choses de la religion. « Ah ! Certes, mes Révérends, vous nous conduisez en Paradis par de plus beaux chemins que ces messieurs de Port-Royal. Mais Pascal ne sera jamais réfuté. » Serait-il devenu sage ? Quand on lui demande sa philosophie, il prétend appliquer le précepte de Salomon : *Bien vivre et se réjouir.*

Certains le croient sincères ; d'autres, non.

M. de G. assure que s'il sort peu, ce n'est ni par crainte de contrevenir aux ordres du roi, ni parce qu'il préfère la compagnie de sa grosse épouse, ni parce qu'il cultive son jardin, mais par peur de se heurter à l'inimitié de tous ceux à qui il déplaît. La belle-sœur de Louvois, le ministre le plus influent de Sa Majesté, n'a pas daigné l'autre jour lui adresser la parole. D'autres affronts lui ont été faits, que son orgueil supporte mal. Pourtant il semble provoquer à l'envi les disputes. Ne parlons pas de Mme de la Baume ; entre-t-elle dans un salon, Bussy se croit forcé d'en partir. Mais quand, l'autre jour, Mme de Montalais l'a interrogé sans malice sur ses conquêtes amoureuses, il a eu le front de s'emporter comme une pucelle dont on conteste la vertu. Depuis cet incident le boulevard Saint-Germain le bat froid.

— Bussy ? Une antiquité : une acropole, une pyramide.

Sa fille de Coligny est d'une autre espèce. Elle suscite un emballement sans partage, quoiqu'elle soit d'apparence timide et un peu rustique. On aimerait que sa voiture la promène plus souvent au faubourg, qu'elle nous fasse davantage de visites ; elle y gagnerait des admirateurs. Cette veuve est une charmante personne. Tout le portrait de sa mère, feu la première comtesse de Bussy. Figurez-vous un tendron qui ne serait plus si jeune, le teint uni, beaucoup de cheveux châtains et bouclés, les prunelles d'un bleu profond, de l'allégresse, de la simplicité, de l'étonnement dans le sourire, une fraîcheur enfin dont on n'a plus l'habitude à Paris. M. de W. a dit à son sujet : *une camarade de jeu dont on brûle malgré soi de faire sa maîtresse.*

— Pourquoi ce *malgré soi* ? a demandé l'abbé de P.

— Parce qu'on aperçoit de loin toute la difficulté de l'entreprise.

Bussy réussit très bien les filles, tout le monde en convient. Il les aurait instruites lui-même, leur apprenant jusqu'à l'italien dont il a, dit-il, ramassé des miettes au passage. Il ne doit pas être mauvais professeur. L'autre soir, croyant impressionner l'aimable veuve, M. d'Orieux a voulu faire son pédant : elle l'a contredit sur une églogue de Virgile, qu'elle a citée en latin, après lui avoir demandé pardon de le reprendre.

Le vicomte de B. ne jure plus que par Mme de Coligny. On nous assure qu'il se fait faire un habit de mauve et d'argent tout exprès pour la soirée que doit donner l'archevêque de Strasbourg, où il espère la revoir.

7

Lettre d'Amé-Nicolas à son père, le comte de Bussy, du camp de Voussière :

« Nous sommes partis ce matin. Nous irons demain je ne sais où, et je ne sais pourquoi nous marchons. M. le maréchal dit que c'est aux ennemis d'être en peine, et de ne point s'inquiéter. »

Progrès de la campagne de Flandre : l'ennemi a levé le siège de Maëstrich.

Les Hollandais assiégeaient cette place depuis cinquante et un jours et l'on ne peut qu'admirer le bonheur du roi dont les troupes de renfort n'ont eu qu'à paraître pour mettre l'assaillant en déroute. Point de combat. Tout s'est décidé à la seule vue du détachement du comte de Montal, qui était de quatre mille chevaux et de deux mille dragons, bannières au vent, en rangs exacts sur l'horizon.

Il eût sans doute été moins honteux et plus sûr pour nos adversaires de se retirer trois jours plus tôt. On pense qu'il y a eu beaucoup d'incertitude dans leurs résolutions. Ils ont sonné ensuite la retraite avec tant de précipitation que leurs bateaux se sont ensablés sur la Meuse. Ils y avaient embarqué trente pièces de canon, toutes leurs munitions et cinq cents blessés ; on a trouvé en outre trois pièces de batteries abandonnées dans un avant-poste ; tout cela a été pris. Ils auront perdu enfin dans ce siège près de douze mille hommes.

Personne ne songe à blâmer le prince d'Orange, il mesurait ses forces aux meilleures troupes de France. Il a acquis d'ailleurs beaucoup de gloire devant Maëstrich. Il y a été blessé, il était incessamment dans la tranchée, il ne s'est guère fait d'attaques qu'il n'y ait participé ; sa réputation ne doit pas pâtir de sa mauvaise fortune.

Quant au gouverneur de la place, qu'il a su si bien tenir, le succès fait assez son éloge. Le roi vient de lui donner vingt mille livres de pension et l'a nommé lieutenant général.

Le maréchal de Schomberg voulait augmenter son avantage. Il a engagé le régiment de Montal à poursuivre les Hollandais. Mais tandis que ceux-ci se retiraient en désordre, des troupes fraîches sont venues leur porter secours, de sorte que nos cavaliers se sont heurtés à forte partie dans un vallon trop étroit pour la manœuvre. Il avait beaucoup plu la veille, les chevaux piétinaient un terrain bourbeux : corps à corps violent ; un coup de sabre a fendu le crâne du jeune d'Aigremont ; nombreuses pertes de part et d'autre.

Amé-Nicolas, le fils du comte de Bussy, manquait le soir à l'appel. Tout le monde pleurait sa disparition, mais quand ont commencé les négociations pour l'échange des prisonniers, on a appris que son nom figurait heureusement sur la liste.

Le comte de Bussy vient de recevoir cette lettre du marquis de Renel, envoyée du camp de Golzen :

« Je vous dirai, monsieur, qu'il y a eu hier une escarmouche à l'arrière-garde des ennemis où monsieur votre fils fit fort bien son devoir, mais son cheval s'étant abattu, il fut pris. J'ai eu ce matin de ses nouvelles, il est entre les mains de M. le duc de Montalto ; je crois que demain on me le renverra en parfaite santé ; ce petit voyage lui aura fait faire des connaissances. »

Bussy repose la lettre. Ses mains tremblaient quand il l'a ouverte. Au vu du cachet, il s'attendait au pis. Il appelle sa fille, sa femme, réclame un cordial pour se soulager de l'émotion. Amé-Nicolas est vivant… Il lui faut deux heures pour prendre la chose à la bagatelle, ce qui lui fait dire qu'il vieillit.

On manque encore de détails. La poste semble plus lente qu'à l'ordinaire. Enfin une lettre d'Amé-Nicolas achève de rassurer le comte et la comtesse, et explique toute l'affaire :

Son cheval est tué, sa jambe coincée sous la selle ; l'obligeance d'un dragon lui permet de se dégager ; un cours d'eau l'arrête au bout de quelques pas, qu'il ne peut franchir ; ne sachant que faire, il s'assied auprès d'une haie où l'ennemi le cueille ; on le traite avec courtoisie, les officiers généraux lui font mille honnêtetés ; table copieuse quoique sans raffinement.

Montant de la rançon : cent écus, qu'a avancés le marquis de Renel. Ajoutez à cela le prix du cheval et de son harnachement.

Bussy peut maintenant plastronner dans les salons :

— J'ai ouï dire que mon fils voulait prendre le prince d'Orange à la barbe et qu'il fut si étonné quand il lui vit un visage glabre qu'il en fut désarçonné. Cette inconséquence me coûte une fortune.

Il ajoute dans une joyeuse grimace :

— Cela nous fait bien plus d'honneur que l'argent ne vaut !

Progrès de la campagne de Flandre : l'ennemi s'en va maintenant du côté de Malines et nous laisse le passage libre.

8

L'homme sort de la terre par la conception, puis y rentre par la mort. Il faut croire que de cette terre dont il est issu, le nouveau-né garde un moment la souillure, de même que certains vieillards en paraissent barbouillés, comme par anticipation, dans leurs derniers instants.

Louise de Coligny, apercevant son fils dans les bras de la nourrice chez qui elle l'a placé, découvre sur son visage et son vêtement la preuve qu'on ne se tire que peu à peu de la poussière originelle. Le bébé, qu'elle n'a pas revu depuis un mois, lui semble très crasseux et malodorant.

C'est une visite à l'improviste, en compagnie du comte de Bussy, et elle ne sait que songer tandis qu'un paysan qui doit être le mari de la nourrice débite ses politesses : le petit visage morveux, plus gris que rose, émerge d'un paquet de chiffons où elle peine à reconnaître les jolies broderies du trousseau composé à sa naissance.

Le dégoût gâche la tendresse. Louise éprouve en même temps du dépit, et un vif sentiment de colère contre ces gens, recommandés pourtant par Mme de Coulanges, qui s'acquittent si mal de la tâche pour laquelle ils sont payés.

Un peu en retrait, le comte de Bussy, loin de lui dicter une conduite, épie ses réactions.

Au bord des larmes, Louise choisit d'éclater en remontrances, lorsque la nourrice lui propose gentiment de la mener à son enfant qui dort à l'intérieur. Il y a méprise. Louise rougit.

— Mais non, celui-ci n'est pas le vôtre, cette mauvaise

fille aurait-elle l'allure d'un beau monsieur ? Regardez-moi ça !

On rit de la confusion.

Un vieux banc, une cruche, le bêlement des bêtes.

Dans l'obscurité fraîche de la ferme, Louise peut bercer le petit Roger-Marie, l'embrasser à loisir, l'agacer de toutes sortes de caresses, son esprit demeure tourmenté par une sorte de remords.

Sa décision était prise bien avant le baptême : elle s'épargnerait l'embarras de l'allaitement, même si certains médecins le conseillent de nos jours, arguant que les animaux nourrissent leurs petits avec infiniment moins de pertes au moment du sevrage que chez les humains ; elle n'est plus si sûre de son fait, la voilà fort troublée.

Elle n'aperçoit cependant aucun reproche à se faire. Elle a mis beaucoup de soin dans le choix de cette nourrice, en écartant plusieurs autres qu'on lui proposait, la voulant comme il se doit ni trop jeune ni trop vieille, gaie et le teint vif, la poitrine large et les mamelles saillantes. Outre que cette femme avait donné entière satisfaction à une nièce de Mme de Coulanges, elle présentait l'avantage d'habiter une campagne point trop éloignée de Paris, sur les hauteurs de Passy où l'air est sain. Jamais de fausse couche enfin, signe d'une constitution féconde. Et ce qui confirme à Louise qu'elle n'a pas à se repentir : contrairement au nourrisson malpropre qu'elle a d'abord pris pour son fils, Roger-Marie lui paraît aussi convenablement tenu qu'épanoui.

Il y aurait donc autre chose. Comment, se dit Louise, une mère peut-elle ne pas reconnaître son bébé ? Aurait-elle si peu la fibre de ces choses qu'elle a pu confondre une souillarde avec la chair de sa chair ?

Tandis qu'elle cajole son enfant, elle questionne ainsi la réalité de son amour. Qu'éprouver pour un petit être mou, emmailloté serré comme les momies d'Égypte dont parle Hérodote ? Il n'articule aucun son distinct ; ses traits se modifient incessamment ; son regard n'est guère plus expressif que ceux des agneaux qu'elle a croisés en entrant.

A-t-il seulement des membres ? On devine tout juste le corps prisonnier des bandelettes. Et ce bonnet ridicule, censé lui faire le crâne rond. Voilà maintenant qu'il s'agite et braille. Cela est-il vraiment sorti de son ventre ?

La mère, se dit-elle, nourrit l'enfant de son sang pendant la période de gestation ; la nourrice, en lui donnant son lait, lequel est un sang blanchi, lui distille une essence nouvelle qui le rend... différent. Cela justifierait-il que ce fils parfumé au babeurre lui paraisse, somme toute, assez étranger ?

Elle voudrait interroger son père sur la question, n'ayant jamais eu l'occasion d'y réfléchir, mais le comte de Bussy, toujours à l'écart, continue de l'observer, le poing sur le pommeau de sa canne, comme si tout cela l'intéressait mais ne le touchait pas.

La porte découpe un rectangle de ciel. Et les heures passent.

Louise assiste à la tétée, cherche quelques recommandations à donner, puis couche le bébé dans le berceau à bascule, sans oublier de déposer un dernier baiser sur son front ; il y a bal ce soir chez l'évêque de Strasbourg, et la voiture attend.

Contrariété, irritation.

Bussy espérait profiter du voyage de retour pour sonder sa fille sur ses intentions de remariage. La voyant soucieuse, il remet une nouvelle fois la chose à plus tard.

Les domestiques parlent, les domestiques parlent beaucoup.

Cuzin, le cocher qui a conduit ses maîtres à la ferme, n'a rien perdu du quiproquo : Louise de Coligny et son père n'ont pas reconnu le rejeton. On s'en amuse aux cuisines. Voilà bien les nobles ! Ils exigent des soins particuliers. Ils veulent des bébés toilettés, quand tout le monde sait les vertus protectrices d'une bonne couche de crasse ; mais pour ce qui est de reconnaître son propre poupon, autant demander à un chêne le nom de ses glands.

Ce Cuzin est connu pour sa mauvaise langue. Le comte de Bussy le garde à son service parce qu'il s'y entend comme personne pour faire passer une voiture au trot là où un autre verserait au pas. Fils d'un barbier de Chalon, c'est un petit homme pâle, dévot, jaloux, qui préfère ses chevaux à sa femme, qu'il ne fouette pas moins. Pour donner plus de saveur à son histoire, il n'hésite pas à l'assaisonner d'épisodes de son cru ; il ne lui semble pas mentir, puisqu'il se contente d'apporter du relief à ce qui lui paraît être *vrai*. — Mme de Coligny a fait bien des manières, elle ignorait que les nouveau-nés n'eussent pas de dent, elle a offert au sien un hochet en ivoire et vermeil pour le prix duquel on eût pu acheter la moitié d'une étable.

Les servantes n'y croient qu'à moitié, elles aiment bien madame, mais enfin, comme on dit, il n'y a pas de fumée sans feu.

Le lait mercenaire tracasse Louise tout le jour. Elle dort mal. Il lui faudrait lire le gros traité de Samarine, *De la manière de gouverner les enfants*. Elle demande à son père si elle-même a bien été mise en nourrice comme elle le croit : le comte de Bussy lui répond qu'elle n'a quitté cette femme, une forte Bourguignonne à laquelle ses deux sœurs aînées avaient été d'abord confiées, qu'à trois ans et six mois révolus.

Son père la regarde toujours d'un drôle d'air, comme un tailleur sur le point de prendre des mesures.

— Il me semble, cher papa, que vous prenez ces derniers temps du plaisir à m'étudier.

Le comte ne nie pas. C'est, répond-il, qu'il lui trouve quelque chose de neuf, qu'il ne parvient pas à définir.

L'échange de phrases, accompagné de sourires, les remet sur ce pied de familiarité qu'ils paraissaient avoir perdu. Louise fait sa *rabutine* pour avouer le trouble dans lequel l'a plongée la visite au *posthume* — le posthume, c'est ainsi qu'ils nomment entre eux le petit Roger-Marie.

— Je pensais que ce me serait une contenance que de devoir élever ce garçon.

— Or, vous nous revenez plutôt décontenancée.

Ce ton permet de se dire tout ce qui a du mal à franchir les lèvres. Une plaisanterie emporte souvent plus loin qu'on ne pense. Bussy croit beaucoup aux vertus de la parole. Il dit que trop de retenue nuit en société, que la pensée des timides se fortifie contre elle-même tel un homme en prison. Parler et faire parler, c'est la première doctrine de ce pédagogue. Il l'a appliquée avec succès à l'éducation d'Amé-Nicolas, à celle de sa jeune belle-sœur de Toulongeon, à celle de sa chère Louise, naturellement. De cette dernière en particulier, il dit : « C'est un ouvrage de mes mains. » — Ses autres enfants doivent plutôt à leur mère.

La conversation commence donc de la façon la plus aisée ; mais tandis que Louise n'a en tête que son fils et la tendresse mêlée d'une espèce de répulsion que lui inspire son état de nourrisson, tendresse qu'elle départage mal de ses devoirs de mère, répulsion qu'a causée ou aggravée sa ridicule méprise, le comte de Bussy s'efforce de tirer au clair le projet de remariage et d'amener sa fille, par des biais qu'il construit à mesure, à en abandonner l'idée ; de sorte que ce qui avait si bien commencé vire bientôt au dialogue de sourd. On croit se comprendre, on finit par donner de la voix. Ils se quittent très mécontents d'eux-mêmes.

Répété aux cuisines, tout cela met de l'eau au moulin de Cuzin. Le cocher jubile comme d'une victoire personnelle. Aux aides, aux femmes de chambre, il dit d'un air entendu :

— Et encore, je sais des choses.

On le presse de questions, il fait son mystérieux, prétend qu'il suffit de calculer juste. Calculer quoi ? Il se rengorge et ne répond rien.

Le soir, Louise de Coligny se rend seule à l'invitation de l'évêque de Strasbourg. Bussy prétexte une migraine, un mauvais rhume ; il y a six jours, dit-il, qu'il s'est mis dans les remèdes. On se lance des regards obliques.

Louise sort en masque, petit rond de crêpe confectionné par ses soins, qui laisse la bouche à découvert, et que tiennent des oreillettes en cannetille. Habillée de point de France par une faiseuse de Semur, avec un grand mouchoir de col pour tout ornement, elle n'a pas sacrifié à la mode qui est cette saison aux *transparents* ; il faut dire que ces beaux manteaux de voile fumé, qui ne donnent qu'à entrevoir l'éclat des bijoux et des robes, sont ignorés encore de la Bourgogne.

A Paris, semble-t-il, tout est aujourd'hui au luxe dissimulé, jusqu'à la musique qui sort des rideaux.

L'évêque de Strasbourg a planté le jardin de son hôtel d'un bois entier d'orangers, où les élégants se promènent dans des allées qu'éclairent *a giorno* des guirlandes de lampions. En vérité, les arbres poussent en caisses, à l'abri de palissades élevées jusqu'à hauteur d'appui, toutes fleuries de roses, de tubéreuses, de chèvrefeuille et de jasmins. La nouveauté s'inspire de ce qu'achève Le Nôtre à Versailles.

A l'intérieur de la maison, on ne se lasse pas d'admirer le petit salon façon de Chine, celui des miroirs, qui répètent les lumières à l'infini, celui de Diane, peint en camaïeu par Duchêne.

Mais voici qu'un tourbillon enveloppe Louise. Ce sont MM. de R., de B., de F.-C., muguets fastueux et folâtres, vêtus à l'avantage, en habit de satin découpé. Ils s'inclinent très bas, avec de ces ronds de bras qu'on fait sur la scène des théâtres. L'un salue Louise d'un quatrain qu'il prétend improvisé, l'autre y ajoute un tercet, le troisième dit que ses vers rougissent d'avance devant la muse qui les inspire ; elle fuit, pour chercher la société des dames.

La duchesse de la Coche possède la voix la plus haut perchée du royaume. Elle s'étonne toujours qu'on la reconnaisse, quoiqu'elle use d'un masque à mentonnière couvrant l'essentiel de son petit visage plâtré de blanc d'Espagne. Autour d'elles, les comtesses de V. et de M.-J., la marquise d'I. et la présidente de T. jouent de l'éventail. Il fait très chaud. Comme dirait Mme de Sévigné, jamais les thermomètres ne se sont donnés à pareil exercice.

La conversation roule ici sur la coiffure. Jean Quentin, d'Ervais, Binet : on compare les mérites des perruquiers de la capitale. La duchesse ne jure que par Champagne que se disputent les principales têtes de la cour ; il a inventé un double amas de frisures et de grosses boucles, semé de perles et agrémenté de divers rangs de rubans en cascade, d'un poids de deux livres, et qui coûte ce poids de pistoles, duquel Mme de Ludres aurait dit...

A ce nom, les masques se soulèvent, on se rapproche, on murmure. L'ignorance de Louise amuse.

— Comment, vous ne savez pas cela ?

Mme de Ludres, demoiselle de Lorraine et fille d'honneur de Madame, fait pourtant bien du bruit à Saint-Germain. Elle donne, dit-on, de l'amour au roi et des alarmes à Mme de Montespan. On en attend quelque révolution. Le roi aimera-t-il à découvert ? A cette seule perspective, des alliances se forment, on échafaude des combinaisons. La future favorite possède déjà son bataillon de partisans.

— Soyez prudentes, mes amies, dit la vieille comtesse de M.-J., croyez-en mon expérience, cet amour-ci passera comme il est venu, et celui de Mme de Montespan demeurera vainqueur.

Toutes ces dames sont mères, l'une a même des petits-enfants, mais Louise doit attendre près d'un tour d'horloge avant qu'on n'aborde ce sujet qui est sa préoccupation. Sans trop de confidence, respectant les usages, elle réussit enfin à questionner sa voisine. On la trouve à nouveau bien naïve, bien provinciale.

Les enfants, explique Mme de V., sont une matière fort instable. Vous voyez celui-ci vigoureux, il vous fait risette, deux heures plus tard il a gagné le ciel. Et il vous faut bénir le Seigneur de ce qu'il Lui a plu de mettre la petite âme en paradis, car elle y louera éternellement Sa bonté et priera efficacement pour ses père et mère.

— C'est même une faveur que les prémices de votre union vous soient ainsi ôtés ; il vous impétrera des bénédictions, et Dieu vous en donnera bien d'autres, soit dit sans vous offenser.

— Oh, cela mérite de vivre. Mais tâchez donc de ne pas

trop vous attacher au vôtre, ma chère, avant qu'il atteigne l'âge de raison. Comme disait votre parent François de Sales, une mère devrait toujours moins considérer son enfant comme le fruit de ses entrailles que comme un ouvrage de Dieu.

— Un nouveau-né ne nous appartient pas, c'est le bon sens même.

Le comte de Bussy ne doit pas se sentir si mal puisque, après avoir tourné un moment en rond, il demande son chapeau pour sortir. Sa fille de Coligny a pris la voiture ? Il a des jambes. D'ailleurs il s'en va chez Mme de Scudéry, sa voisine ; elle demeure comme lui rue du Bac ; deux minutes de marche lui délieront les idées.

Il se sent d'humeur maussade et ne le cache pas.

A son amie, qui le reçoit dans sa ruelle, il avoue d'abord, comme pour retrouver son souffle, les inquiétudes que lui a données la capture de son fils ; on chasse ces soucis-là d'un geste, montrant ainsi le peu d'importance qu'on leur accorde.

Il y a aussi les alarmes que renouvellent chaque jour les bouts-rimés, les chansons qui se colportent au Pont-Neuf sous son nom : la malveillance commune lui attribue des satires contre le ministre de la Guerre, contre les prêtres, contre le roi. Il est bien vrai qu'on ne prête qu'aux riches, puisqu'on le soupçonne de tous les crimes.

— Oh, vous avez raison, madame, de craindre pour mon repos !

Mme de Scudéry lui rappelle ce qu'il lui a dit lui-même, à savoir que Sa Majesté, toujours bien informée, sait pertinemment qu'il n'en est pas l'auteur :

— Le style plaide pour vous, ces pièces ne sont pas de votre force. Le roi n'a pas pour habitude de se laisser prendre aux méchants ni aux sots.

Bussy en convient :

— Disons que la cour n'ignore pas que j'ai l'âge et la raison qui sont nécessaires pour faire sage tout le monde, et que j'ai par-dessus cela une longue pénitence qui me fait plus sage que tous les barbons.

Alors quoi ? On le presse de parler.

Trop d'attachement, c'est là son tourment.

Après un silence plus pesant qu'un soupir :

— Je n'aurai jamais si grand déplaisir, confesse enfin Bussy, que celui que me causerait la séparation de ma fille de Coligny d'auprès de moi. On veut la marier. Cela la mettrait en position de me quitter, j'en aurais la plus grande douleur que j'aie jamais sentie.

Sa fille, murmure-t-il encore, est sa seule consolation dans sa disgrâce.

— Quand j'aurais quitté Paris, si le roi ne m'accordait pas d'y demeurer, et qu'elle souhaitait y vivre avec son époux, que ferais-je tout seul sur mes collines ? J'y mourrais bientôt de chagrin.

— Il vous restera Mme de Bussy.

— Plaisir de poids !

— Vos autres filles.

— Elles sont au couvent.

Il dit, très honnêtement :

— Louise seule m'a préservé de la moisissure qui vous arrive en province.

On s'amuse de ce grand désarroi.

— Si le projet vous déplaît, monsieur, cassez-le, sans plus de discussion.

Il a alors un geste de désespoir charmant, et Mme de Scudéry trouve admirable ce père qui soumet sa volonté à celle de son enfant.

— A nous autres, dit-elle, on ne nous demandait pas notre avis. Vous a-t-on donné le choix de votre femme ?

— Non, bien sûr. Mais c'est que Louise, voyez-vous...

Et lui, d'ordinaire si entreprenant, ne poursuit pas. Il rentre bientôt dans sa maison, et tue le temps à son pupitre.

Réponse du comte de Bussy à M. de Benserade :

« Je ne sais pas si c'est d'accord avec madame mon épouse que vous me menacez d'une passion pour ma fille, afin que je me hâte de la remarier. Pour ce que vous me dites fort plaisamment que, comme nous autres beaux esprits sommes jaloux des ouvrages les uns des autres, vous m'avouez que je n'ai jamais rien fait qui vous ait donné tant d'envie que ma fille de Coligny, je vous dirai que je crois aussi n'avoir jamais fait de chanson ni de madrigal si joli qu'elle. Et pour répondre à ce que vous me demandez sur son sujet, que vous craindriez que je n'aimasse un peu trop mon ouvrage, je vous dirai que les pères sont des espèces de rivaux qui ne sont pas moins incommodes que les amants. »

Et à sa cousine de Sévigné, dont on sait l'exclusive affection qu'elle porte à sa fille, Mme de Grignan :

« Je comprends bien mieux votre peine à vous séparer de votre fille, aujourd'hui que je crains d'être abandonné de la mienne. Nous sommes encore ensemble, et je ne prévois pas que nous nous séparions de si tôt : mais la peur que j'en ai me donne un chagrin qui me fait songer à vous et vous plaindre plus que je ne faisais. Je savais depuis longtemps qu'il était bien rude de se séparer de ce qu'on aimait fort ; mais je ne savais pas encore combien il était cruel de se séparer de ce qu'on aimait très fort, et de ce qu'on devait très fort aimer. Je viens de l'apprendre par l'appréhension seulement ; et cela me fait croire que ce serait pour moi une peine mortelle si c'était une séparation effective. J'ai des raisons encore d'attachement que vous n'avez pas. Dans ma disgrâce, ma fille est tout mon réconfort ; elle me tient lieu de fortune. J'aime bien mes autres enfants, comme vous aimez fort votre fils de Sévigné ; mais assurément nos deux filles sont hors de pair. Adieu ma chère cousine. Voici une lettre bien paternelle, une autre fois vous en aurez une de moi qui sera plus badine et plus tendre pour vous. »

La nuit est fort avancée lorsqu'il entend enfin la voiture revenir, les ferrures grincer, et le pas de Louise.

Voyant filtrer de la lumière, elle frappe à sa porte, et il l'invite à entrer un moment. Il n'est pas dit qu'ils s'endormiront sur une brouille.

9

Musique, danse, comédie, la fête de l'évêque de Strasbourg a diverti plus de cent personnes.

Mme de Coligny, toute discrète que fût sa mise, a fait tourner bien des têtes. Le vicomte de B. dit que le madrigal qu'il lui a dédié a été favorablement accueilli ; il se croit le plus avancé de ces messieurs. M. de M. estime qu'il n'en est rien et le dit bien dupe. Il a croisé l'autre jour la voiture de Mme de Coligny aux portes de Paris, sur le chemin de Passy où fleurissent de ces campagnes propices aux amants. Elle se trouvait en compagnie d'un homme reculé dans l'ombre de la portière, dont il n'a pu apercevoir le visage. La pudeur de notre belle veuve, murmure-t-il, n'est sans doute que de façade. Et de citer l'exemple de Mlle de S. : en société la moindre galanterie la glace, elle rougit pour un regard appuyé ; on la découvre grosse, et deux hommes prétendent au titre de père. Le vicomte en a manqué souffleter M. de M., ils auraient tiré l'épée si on ne les avait raisonnés.

Comme pour donner raison à son détracteur, Mme de Coligny n'a pas quitté de la soirée le cercle des dames.

Bussy n'y était pas. Devant Louise, M. de Gramont l'a traité de campagnard pour se coucher à dix heures. C'était dit gentiment, sous le masque.

Bussy lui a fait porter le lendemain un billet l'assurant qu'il n'était pas un campagnard pour dormir avec les poules quand il n'avait rien de meilleur à faire, et qu'il avait le bon sens de ne point s'échauffer le sang, et de se conduire de manière à vivre cent ans et à n'en paraître que quarante. « J'aime autant les plaisirs que j'ai jamais fait, mais je ne veux plus qu'ils me coûtent de peine. Dînons l'un de ces jours chez les Toulongeon ou chez vous avec la comtesse de Gramont, et je suis assuré qu'au sortir de table vous demeurerez tous d'accord que le plus habile courtisan de Saint-Germain n'est pas moins campagnard que moi. »

Le dîner a lieu. On disait Bussy morose ces derniers temps. Le voici à nouveau léger, charmant. Il vante brillamment les qualités du *Traité de l'amitié* de Saint-Évremond, qu'il ne compte pourtant pas parmi ses amis. L'Académie ? Il approuve l'élection de M. de G., applaudit aux discours prononcés, encense l'hommage rendu au roi par Benserade. Lui-même n'y était pas : « Je ne vais point sous la coupole. » Il laisse cela aux gens de lettres ; à l'en croire, l'auguste assemblée ne l'aurait élu que pour sa qualité de gentilhomme et sa valeur à la guerre.

La visite, la promenade, le jeu, tout semble l'amuser. Il se dit positivement enchanté de la vie. On ne lui connaît pourtant aucun motif de réjouissance ; son second fils n'a pas obtenu le bénéfice ecclésiastique qu'il espérait ; le mariage de sa cadette est rompu au profit de Mlle de Malortie ; et celui de sa fille de Coligny a tout juste coulé par cent mètres de fond : on vient d'apprendre que M. de Limoges, le prétendant, a péri en mer, au large d'Ypres.

Croyez-vous que Louise de Coligny ait pleuré cette perte ? Elle n'a pas répandu davantage de larmes sur ce fiancé qu'elle n'en avait versé sur son époux. Humeur égale. Le soir même, elle se promenait au bras de Mme de D. M. de M. y trouve la confirmation que l'innocent visage de notre jolie veuve dissimule le secret d'une liaison, et qu'elle n'était en demande que d'un alibi.

Mme de Macé mange toujours Bussy des yeux. Elle ne tait pas ses regrets lorsqu'il prend congé. Peut-être se reverront-ils chez Mme de Scudéry ? Elle l'espère de tout cœur et l'avoue en souriant.

Bussy hausse un sourcil devant ce sourire quémandeur.

A une autre dame qui le poursuit de ses assiduités, il répond :

— Vous m'embarrassez fort avec vos louanges, madame, quoique vous me plaisiez extrêmement. Si je vous croyais, j'aurais trop de vanité ; si je ne vous croyais pas, je vous ferais une offense. Soyons amis.

Il ne s'en sort pas trop mal, n'est-ce pas ? Le soir, en tête à tête avec sa fille de Coligny, le commentaire ne doit pas manquer de piquant. Ces deux-là s'y entendent pour persifler. On imagine les fous rires. Que pensez-vous d'une fille élevée dans cet esprit ?

On disait le comte sur le point de rentrer en Bourgogne. Les deux mois que Sa Majesté lui a fait la grâce de lui permettre de demeurer dans la capitale pour travailler à ses affaires sont depuis longtemps écoulés. Ce serait pourtant son intérêt. Paris coûte cher, Bussy y vit à petit train. Selon M. de R., très à même de ces choses, ses terres ne lui rapportent guère plus de deux mille cinq cents livres par an ; ce n'est pas gros, il y aurait avantage pour lui à manger sur place les chevreuils de ses bois et les poires de son verger : en province on a des denrées, si l'on n'a point d'argent.

Loin d'y songer, il multiplie les démarches auprès du roi. Aurait-il la candeur d'espérer regagner ainsi ses faveurs ? Voici maintenant onze ans qu'il implore Louis XIV de changer d'opinion à son égard. Il aimerait repartir en campagne, soupire-t-il. A son âge ! « Si Votre Majesté m'accordait de hasarder ma vie pour elle... » Il se désespère surtout d'être cantonné dans ses châteaux, d'avoir à demander toujours permission pour aller et demeurer à Paris.

Sa Majesté n'est pas facile à atteindre, ne lui écrit pas qui veut. Bussy fait porter ses suppliques grâce à l'obligeance de M. de Pomponne ou de tel autre de ses amis. Ces lettres doivent faire sa fierté, car il les recopie régulièrement à plusieurs exemplaires ; l'un va à sa cousine de Sévigné, l'autre à Saint-Aignan ou au père Rapin, le troisième s'engrange dans ses tiroirs. Il garde copie, paraît-il, de tout ce qu'il écrit, entremêlé des réponses, comme si ces correspondances personnelles pourraient un jour intéresser quelqu'un.

A Mme de Sévigné :

« Je me suis donné l'honneur d'écrire au roi. Il me semble toujours que ce sera la dernière fois, et que ma lettre lui fera voir mon cœur. Celle-ci pourrait faire bon effet. Je vous l'envoie. J'aurais été vous la lire, si je n'étais enrhumé. »

A sa Majesté :

« Sire,

« Dieu veut qu'on ait recours à lui pour ses besoins ; et quoiqu'il ne les accorde pas toujours à point nommé, il les accorde enfin à la persévérance. J'espère que Votre Majesté, qui est son image, me témoignera enfin par une nouvelle grâce qu'elle m'a pardonné ma mauvaise conduite. J'ai perdu cette année mon beau-fils au service de Votre Majesté, dont je regrette principalement la vie, sire, parce qu'il ne la peut plus employer pour vous ; c'est le marquis de Coligny qui est mort d'une blessure à Condé. Et mon fils a été pris à la retraite du prince d'Orange, je viens de le tirer de captivité. Je tiens mon bien, la vie et la liberté de mes enfants bien employés en ces rencontres, et je ne serai pas tout à fait content, que Votre Majesté ne me permette aussi de la servir à nouveau de mon mieux. J'assure Votre Majesté que je n'abuse pas des bontés qu'elle me fait. Je ne vais en aucun lieu public, et je ne vois que mes juges et quelques-uns de mes amis particuliers. Si je m'étais aussi bien comporté avant ma disgrâce que depuis que j'y suis, je n'aurais pas à forcer l'inclination qu'a Votre Majesté à récompenser plutôt qu'à punir, et je jouirais aujourd'hui du fruit de mes services. Je lui proteste avec vérité que tout ce que j'ai pu faire, en ne perdant aucun temps, a été de courir les tribunaux, mais j'ai été renvoyé en cassation. Ainsi, pour cela, et pour d'autres affaires que j'ai au Conseil et au Parlement, je supplie très humblement Votre Majesté de vouloir bien finir les peines d'un homme qui est autant à Votre Majesté par son cœur que par sa naissance, et qui dans sa plus mauvaise conduite a toujours aimé Votre Majesté comme son bon maître, et l'a admirée comme le plus grand prince du monde, et de m'accorder la permission de passer l'hiver à Paris, d'où je partirai le premier de mars prochain. »

1677-1678

1

Bussy :

— Si ma disgrâce a fait perdre des avantages à mes enfants du côté de la fortune, elle leur en a donné du côté de l'esprit.

Le révérend père Rapin lui fait la bonté de s'intéresser à sa fille de Coligny :

« On vous en a dit trop de bien, lui répond-il. Je m'en vais vous la définir : c'est une fille qui a été nourrie ou chez sa grand'mère de Toulongeon, ou aux Saintes-Maries ; ce sont-là de fortes écoles pour les mœurs. Depuis que je suis sorti de la cour, elle a toujours été auprès de moi, où je lui ai plus appris à vivre que toute autre chose. Cependant elle ne laisse pas d'avoir assez lu — des histoires, et des ouvrages d'esprit. De vers elle ne fait point ; car je compte pour rien un bout rimé qu'elle pourra composer quelquefois par compagnie ; elle se contente d'en bien juger. Il faut aussi dire le vrai, non seulement elle discerne les bons livres d'avec les mauvais, mais de deux bons elle connaît bien le meilleur. Enfin, mon révérend père, nous avons lu ensemble tout ce qui vient de vous : elle l'a admiré comme moi, et n'a pas attendu que j'eusse parlé pour se récrier aux plus beaux endroits. Il y a encore une chose que j'ai voulu qu'elle sût mieux que tout le reste, qui est de ne point faire de parade de ce qu'elle sait, et de craindre même qu'on ne croie trop qu'elle sache, de peur que la plupart des gens avec qui on est obligé d'avoir commerce, et qui ne savent rien, ne la craignent ; et quand elle est avec d'honnêtes gens de mes amis, de ne débiter ce qu'elle sait qu'avec grande réserve et grande modestie. Voilà comment est ma fille de Coligny, et comment il me semble qu'une jeune femme de qualité doit être. »

2

Ne dormir guère, manger peu, et ne pas craindre la mort ; s'ennuyer quelquefois, et quelquefois se divertir ; car si l'on se divertissait toujours, la vie paraîtrait trop courte, et si l'on s'ennuyait toujours, on mourrait bientôt de chagrin.

Bussy dans ses philosophies. Il en a infiniment, et de toutes les sortes.

Sa fille de Coligny et lui se disent d'accord avec M. de La Rochefoucaud que la bonne grâce est au corps ce que le bon sens est à l'esprit. La maxime, expliquent-ils, signifie que le corps sans la bonne grâce est aussi peu agréable que l'esprit sans le bon sens. Ils croient encore qu'il y a de la différence entre la bonne grâce et le bon air ; que la bonne grâce est naturelle, et le bon air acquis ; que la bonne grâce est jolie, et le bon air beau ; que la bonne grâce attire l'amitié, et le bon air l'estime.

Bussy aurait employé plutôt le mot de respect ; c'est sa fille qui a trouvé qu'il fallait dire estime, et il y a souscrit. Il voulait aussi que le bon sens et le jugement fussent la même chose ; Mme de Coligny voulait plus précisément que le bon sens regardât les pensées et les expressions, et le jugement la conduite, et son père s'est incliné à nouveau.

Tous deux croient enfin que bon sens, raison et bon esprit se disent de même ; que le génie est général, et le talent, particulier ; que la bizarrerie est continuelle, et le caprice, par intervalles ; que c'est une bonne qualité que d'être candide, ou du moins détaché, et que c'est un défaut d'être ingénu ; et qu'il faut plus d'esprit pour être poli que pour être honnête ; et que l'honnêteté a plus de fonds et plus d'étendue que la civilité qui n'en a que l'apparence.

Leur grande distraction à tous deux serait ces derniers temps de se donner des compliments en ancien français. Ils imitent Froissart. Mme de Coligny excelle, paraît-il, dans ces contrefaçons. Sa fierté lorsqu'elle réussit à impressionner son père.

3

Mars 1678.

L'Angleterre divisée ou tenant double discours ; les Espagnols et les Hollandais dans l'expectative ; le roi toujours en mouvement, et partout vainqueur : Gand, Mons, Namur, Charlemont, Ypres assiégés et investis dans le même temps ; la cour tenue dans l'ignorance, suivant l'armée comme elle peut, c'est-à-dire fort mal : la nuit du deuxième jour de marche, les dames toutes embourbées et forcées de coucher dans leurs carrosses en pleine campagne ; les ambassadeurs muets, l'obscurité partout ; tout le monde se perd en conjectures : nous aurons la paix, ou bien la Flandre ; la paix paraît cependant plus difficile à faire que la guerre, qui serait alors générale et terrible.

Le printemps s'ouvre cette année sur de grandes indécisions, d'où sortiront peut-être de grandes choses.

Mme de Montespan, que l'on croyait un moment évincée, a repris sa place dans le cœur de Sa Majesté ; il lui a suffi d'attendre. On la dit même mieux aimée qu'autrefois. Ils sont plus vivement ensemble ; l'empressement des premières années se retrouve ; toutes les contraintes sont bannies pour mettre une bride sur le cou qui persuade qu'on ne connaît pas d'empire plus établi. La favorite paraît pompeuse, tonnante, triomphante ; jamais il n'y a eu de plus grands airs. Quand elle parle de son infortunée rivale, elle dit *ce haillon*. Mme de Ludres n'est plus d'aucun déplacement. Elle se cacherait à la campagne, chez les Clérambault.

Elle s'était portée trop tôt pour remplaçante, quand elle parlait comme ayant *débusqué* Mme de Montespan. Vous ne pouvez assez plaindre et admirer la triste aventure de cette nymphe. L'imagination peine à se représenter comment elle finira. La pauvre n'a pourtant rien perdu de ses charmes. Un homme de la cour lui disait encore, l'autre jour : « Madame, vous êtes, ma foi, plus belle que jamais. — J'en suis bien aise, lui a-t-elle répondu, c'est un ridicule en moins. »

1679

1

1679.

La Brinvilliers n'est pas sortie des mémoires qu'une nouvelle affaire de poisons infecte le royaume. On croyait toucher le fond ; c'est un gouffre sans fin.

M. de La Reynie :

— La vie de l'homme est publiquement en commerce. C'est presque l'unique remède dont on se sert dans les embarras de famille.

De petites choses. Cela commence par des rumeurs.

M. de La Reynie, lieutenant général de police, a ses informateurs, qu'on appelle des *mouches*. Ces mouches ne sont pas des gens très recommandables. Elles fréquentent volontiers les cabarets des rues du Temple et de Saint-Martin, les auberges du quartier Montorgueil, de la Halle aux Bleds : l'ancienne Cour des Miracles recomposée aujourd'hui à l'enseigne du poison.

A force de rôder là-bas, soir et matin, dans les arrière-salles, les petites cours, les passages, les degrés obscurs, de noter les visages, d'écouter les on-dit, les mouches apprennent des choses dont on n'a pas le soupçon. L'honnête homme ne les comprendrait même pas. Comment deviner que *faire avaler un bouillon de la rue Saint-Denis* signifie se délivrer d'un fâcheux ? Qu'il faut prier saint Rabonni de Montmartre pour se décharger d'un mari brutal, d'une épouse encombrante ?

Rabonnir, préparer le bouillon fatal, c'est la spécialité de personnes dont la réputation ne va que de bouche à oreille. Il arrive qu'une mouche volette sur ce chemin. Quand elle saisit un nom, une adresse, elle s'empresse de les répéter au lieutenant général, lequel envoie ses archers ; souvent pour ne rien découvrir ; parfois pour donner droit dans *le treize d'un trou-madame.*

Petit, sec, très brun, M. de La Reynie n'a pas un physique à mettre en émoi les demoiselles. De beaux yeux, peut-être ; mais ils le sont d'abord par l'intelligence. Dans son dos, on l'appelle *M. de l'Araignée.*

Les mouches ne sont pas seules à entrer dans sa toile. Nombre d'arrestations ne le doivent qu'à une lettre anonyme comme il s'en écrit bénévolement tous les jours.

La femme Vigoureux est interpellée chez elle, le 16 janvier. Puis, celle qu'on nomme la Bosse, puis la Trianon, en pleine rue. Puis un prêtre, un certain Lesage, lequel a porté plusieurs autres noms et séjourné aux galères. Il s'ensuit une grande rafle, laquelle en entraîne une autre, puis une autre ; en tout, quatre cent quarante-deux personnes inculpées.

C'est qu'il ne s'agit plus d'une simple affaire de poudre de succession. Des morts suspectes, des disparitions d'enfants agitent Paris jusque dans ses faubourgs — surtout dans ses faubourgs. Au bourdonnement des mouches répond le grondement de l'émeute. Il est des avertissements qu'il ne faut pas prendre à la légère. Il y a des menaces plus préoccupantes encore. Une confession ramassée dans la galerie marchande du palais de Justice, et transmise au père de La Chaise, l'aumônier de Sa Majesté, évoque un complot qui vise le royaume à la tête : « La poudre blanche que vous désirez mettre sur la serviette de qui vous savez... » La chose paraît si grave qu'elle réconcilie, autour du chef de la police, Louvois et Colbert, les ministres rivaux : on en voudrait à la vie du roi.

Le dimanche 12 mars 1679, au sortir de la messe, sur le parvis de Notre-Dame de Bonne-Nouvelle, les archers du lieutenant général arrêtent la Voisin, Catherine Deshayes de son vrai nom, épouse d'Antoine Monvoisin, mercier et joaillier en faillite, qui tenait boutique sur le Pont-Marie — il a décidé de ne plus travailler.

C'est une femme alerte, encore belle à distance. Les joues rouges de couperose. La taille épaisse, mais que fait passer un grand volume de poitrine, décelable sous la mantille. La Voisin semble mâchonner encore des prières lorsque M. de La Reynie la fait saisir par ses gendarmes. Elle tient son missel sous le coude. Trop orgueilleuse pour se débattre, elle joue les grandes dames. Sa robe d'ivoire brûlé lui en donne un peu l'allure. On sent qu'elle ne lésine pas sur les écus et qu'elle a étudié les bons modèles. Le fard, les mouches, les ornements superflus, une certaine vulgarité d'expression dissipent cette impression au second regard. La Voisin ne ferait illusion que de loin, de sorte que, selon M. de Ph., de quelque façon qu'on s'y prenne, on ne l'approche jamais sans dommages.

De combien de morts s'encombre sa conscience ?

Au lieu de la faire mener au cachot, M. de La Reynie l'a interrogée sans tarder ; sa sagesse lui dicte de ne point laisser à un accusé le temps de méditer des systèmes.

La Voisin refuse le titre d'empoisonneuse. D'où tire-t-elle ses revenus ? Elle se dit sage-femme, un peu rebouteuse, grande devineresse. Sorcière ? Point du tout. Elle se serait attachée seulement à cultiver la science que Dieu lui a donnée. Elle aurait appris la chiromancie et la physionomie à l'âge de neuf ans. Ses réponses ne se lassent pas d'invoquer Jésus, la Vierge Marie et les saints. Il semble qu'au milieu de tous ses crimes, elle ait de la religion à revendre.

Comme diseuse de bonne aventure, elle reçoit quantité de personnes de toute condition, elle ne le nie pas, qu'elle fait payer très cher pour prédire l'avenir et favoriser de ses conseils leurs desseins. Qu'est-ce que la physionomie ? L'art de percevoir les désirs, les tensions, les espoirs que trahissent visages et attitudes ; il serait plus efficace que celui de lire dans les mains. Est-ce sa faute si l'ancienne habitude de consulter les oracles, de faire tirer son horoscope, de chercher le secret pour se faire aimer, subsiste encore parmi le peuple aussi bien que chez les premiers du royaume ? Est-ce sa faute, hein ? si la Providence lui a donné un don pour aider son prochain ? A peine avoue-t-elle amuser les âmes curieuses par des apparitions d'esprit.

L'araignée se caractérise avant tout par sa patience. Le lieutenant général n'a pas poussé davantage ce premier interrogatoire, laissant ses hommes compléter d'abord leur enquête.

La Voisin, apprend-on aujourd'hui, ne manquait pas d'amants. Le vicomte de Couserans, le comte de la Batie, le sieur Fauchet, architecte du roi, André Guillaume, le bourreau qui a tranché la tête de la Brinvilliers et à qui elle confiera peut-être la sienne, pour ne citer que les plus considérables, se sont partagés ses faveurs, lesquelles allaient, maintenant qu'elle n'a plus toute sa jeunesse, au patron du cabaret de la *Bonne Eau* et à ce Lesage qui se dit prêtre. Continuellement ivre, selon ses voisins, elle faisait bastonner son mari chaque samedi afin qu'il s'accommodât pour la semaine de la médiocrité de ses mœurs.

La perquisition de ses biens l'accuse davantage. Le lieutenant criminel a retourné sa maison de fond en comble. Il y a trouvé quantité de drogues dans des cachettes, eau-forte, mercure, poudre d'écrevisse, salpêtre, esprit de nitre, et des cornues, un creuset encore sur le fourneau, des vaisseaux de terre, des matras à distiller, prétendument pour apprendre la chimie. L'arsenic ? Il tuait les rats et les chiens enragés, soutient l'accusée. Ces liqueurs suspectes ? Des eaux de beauté et d'autres contre la goutte ou l'hydropisie. Les fioles de sang coagulé, conservées sous du linge, dans un réduit ? — « C'est le sang des premiers mois de ma fille, qui me sert pour guérir les corps aux pieds. »

En fait de médecines, la Voisin administrait d'étranges panacées dont elle éprouvait les vertus, comme la Brinvilliers, sur les grabataires de l'Hôtel-Dieu. Quant à ses prétentions de sage-femme, elles ne sont pas dénuées de fondement, avec cette précision que si elle délivrait bien les mères de leur fardeau, c'était pour expédier le bébé directement au ciel. Aux dames qui *se sont laissé surprendre*, elle proposait des poudres en décoction qu'elle broyait dans ses mortiers ; le traitement se révélait-il impuissant à *vider* la patiente, l'avorteuse sortait sa seringue de fer, son eau des Anglais ; si toutes ces mesures échouaient, elle se chargeait d'accoucher et d'escamoter le petit ange. Son four en brûlait, paraît-il, plus qu'il ne cuisait de pains.

Pour sa défense, elle les faisait d'abord ondoyer par un prêtre ; elle aurait ainsi sauvé plusieurs milliers d'âmes innocentes.

Le quartier entier semble impliqué. On arrête des proches ; on fouille le *Porcelet d'Or*, la *Femme sans Tête* et autres auberges borgnes. La prison se remplit de lavandières, de ravaudeuses, de revendeuses de fruits, d'eau-de-vie, de crèmes et de pâtes pour la peau. Toutes ont le même système de défense : « Au lieu de tourmenter une pauvre innocente, vous feriez mieux de chercher ce qui se passe en haut. » On les confronte, on leur montre les preuves réunies contre elles, les écus qu'elles ne peuvent justifier, les crapauds, serpents et autres insectes vénéneux découverts chez elles, et parfois sur elles : elles ne changent pas de politique, ne citent aucun nom particulier et continuent de renvoyer M. de La Reynie aux beaux quartiers ; certaines parlent même de Saint-Germain, de Versailles. Une dame de haute taille, au masque bleu, toujours vêtue d'une robe à double queue, aurait été beaucoup aperçue dans les parages. Des espions anglais seraient aussi de la conspiration.

Sa Majesté s'en est émue. Mieux informé qu'il n'admet en public, le lieutenant général lui aurait murmuré des choses à frémir. Pour juger les crimes ensemble, prétextant du grand nombre des inculpés, le roi vient d'instituer par lettres patentes une cour spéciale de justice. Sa Majesté n'était sans doute pas satisfaite du Parlement depuis le jugement de Mme de Brinvilliers. Il n'est plus question que de cela. On appelle cette Chambre ardente Chambre de l'Arsenal, parce que c'est à l'Arsenal, près des quais, qu'elle tient ses séances, ou plus communément Chambre des poisons, puisqu'il ne s'agit de rien d'autre. Le peuple de Paris espère qu'elle ira jusqu'au bout de ses investigations et que les ministres, pour une fois, n'étoufferont pas l'affaire.

2

Pays vallonné ; un défilement ininterrompu de collines grasses. Un vieux château parfois, aux tours ventrues. Pas une ligne droite. Des villages insignifiants. Belles forêts. Terres fécondes. La Bourgogne.

Peu de poussière, tout le monde en convient. Mauvaises routes en revanche. Les rivières débordent à la première pluie. Longues ornières où s'enlisent les carrosses. Celui de Mme de S. a versé dans le fossé. Ici, c'est une charrette, l'essieu brisé, qui fait obstacle ; deux heures d'horloge avant de se remettre en train. Chez nous, la poste traîne plus que partout ailleurs. Au voyageur pressé, il faut le cocher du diable pour arriver entier à bon port.

L'orage n'a cessé de la semaine. M. de R. : sujet bizarre et inégal. Nous le voyons partir, courbé sous la capote, par les chemins détrempés ; cela paraît plaisant à tout le monde. Sa femme, prise de fièvre, ne quitte plus le lit ; aux dernières nouvelles, elle respirait à peine. Et le mari s'en va à Dijon ! On dit qu'il se rend chez l'abbé Durieux. Notre cher Rouargues prétend que c'est pour demander l'absolution de ses péchés, de façon à se trouver en paix avec Dieu quand son épouse montera au ciel.

A ce sujet, nous avons été fort surpris par la mort du marquis d'Avigore. Il donnait à tout le monde l'illusion de s'en être prémuni. Il avait survécu à la bataille de Nordlingen, à la campagne de Catalogne, au passage du Rhin, aux folies de son fils, à toute sa triste famille. Il vivait seul désormais et cela lui réussissait : le visage lisse, la dent solide, aucune passion, une vie admirablement réglée. Que s'est-il passé ? Il chasse le matin, malmène ses métayers à midi, s'occupe le reste du jour à gagner un procès que lui fait un créancier de Saulieu. On le voit ensuite à la promenade, puis sur les berges de l'étang de Chignes, en compagnie de ses chiens. Il ne paraît pas au souper, lui si exact. On commence de s'inquiéter, son valet de chambre le cherche, ses gens battent les environs. Les aboiements les renseignent : on trouve le marquis d'Avigore dans un pré, étendu sur le dos et les bras en croix. Il a dû voir venir la mort de loin, car son visage porte une expression d'effroi et d'incrédulité extrême. Détail curieux : il a eu le temps d'armer le petit pistolet qu'on a ramassé dans l'herbe, à ses côtés. Les fioles de la Voisin rempliraient-elles leur office jusque dans nos campagnes ? Le moindre malaise est maintenant attribué au poison, et nombre de personnes de raison vivent dans les transes par suite de frayeurs de cette sorte.

Nous avons enterré le marquis d'Avigore hier, laissant les médecins disputer des causes de sa fin soudaine. Belle assemblée. Oraison fastidieuse de l'abbé Langlade ; le brave homme s'est cru obligé de citer un à un les innombrables mérites militaires du défunt, il ne nous a fait grâce d'aucun régiment, d'aucun drapeau. La petite Mme de Sandricourt ne pouvait retenir ses larmes. C'était la voisine du disparu, sa confidente, peut-être davantage autrefois. Un homme la soutenait, encore jeune, jolie tournure, un certain La Rivière. Il paraissait très confus de ce gros chagrin étalé devant tout le monde. Ce serait un demi-frère tout juste revenu de la capitale. Mme de Sandricourt et lui ne se ressemblent guère ; ce Henri de La Rivière n'a encore fait à personne l'honneur d'une visite. C'est fort contraire aux usages. Notre ami Rouargues a promis de se renseigner — vous le connaissez, il a ses entrées, rien ne lui échappe.

Serait-ce le mauvais temps ?

Le printemps tarde à venir, nos campagnes ont pris un air de désolation qui donne de l'humeur aux esprits les moins chagrins. Le feu ronfle dans les cheminées, impuissant à chasser l'humidité qui s'infiltre partout. Pas un oiseau dans le ciel. Les chevaux sont au pâturage, l'encolure basse, de la fumée aux naseaux. On attend avec impatience la poste qui aurait dû arriver de Paris. Quelles surprises nous réserve encore la Voisin ?

Les doigts immobiles sur son ouvrage, Mme de J. frissonne, enveloppée dans une pelisse. M. de J. surveille de son côté le petit domestique qui graisse ses bottes. Le vent fait une sorte de reniflement continu.

Mme de Sévigné, à sa fille : « Il faut regarder la volonté de Dieu bien fixement, pour envisager sans désespoir tout ce que je vois, dont assurément je ne vous entretiendrai pas. »

Tout le monde ne plane pas à ces hauteurs. Nous avons d'autres remèdes. Un nouveau venu constitue pour beaucoup la meilleure des distractions, et le nom de La Rivière fait ces jours-ci l'ordinaire des dîners.

On lui donne trente-cinq ans. L'homme s'habille de sombre, avec des rubans. Vigoureux, assez grand. Très réservé, poli ce qu'il faut, une ombre d'ironie dans le sourire. Orphelin, élevé chez les Jésuites, il a suivi le duc de Beaufort sur les côtes d'Afrique, ce qui lui a valu l'honneur de combattre les barbaresques à Gigeri, près d'Alger. Aide de camp du chevalier de Lorraine, capitaine de chevau-légers, il aurait abandonné le service à cause de la paix de Nimègue.

Sous prétexte de prendre des nouvelles de sa sœur, la petite Mme de Sandricourt, après ces obsèques où elle a si bien sangloté qu'elle a manqué se trouver mal, Rouargues a pu interroger notre homme directement.

Il n'a pas été mal reçu. Après le café, La Rivière a évoqué un grand dégoût du monde. Lassé des fumées de la guerre autant que des plaisirs de Paris, il se serait promis de vivre dans la solitude pour méditer sur la vanité de toute chose. Cela paraît bien beau. Mais il débitait sa tirade avec l'espèce de sourire qui ne le quitte pas, et rien dans son attitude ne s'ajustait à la gravité du dessein. Enfin, nous n'aimons guère entendre qualifier notre province de *solitude*.

Un sanguin doublé d'un oisif, selon le jugement de Rouargues qui, fier de sa formule, la répète à l'envi. Beaucoup de mollesse, et tout autant de désirs. Comment cela s'accorde-t-il ? — « L'homme doit lire des romans qui lui gonflent la tête sans le rassasier. » On a ri. Toutes les dames ont reconnu à la promenade que notre ami possède infiniment d'esprit.

Les pièces se mettent peu à peu en place. M. de J. a convié La Rivière au jeu, malgré l'avis du président Gravlaye qui trouvait que ce n'était pas à nous de faire le premier pas. Je ne sais qui disait qu'il se refuserait ; il est venu. Nous voulions connaître ce qu'il a dans le ventre ; ce n'est pas rien. Il a peu misé, n'a pas été maladroit avec les dés, a beaucoup gagné. À un certain moment, il a laissé entendre qu'il était au mieux avec M. le marquis de Trichâteau, le gouverneur de Semur. Enfin, il s'est enquis du comte de Bussy, qu'il souhaitait revoir. — « Le connaissez-vous donc ? » a demandé quelqu'un. La Rivière s'est incliné, avant de répondre qu'il avait eu le privilège de rencontrer le comte à Paris, chez Mme de Scudéry.

— Vous la connaissez aussi ? s'est exclamée Mme de B.

M. de La Rivière, devinant un quiproquo, nous a gentiment détrompés : il voulait parler de Mme de Scudéry, et non de Mlle sa belle-sœur, la célèbre auteur de *Clélie*.

Dans son salon, il aurait eu l'avantage d'entendre le comte de Bussy lire un fragment d'un éloge du roi. Ils se seraient plu, il lui a écrit. N'ignorant pas l'intérêt du comte pour tout ce qui touche à la gloire de nos armées, il racontait dans sa lettre quelque épisode de la campagne de Flandre, auquel il avait assisté. On l'en aurait chaleureusement remercié.

Le voici retiré en Bourgogne. Sa sœur utérine a sa demeure ordinaire à Barbirey-sur-Ouche, près de Sombernon. Quoi de plus naturel que de souhaiter rendre visite au comte ?

Là-dessus, M. de La Rivière a fait une pause, pour nous

permettre de digérer ces nouveaux éléments. Mme de B. voulait ouvrir la bouche ; devant la mine de Rouargues, elle s'est ravisée.

— Bussy passe rarement l'hiver par ici, a dit le président Gravlaye. Il doit être à Chaseu.

Mieux renseigné, M. de J. l'a repris :

— Il n'est pas à Chaseu, mais à Autun.

— A Autun, en effet, a confirmé M. de S. Nous l'y avons croisé en février. Je me demande bien pourquoi, il a loué une maison au chanoine de Thésut, rue Saint-Quentin. Il nous reviendra aux beaux jours : au plus tard en mai.

— Avec sa fille, naturellement, a murmuré Mme de B.

— Cela va sans dire. Les voit-on jamais l'un sans l'autre ?

On a resservi les alcools. La Rivière buvait son verre en honnête homme qui a tout son temps. Les dames l'assaillaient de questions. Rouargues boudait. Ses bons mots avaient si bien porté le chevalier de La Rivière sur le devant de la scène qu'il n'y était plus lui-même. La réplique lui échappait ; relégué dans l'ombre, il se sentait grugé. Les quelques plaisanteries auxquelles il s'est essayé par la suite sont toutes tombées à plat.

3

Un mariage, des funérailles, les malheurs d'un voisin, les progrès de la guerre, quelque bruit de Paris ou de la cour, voilà ce qui nous tient éveillés.

On dresse des plans, chaque jour. Une distraction survient : aucune résolution n'y résiste. La promenade se prolonge, puis le jeu, et l'on attend le soir qui mettra au lendemain. L'irritation devrait donner des ailes ; il nous en poussait de fort longues autrefois ; elle ne produit plus que le sentiment d'être irrité.

La France, royaume du qu'en-dira-t-on. Nulle part la réputation n'a plus d'importance. Vous croyez être quelqu'un : vous êtes ce qu'on veut que vous soyez. L'opinion fait les carrières, elle porte l'imbécile au zénith, tandis qu'elle étouffe le talent ; les mérites ne comptent chez nous que dans la mesure où la galerie les entérine. Tout se résume à un écho, à un reflet, à un chassé-croisé d'illusions.

De là, un jeu très particulier. Pour qui n'en respecte pas les règles, mieux vaut apprendre à se satisfaire de la compagnie des chèvres.

Ces règles ne se lisent dans aucun manuel. Elles tiennent en un mot, que Bussy exprime aussi bien que Molière, que La Fontaine, que le dernier des courtisans : plaire. Oui, mais comment ? A quel prix ? Trois fois sur quatre, le dessous des cartes n'est guère ragoûtant. Cela ressemble à ces jolies roches vertes qui ornent nos forêts, refuge de la fange et des vers.

Le comte de Bussy n'ignore rien de la tyrannie du système. Mais il est dans sa nature de ne pas s'y plier. Peut-être se croit-il au-dessus de ces choses ; on lui prête un orgueil maladif. Quoi qu'il en soit, il a mangé plus que son lot d'herbes amères : prison, exil, discrédit. Cela continue d'assaisonner son régime. A plus de soixante ans, quelle chance lui reste-t-il de se remettre en faveur ? Il entretient des chimères, comme on prend une médecine.

A Autun, Bussy se fait répéter la nouvelle deux, trois fois. Il a d'abord mal compris l'épisode des chiens qui aboyaient auprès du cadavre de leur maître. Son imagination les lui montre en train de dévorer les joues du marquis d'Avigore. On a beau le détromper, l'image le poursuit : son vieil ami étendu dans le pré, le visage déchiqueté, les bêtes se délectant de ses os, leurs museaux barbouillés de rouge, dans la hideuse clarté de la lune.

Il en frissonne, cherche le bras de sa fille. On lui rétorque que les chiens léchaient seulement la main du mort, hurlant par instant à la lune, façon de parler, car le ciel était à l'orage là-bas comme ici ; et que c'était grâce à leurs aboiements que les domestiques n'avaient pas laissé trop longtemps le marquis sur l'herbe.

C'est une chose étrange qu'apprendre la mort d'un ami.

Le temps qu'il chasse le mauvais songe, qu'il assimile ce qu'on lui explique, Bussy s'est déjà résigné à la disparition de ce compagnon d'armes, auprès de qui il a eu l'honneur de guerroyer contre M. le prince de Condé.

Il n'est pas étonnant, juge-t-il, qu'un soldat, exposé à la batterie de l'ennemi, soit frappé plus tôt qu'un autre : mais qu'un homme jamais malade périsse tout à coup d'un transport du cerveau, sans qu'on en décèle aucune cause, cela paraît effroyable. A quelle santé se fiera-t-on, quand on voit un individu d'un bon tempérament, frais, blanc, vermeil et sobre, mourir comme cela subitement ?

Il dit : « Inconcevable... » Secoue la tête. Et conçoit très bien, malgré lui. Depuis quelque temps, on disparaît beaucoup dans sa génération.

D'autres images l'envahissent en même temps : le visage du défunt marquis, avec cette moue qui lui était coutumière, le menton levé ; ces souvenirs nous viennent lorsque nous commençons à parler des gens au passé ; en un instant ils se fixent, comme un dessin au fusain sous le vernis protecteur.

Bussy peut maintenant s'intéresser au détail du pistolet.

Le soir :

— Vous jugerez aisément combien la mort du marquis nous a accablés...

Il s'efforce cependant de le montrer le moins possible et s'en tient à un ton léger, orientant vite la conversation sur ce La Rivière dont on lui a annoncé la présence en Bourgogne — un charmant cavalier, jolie voix, il chante à merveille —, afin de ne pas assombrir l'humeur de sa fille de Coligny. Depuis les deux ou trois ans qu'ils sont revenus de Paris, il semble n'avoir pas d'autre occupation que de distraire la jolie veuve.

Pour elle, il demeure le moins possible à Bussy-le-Grand, trop humide en hiver et surtout trop isolé. Bien avant Noël, il s'installe dans son château de Chaseu, proche d'Autun ; puis à Autun même, où la noblesse trompe la mauvaise saison. Il y a fait ses études. Éléonore, la plus jeune de ses filles, y a pris le voile. On y trouve nombre de gens de qualité sinon de bonne compagnie, monseigneur l'évêque en premier, et Jeannin de Castille, Épinac, les Toulongeon. Quand ils ne suffisent plus, il y a encore Dijon. Le comte et Louise y passent dix jours, y voient douze comédies ; repas, concerts, parties de campagne, c'est à qui les régalera le mieux. Ils sont à Lux chez les Houssay ; à Sully, « la plus belle cour de château de France », chez les Tavannes... Bussy a compris que ce n'est pas un époux que demandait Louise, mais des occasions de s'évader de la morosité. Elle n'a plus vingt ans. Aucun désir de partager un lit ; elle y consentait dans l'espoir de profiter du monde ; cette fantaisie-là lui est passée avec la mort de Limoges.

On dit communément que Mme de Coligny ne fait rien

sans demander au comte son avis, qu'elle est la victime de ses manies, l'esclave de ses caprices, qu'elle l'accompagne partout comme une ombre, qu'elle sort quand il veut prendre l'air, qu'elle dînera toujours trop tard parce qu'il a faim deux heures après les autres. Sans doute faut-il rectifier le tableau. Tyrannie réciproque, disent les plus sages.

Quand elle a été malade, au milieu de l'hiver, prenant sa part de l'épidémie de fièvre quarte qui sévissait, le comte s'est montré pour Louise tout à la fois un médecin avisé, un ami diligent et la meilleure des mères. Il n'a pas quitté son chevet, il rafraîchissait son front de compresses jusqu'au bout de la nuit et dépérissait à son rythme. Il a passé la période de convalescence à lui lire des romans de Paris au point d'en perdre la voix. Il était aux cuisines à surveiller sa diète, lui qu'on dit un brutal de table, viandes maigres et vins de choix, et il a retapé sa fille en quelques petites semaines, quand beaucoup n'y ont pas tenu. Là-dessus, cet orgueilleux fait le modeste :

— Ne croyez pas que sa bonne fortune ait quitté ma fille de Coligny ; alors que la maladie s'est répandue partout avec violence, elle l'a eue la plus légère du monde.

Aujourd'hui que ses craintes sont dissipées, il l'en plaisante à tout bout de champ. La fièvre l'aurait ramenée à la réalité de son état, qu'une vigoureuse constitution lui avait jusque-là masquée :

— Ma fille découvre qu'elle est mortelle ; cela la mortifie. C'est Alexandre qui connaît par sa blessure qu'il n'est pas fils de Jupiter comme il l'avait cru.

On voit par là que le comte a fait ses classes dans la ruelle des précieuses et qu'il n'a pas perdu le tour de phrases de l'hôtel de Rambouillet.

Autun. Un essaim de maisons perchées au sommet d'une colline qu'on nomme le Mont-Beuvray. Elles dominent une vallée très large au creux de laquelle les eaux du Ternin rencontrent celles de l'Arroux. On y trouve des tanneries, des fabriques de velours, de bas et de bonnets, deux brasseries, une fonderie, une papeterie et de nombreux entrepôts de bois.

La haute flèche de l'église Saint-Lazare aiguille les pensées d'environ six mille âmes.

Louise se plaint à sa tante de Sévigné : « Le récit de mes amusements ne vous réjouira point par sa diversité. Le seul qu'on ait ici, c'est celui de jouer deux fois le jour. Les promenades y sont vilaines, les conversations ne valent rien et les sermons pas davantage. »

Bussy la fait chercher. Elle est sortie. Louise a pris la rue du Plâtre, elle passe la porte Saint-André, vestige de l'occupation de la Gaule par les Romains ; la voici sous les tilleuls où son pas se ralentit.

C'est un mardi, au début de l'après-midi. Le soleil revient doucement, du moins il ne pleut plus.

Elle croise des dames. Mme de G.-L. l'informe aussitôt, comme d'un secret, d'une brouille éclatée hier entre Mme de B. et son époux, au sujet de leur fille aînée ; plus exactement au sujet d'une terre à blé qu'il leur faudrait vendre pour les noces de cette dernière. Le mari n'y consent pas ; il dit aimer cette terre à cause d'un souvenir d'enfance, qu'il y est spécialement attaché, qu'elle lui vient d'un trisaïeul, qu'elle lui tient au corps, qu'il préférerait se couper le bras plutôt que de la perdre, qu'elle porte son nom et qu'il lui semblerait enfin, en la cédant, se défaire d'un bout de lui-même. La pauvre Mme de B. en serait toute retournée. Elle va devoir négocier quelques-unes de ses jolies perles.

Louise compatit autant qu'il faut, et dès qu'elle a le loisir de se libérer, reprend sa marche solitaire. Elle descend la rue Étienne, puis tourne le mur du séminaire.

Il y a sur sa droite une grosse bâtisse dont les tuiles vernissées des toits dessinent par-dessus les arbres encore en bourgeons des sortes de huit jaunes et verts. Sur sa gauche, au bout d'un chemin boueux, s'élève une maison entourée d'échafaudages. On achève de la bâtir pour le compte de M. de Méninville, avocat au parlement. Le commanditaire semble pressé ; plusieurs corps de métier y travaillent de concert, on maçonne une cheminée dans le même temps qu'on rabote les fenêtres.

Un jeune couvreur escalade une longue échelle qui paraît ne tenir à rien. Il longe une gouttière, puis glisse, tel un funambule, le long d'une poutre à peine plus large que la main. Poussière, bruits de marteau. Les ouvriers soulèvent leur bonnet avec des clins d'œil lorsque Louise pénètre dans le chantier.

Le lendemain, même chose. Bussy pensait sa fille enfermée dans sa chambre, elle est à nouveau sortie, seule, sans dire où l'on pouvait la trouver. Il ne s'en préoccuperait pas trop, si le manège ne se répétait le jour d'après. Il la demande, on frappe à sa porte, elle n'est plus là.

Au souper, elle montre un visage lisse, à peine plus enjoué qu'à l'ordinaire.

Ils devaient reprendre en début de semaine, les beaux jours paraissant revenir, le chemin du château de Bussy-le-Grand. Louise, qui normalement ne tient pas en place, ne semble plus si pressée de partir.

Le comte lui lit deux lettres qu'il vient de recevoir ; leur ami le marquis de Trichâteau leur conte quantité d'anecdotes amusantes ; le chevalier de La Rivière se rappelle à leur bon souvenir. Louise ne manifeste pas grand intérêt. La Rivière ? Non, elle ne voit pas.

— Nous en avons parlé il y a quelques jours, lui rappelle Bussy. Ce La Rivière était à l'armée de Flandre en même temps que votre frère. Un ami de Mme de Scudéry. Vous l'avez interrogé, à Paris, sur feu M. de Coligny, votre époux. C'est un frère utérin de Mme de Sandricourt. A peu près ma taille, élancé, plutôt entreprenant...

Louise secoue la tête. Puis :

— Ah, oui !

Elle a un beau sourire, elle paraît ailleurs ; le sourire lui-même, à y bien réfléchir, est très alarmant. Bussy fait en pensée le tour des visages qu'ils ont croisés ensemble ces derniers temps, ceux du moins des personnes en âge et en situation d'émouvoir sa fille. On va vite avec cette sorte de soupçons ; ils s'attisent, s'échauffent, se nourrissent d'eux-mêmes, noircissent tout ce qu'ils effleurent. Qui diable, à Chaseu, pourrait constituer une menace ? Le comte passe du fils du marquis de Ph., une jolie physionomie, à son ami G., dont il connaît le fort tempérament, sans pouvoir décider de l'un ou de l'autre ; sans pouvoir éliminer l'un ou l'autre non plus. Il ne se sent pas en droit de rien demander cependant. Louise ne lui offre pas même la ressource d'un reproche à faire. Elle le comble de prévenances. Qu'a-t-elle à se faire pardonner ? Elle recopie pour lui tout un chapitre de Tite-Live, elle classe de vieux papiers qu'il accumulait dans un coffre : la faute doit être grande.

Il la bat froid. L'épiant en biais :

— Où étiez-vous tantôt ? Je vous ai fait chercher.

— Je me promenais.

Cette fois, le sourire est de malice. Et les tourments et la mauvaise humeur augmentent. Des propos lui reviennent des communs, qui ne lui plaisent guère. Bussy passe ses nerfs sur le cocher et n'en dort pas de la nuit. Le lendemain midi, à dîner chez l'évêque d'Autun, en petit comité, il doit fournir un grand effort pour faire bonne figure et tenir sa place dans la conversation.

Alors qu'on passe les plats, monseigneur l'évêque soutient contre ses hôtes que le plaisant et le badin ne signifient pas tout à fait la même chose. Il établit une nuance : le plaisant, dit le prélat, divertit sur les matières sérieuses aussi bien que sur les enjouées, tandis que le badin ne fait jamais rire que sur des niaiseries.

— L'un et l'autre peuvent quelquefois ennuyer, ajoute-t-il, et seul l'agréable plaît toujours. Mais admirez la subtilité de notre langue qui a su inventer assez de termes pour formuler les divers aspects d'une même chose... N'est-ce pas, mon cher comte ?

Bussy sursaute, on sent qu'il n'a pas écouté, et que des idées sombres le rongent. Pour le tirer d'embarras, Louise répond à sa place, et dans son style :

— Oh, la différence de tout cela est si petite, monseigneur, qu'un autre que vous ne voudrait pas prendre la peine de la trouver.

Lorsque sa fille de Coligny s'exprime en public, ce qu'elle fait avec modération, mais jamais sans finesse, on dirait que le soleil dissipe les nuages, Bussy s'illumine. Pas cette fois. Il lance à la ronde des regards mauvais. Pour un peu, il briserait le verre qu'il tient dans son poing.

Louise en paraît contrite. Cela ne l'empêche pas, au moment de rentrer, de refuser la voiture. Elle prétexte une envie de marcher, les sauces de l'archevêque lui pesant sur l'estomac.

Bussy n'y tient plus. Il serre le coude de sa fille à lui faire mal.

— Vous n'irez pas seule, madame. Les sauces ne m'ont pas mieux réussi : je vous accompagne, où que vous alliez.

Et comme elle lui répond par une mine implorante :

— Y verriez-vous un inconvénient ? ajoute-t-il.

— J'eusse aimé, monsieur mon père, que vous m'accordiez la grâce d'une heure de liberté.

— Vous avez donc des secrets assez graves pour qu'il vous faille me les taire ?

— Ils ne vous causeront pas de tort.

— Madame !

Alors, finissant par se froisser de cette insistance :

— Vos méchants procédés, dit-elle, gâchent le présent que je vous voulais faire.

4

Le puits auprès du tas de fumier, quelques poules, des planches au sec sous un auvent.

A droite de la porte, un pot de colle sur un feu de copeaux. Le temps a décoloré l'enseigne, réduisant à une silhouette pâle la scie et le maillet qui l'ornaient autrefois.

Maître Coste fait signe d'approcher à son apprenti.

C'est un garçon de quinze, seize ans, au nez asymétrique, taciturne, tout en longueur, étroit d'épaule et de visage, qu'on appelle La Mèche. On l'appelait comme ça, quand il était bébé, parce que son berceau consistait en un trou de rocher en forme de lampe à huile, et ça lui est resté. Son nom véritable ? Il ne le connaît pas, et il y a beau temps que les gens qui le savaient ne sont plus de ce monde.

La Mèche baisse les yeux.

La mère, explique maître Coste, était une voisine morte en couches, ou qui avait fauté, ou une saisonnière qui passait par là, à l'époque des vendanges.

— On ne peut pas dire qu'il soit parti du bon pied.

Les premiers parents adoptifs n'ont pas tardé à monter au ciel, et La Mèche a été confié à un rémouleur de la rue du Cadrant, lequel s'est vite noyé dans un bassin à grenouilles, suite à un pari d'ivrogne. Cousin de ce rémouleur par sa femme, maître Coste a pris alors l'enfant chez lui, pour en faire son aide. Un mois n'était pas écoulé que la fille cadette de la maison toussait et crachait le sang. C'était à jurer que l'orphelin avait le mauvais œil.

L'affaire est remontée jusqu'au curé de la paroisse. De

son côté, le menuisier était une forte tête et ne manquait guère de filles. Il a conservé son apprenti, soutenant contre tout le monde qu'il n'en trouverait pas de plus adroit ni de plus dévoué.

— Je n'ai jamais eu à m'en plaindre.

La Mèche lève par instants vers les visiteurs un visage un peu niais. Il comprend mal qu'une belle dame et un gentilhomme se penchent à son sujet sur des questions qu'il ne se pose pas lui-même. Cela le gêne. Il ne saisit pas davantage le sens des mimiques qui s'échangent devant lui ; la dame paraît bouder à un moment et se réjouir à l'autre, tandis que le monsieur paraît désappointé.

Aurait-il fait quelque chose de mal ? La Mèche a le regard doux, l'air dans le vague ; toujours à s'excuser de quelque chose.

Maître Coste y trouve parfaitement son compte : timide, souriant, silencieux, sérieux, très serviable, l'orphelin veut absolument bien faire, toujours, quoi qu'il lui en coûte.

— C'est pour ça que lorsque madame m'a annoncé qu'elle voulait me le louer pour la saison...

Le menuisier l'habille de ses vieux habits. Cela fait des vêtements toujours trop courts et trop amples à la fois, en raison de la différence des carrures. La Mèche serre l'étoffe à la taille avec un bout de corde, sans s'inquiéter de ses mollets nus ; quant aux dommages qu'y a faits l'usure, il les répare avec des morceaux empruntés à d'autres guenilles.

Été comme hiver, il porte un bonnet d'épaisse laine rouge, un peu comme en ont les montagnards, qu'il a tricoté lui-même. Il taille aussi ses sabots. Il est vraiment très habile de ses doigts, quoiqu'il lui manque deux phalanges à la main gauche, mangées par une scie. Il ne se les est pas coupées par sa faute. N'importe quel outil s'anime à son contact et paraît un prolongement de son bras. Il ne lui a pas fallu longtemps pour assembler à queue d'aronde mieux que son maître. Il tourne à merveille. Tout ce qu'on veut bien lui montrer, corroyer le cuir, battre le fer, changer le ressort d'une serrure, il l'assimile sans effort.

« Ce n'est pas une mauvaise recrue, dit le menuisier. » Ou encore : « Il a été à bonne école. » Il lui a enseigné des rudiments d'écriture et assez de calcul pour prendre des mesures et tracer un plan.

Un jour, sa femme surprend l'adolescent en train de dessiner sur un mur à l'aide d'un morceau de charbon — des cavaliers, un arbre, une fille à la gorge opulente, les cheveux délicatement frisés, les mains mignonnes, croisées sur l'anse d'une cruche. C'est rudement bien fichu. La Mèche rougit jusqu'aux oreilles. Qui aurait soupçonné qu'il prêtait attention au beau sexe ? Dès le lendemain, on l'attelle aux travaux de décoration, en plus du reste. La Mèche orne désormais les poutres des plafonds et peint des guirlandes de fleurs sur les coffres de mariage. « Le garçon a gros goût pour le pinceau », dit le menuisier à ses clients. Il prétend que l'orphelin n'a jamais appris, qu'il a découvert tout seul comment broyer les pigments et purifier les huiles ; c'est faux, bien sûr : La Mèche passe son temps libre chez un barbouilleur des environs.

On ne lui reproche que son amitié pour une tête brûlée, un couvreur boutonneux du nom de Pascal Grandier. Les couvreurs, Dieu merci, font rarement de vieux os.

— Alors, parle, dis quelque chose, toi.

La Mèche dit qu'il n'a rien à dire. Et il le dit d'une voix si basse qu'on ne l'entend pas, de sorte que le comte de Bussy se demande s'il n'est pas idiot.

Pour dissiper cette mauvaise impression, maître Coste exhibe des échantillons de la production de son apprenti. Des dessins, des pièces de moulure, des pieds de fauteuil à la mode du jour, un petit panneau peint où l'on voit des angelots sur un matelas de nuages.

— Regardez-moi ça !

— Personne ne l'a aidé ?

Bussy balance toujours. Les soupçons l'ont si bien taraudé que leur écho vibre encore à ses oreilles. S'il affiche un visage rayonnant, il ne l'est pas tout à fait. Il baise la main de sa fille, déclare que la surprise le ravit, que la chambre verte et le couloir ouest de Bussy-le-Grand pourront enfin être décorés comme ils le méritent ; mais il a beau louer l'intention en hochant la tête, et féliciter Louise d'avoir su dénicher ce garçon aux talents si variés et prometteurs, il ne se sent pas entièrement soulagé, des doutes le tarabustent toujours, il reste sur son quant-à-soi.

Quand vient le moment de discuter la compensation que demande maître Coste pour se séparer de La Mèche, et le montant des gages, payables d'avance, il a même le cœur à marchander. Il ferait encore des difficultés si, lors de sa visite précédente, Louise n'avait bien entamé la négociation.

Tout se sait à Autun. Le bruit court dès le lendemain que le comte de Bussy a débauché l'apprenti du menuisier, qu'il a la malice d'emmener avec lui dans son château, à seule fin d'*embêter* M. de Méninville.

Bussy :

— Il reste chez moi des lambris à poser ; vous n'ignorez pas que je lambrisserai toute ma vie.

Décorer, embellir ses demeures, c'est sa marotte.

La Mèche se demande de son côté ce que lui réserve la fortune. Il n'a jamais quitté la vallée d'Autun. Le voici à un tournant de son existence, qui le contraint à tout reconsidérer. Lorsqu'on n'en a pas l'habitude, il est très dérangeant d'être placé ainsi face à soi-même. Ses compagnons de chantier ne cessent de le harceler de remarques, de piques, de plaisanteries qui avivent ses interrogations. Ce sont des interrogations diffuses ; elles ne parviennent pas à une forme cohérente, aucun développement ne les suit, aucune réponse à plus forte raison. La Mèche songe à ses camarades qu'il va abandonner, ou bien à Manette, la plus jeune fille de son patron, laquelle lui inspire des espérances, et cela s'arrête sur leur pensée, sans qu'il ait seulement décidé s'il était triste ou non de s'éloigner d'eux. Tout le monde lui répète qu'il a bien de la chance d'entrer au service de M. le comte, que six mois sont vite passés ; il le croit, comme il croit en général ce qu'on lui dit. Pourquoi alors cette boule au creux du ventre ?

A l'heure de la pose, tandis que les ouvriers cassent la croûte et font passer la cruche, il escalade le toit et va poser des tuiles à la place de Pascal Grandier, son ami le couvreur. Il fait comme il l'a vu faire, ce n'est pas sorcier. Pascal lui crie de redescendre. A cheval sur une solive, La Mèche lui répond par des sourires, et continue de caler les tuiles vernies près de l'épi de faîtage. Il faut se mettre à deux pour le déloger de là-haut.

L'avant-dernier soir, après l'ouvrage, il épuise ses économies et régale son ami d'une miche de pain et d'un pichet de vin blanc, pour fêter leurs adieux.

Comme ils n'ont pas de chambre en propre, et que la saison ne permet pas de se nicher sous les arbres, ils se réfugient avec des couvertures dans une pièce haute, à peu près terminée, de la maison de M. de Méninville.

La lune éclaire un beau panorama ; elle permet d'économiser la chandelle. Ils ont bientôt la tête embrumée par l'alcool. Les bras croisés sous la nuque, La Mèche se laisse aller à une sorte de contentement.

La dame est bien jolie, murmure-t-il. Il croyait qu'elle était l'épouse du comte et a été très étonné d'apprendre qu'elle en était la fille, qu'elle avait un enfant, qu'elle avait perdu un mari à la guerre.

Il aimerait être capable de la peindre. Il a essayé d'en crayonner les traits de mémoire, sur une planche de peuplier. C'était comme s'il réfléchissait à lui-même : un mur de brouillard.

Pascal Grandier vide le pichet, la tête basculée en arrière, puis s'essuie les lèvres à sa manche.

La Mèche a revu Mme de Coligny à la sortie de la messe, devant Saint-Lazare. Elle lui a adressé un petit signe d'intelligence, et il lui a trouvé une ressemblance avec l'Ève sculptée en bas-relief sur le linteau du portail de l'église. Une jeune femme nue, couchée au milieu de la vigne. Appuyée sur un bras, elle cueille de l'autre le fruit défendu, à une branche basse, en détournant le visage, comme si elle avait honte de son geste ou qu'elle l'accomplissait par distraction. La joue sur la main érodée, le regard au loin, entre candeur et extase, les seins doux sur le torse maigre...

— Pascal ?

Pascal s'est endormi. Il ronfle doucement dans la clarté de la lune.

5

Le baron de Chantal, père de la marquise de Sévigné, est l'inventeur d'un style très raccourci dont l'économie et le tranchant ont fait rêver une génération d'hommes d'honneur. Il s'était mis en possession de dire toutes choses sans qu'on osât s'en fâcher. Ainsi, quand le prince de Schomberg a été nommé maréchal de France, lui a-t-il envoyé ce billet :

Monseigneur,
Qualité, barbe noire, familiarité.
Chantal.

Racontant le trait à son cousin, la marquise de Sévigné expliquait : « Vous entendez bien qu'il voulait signifier au duc qu'on l'avait fait maréchal de France parce qu'il avait de la qualité, la barbe noire comme Louis XIII, et qu'il avait de la familiarité avec lui. »

Elle ajoutait : « Il était joli, mon père ! »

Bussy se souvient à peine de l'oncle Chantal ; il avait sept ans quand celui-ci avait été tué au siège de l'île de Ré ; la nouvelle lui était parvenue au collège des Jésuites d'Autun, sans lui causer de chagrin notable. Grâce à ce qu'en dit sa cousine, aujourd'hui pourtant, Bussy se figure assez bien le bonhomme ; l'âge aidant, il se trouve des affinités avec lui, un grand air de famille. Le style est passé dans son sang, même s'il ne l'emploie qu'en particulier ou devant sa fille, laquelle a appris à s'y reconnaître. Tandis qu'il use devant les autres d'un langage délié et fleuri, le comte se surprend régulièrement, surtout dans ses moments de contrariété, à réduire sa pensée jusqu'à l'os, exprimant d'un mot ou de deux, à l'instar de son parent, ce qui mériterait une longue période bardée de relatives et de circonstancielles.

« Chrétien d'hiver ! » lâche-t-il devant sa fenêtre, et ce soupir indique qu'avec le mauvais temps l'hiver semble revenu, et qu'il n'y a pas d'autre choix que d'en prendre son parti, c'est-à-dire de se soumettre à la volonté divine. De là, des réflexions chrétiennes. Elles n'ont jamais empêché Bussy de continuer les morales qu'il fait partout ; de sorte qu'il entre aussi dans l'interjection l'idée d'une dévotion de circonstances, assez mesquine. Une fois de plus cette chienne de Fortune prend un malin plaisir à contrarier ses projets. Retraite, exil, ennui, tracasseries, tout cela paraît être contenu aussi dans ce *chrétien d'hiver* que lui inspire la pluie qui tombe en rideaux alors qu'il allait se mettre en route.

Ses gens sont fin prêts pour le retour à Bussy-le-Grand. Tout le monde en tenue de voyage. La vaisselle en caisse, les malles bouclées depuis la veille, les portemanteaux sanglés, les mules bâtées, la voiture attelée de quatre chevaux. On croyait le temps au beau fixe, l'orage a éclaté à l'improviste, d'une rare violence, et le ciel semble loin de se tarir. Au-dehors, on n'aperçoit déjà plus le pavé. On imagine les rivières débordées. Un pied de boue sans aucun frayé jusqu'à Lucenay, et à nage-pataud le reste du chemin. Ne parlons pas du vent. Les domestiques se blottissent auprès de la cheminée éteinte. Le muletier montre grise mine. Cuzin, le cocher ordinaire du comte, plutôt téméraire d'habitude, ne répond de rien.

Le mois d'avril aurait dû ouvrir le printemps. C'est à se rebuter de tout.

La Mèche attend avec les autres, derrière les femmes de chambre frissonnant d'avoir dû traverser la cour, que M. le comte donne l'ordre qui s'impose. Déballer le nécessaire, prier pour que les éléments se calment. Que de complications !

C'est vers sa fille que Bussy se tourne.

— Ulysse, dit-il enfin, erra de rivage en rivage pendant dix ans, parce qu'il avait mécontenté le dieu des tempêtes. Nous patienterons bien un peu, avant de regagner notre île bien-aimée.

Personne n'y comprend goutte, jusqu'au moment où il réclame qu'on rallume le feu, qu'on dresse la table de jeu au salon. Au moins, cela est clair. Le cuisinier se remet en cuisine, chacun retourne à ses affaires. Jusqu'au soir Bussy et Louise jouent au cul-bas, à la bête, à la bassette, au hoca, défendu à Paris sur la vie, mais dont on s'amuse chez le roi. C'est un coupe-gorge, on y brûle cent mille pistoles en une heure. Avec sa fille, le comte utilise des haricots et des fèves en guise de jetons. Quand vient la nuit, il a perdu une fortune. Sa dette se réduit, selon leur décompte, à quelques sous. Il n'empêche ; son humeur n'est pas meilleure que le temps.

Au matin, la pluie tombe moins drue, et par intermittence. Elle cesse tout à fait le lendemain. On laisse passer encore vingt-quatre heures, pour que la terre s'assèche.

D'Autun à Bussy-le-Grand, deux journées de route. Étape à Saulieu. A Semur-en-Auxois, Bussy et sa fille rendent visite au marquis de Trichâteau, petite halte pour une collation, tandis que la caravane des bagages et des domestiques poursuit et les précède. La forêt exhale une brume mauve lorsque la berline du comte franchit la grille du parc. Cette vue dissipe la fatigue du chemin. Les belles prairies, la petite rivière, les magnifiques bois, les grosses tours avec leur toit en poivrière, la pierre blonde de la cour d'honneur qu'emplissent le cliquetis des harnais et le crissement des roues cerclées de fer, c'est merveille, après une si longue absence, que de se retrouver au château de ses pères et d'y rencontrer chaque chose à la place où on l'a laissée.

6

Lettre de la marquise de Sévigné au comte de Bussy :

« Parlez-moi beaucoup de votre fille, la belle de Coligny, de son esprit, de son courage, de sa tendresse pour vous, de vos divertissements communs, car vous êtes chargés l'un de l'autre. Il y a très peu de personnes au monde qui puissent se vanter d'avoir autant de vrais mérites que ma chère nièce. »

L'arrivée du comte a vite fait la nouvelle du canton. Il n'est pas encore complètement installé que commence la ronde des visites. On le trouve parmi ses artisans, en robe d'intérieur, parfumé, perruqué comme à Versailles. Ici, il fait rénover un caisson qui a souffert de l'humidité ; là, c'est un trumeau auquel il veut adjoindre une de ces compositions allégoriques dont il est friand. Vous connaissez sa manie, depuis que la cour lui est interdite : travestir sa demeure en un théâtre de gloire. Il a une salle des Devises, une antichambre des Grands Hommes, un salon de l'Amour, qui le consolent de sa disgrâce. Il s'est entouré de mille portraits de personnes illustres ; passe-temps d'exilé. Cela fait plus de dix ans qu'il peaufine ce chef-d'œuvre.

Toujours les mêmes politesses :

— Chaque année, mon cher comte, l'assure M. de V., vous voit davantage rajeuni.

A quoi Bussy répond :

— Si je vous entends, monsieur, vous me trouverez un jour dans les langes.

MM. de G. et de N. sont allés le saluer ensemble. Il leur a vanté les dons naturels d'un petit ouvrier que sa fille de Coligny a soufflé à un magistrat d'Autun. Ils lui ont demandé son opinion sur l'affaire des poisons. Il les a entretenus de l'oraison qu'a faite l'abbé Fléchier de feu M. le premier président de Lamoignon. Comme ils ne l'avaient pas lue, il les a quasiment congédiés.

Notre ami Rouargues n'a pas eu davantage de succès. Il allait prendre congé, sans avoir pu présenter ses hommages à la jolie veuve de Coligny, quand le chevalier de La Rivière est arrivé au petit trot, sur une haute jument truitée.

Celui-ci a eu droit à un accueil plus chaleureux. Il était porteur de nouvelles de Paris, le mariage d'un tel, le veuvage de tel autre. Il faut dire aussi qu'il a tout de suite entrepris le comte, avec une familiarité surprenante, sur le chapitre de Bussy-le-Grand où il venait pour la première fois : sa situation charmante à flanc de coteau, le dessin de son jardin dont les parterres seraient de Le Nôtre, comme celui des trois quarts des parterres de France, à en croire leur propriétaire. — « Vous êtes mieux logé, monsieur, qu'aucun gentilhomme du royaume. » Bussy n'eût pas parlé autrement. C'était d'autant moins maladroit qu'en louant la maison, La Rivière n'omettait pas d'en admirer le maître.

Ils en ont fait le tour complet ; le comte était aux anges.

Vous connaissez le château, il n'est pas grand. Quatre tours rondes flanquent aux angles le bâtiment en forme de fer à cheval ; l'une sert de chapelle ; avec les douves, c'est tout ce qui reste de l'ancienne place forte. Les ailes ont été aménagées à l'italienne, au siècle dernier ; des frises sculptées courent au-dessus des arcades et des fenêtres. Le corps de logis principal, plus récent, offre une façade à la Mansard, avec niches, pilastres, alternance de frontons cintrés et triangulaires, du côté de la cour d'honneur ; et une façade indéterminée, à peine égayée de fausses briques, côté jardin. Les époques se mélangent aussi à l'intérieur, mais sans qu'à aucun moment, il est vrai, cet entassement de styles n'offense l'œil.

Au rez-de-chaussée, La Rivière s'est extasié devant le

portrait de Bussy en chef de guerre, peint il y a quelque vingt ans par Lebrun. Il trône au-dessus de la cheminée, sous le blason des Rabutin. L'armure d'acier bruni qu'éclaire un col de dentelle donne grand genre au comte, lequel sourit au spectateur d'un air plus que satisfait. — « C'est ainsi que l'on vous imaginera toujours, monsieur, s'est exclamé La Rivière. César par les exploits, César par la plume qui les sait conter ! » Le compliment était un peu gros, mais Bussy l'a reçu sans sourciller outre mesure.

Tout autour, la salle est ornée de tableaux, copies de reproductions, représentant les châteaux royaux, Saint-Germain, Vincennes, Chambord, Saint-Cloud, dont l'exilé n'a plus l'accès. Ces peintures assez grossières occupent les lambris supérieurs. Une suite de devises illustrées décore la rangée du dessous. La Rivière en a déchiffré quelques-unes : le drapeau déchiré dont les lambeaux sont glorieux, le phénix qui meurt pour ne point mourir, le jet d'eau qui tire sa hauteur d'une haute origine, l'oiseau qui dit : *Je chante mes amours*.

Dans la salle suivante, ouvrant sur le jardin, six rébus plus difficiles semblent concerner directement ces amours, et la chanson y a le ton de la rancune. La même femme en sirène, en hirondelle, sur une balance, en astre changeant, rien de bien aimable ; tout cela parle de légèreté, *levior aera*, de tromperie, *decipit et placet*, d'ingratitude, d'inconstance, d'abandon, *fugit hyems*...

— Je vous expliquerai la chose une autre fois, a dit Bussy en entraînant son visiteur à l'étage.

Là se trouve la pièce ronde qui fait sa fierté, sa Tour dorée, comme il l'appelle. La Rivière la connaissait par ouï-dire : ce salon est célèbre jusqu'à Paris. Rien que des femmes, les plus belles, les plus célèbres pour la galanterie, encadrées d'or et de guirlandes que soutiennent des Amours potelés, en camaïeu bleu-gris. Du plancher jusqu'aux caissons du plafond, gracieuses, aguichantes, décolletées, très en chair, presque vivantes sur ces toiles de bonne facture, des femmes à la douzaine, et toutes pour un seul homme : Bussy lui-même, jeune, triomphant, en perruque blonde, costumé à la romaine. Et pour chacune, au bas du portrait, une sentence, parfois obligeante, parfois d'une rare méchanceté. Voici Mme d'Angennes, *la plus belle femme de son temps, mais moins fameuse pour sa beauté que pour l'usage qu'elle en fit.* Voilà Mme de La Baume, *la plus jolie maîtresse du royaume, et la plus aimable, si elle n'eût été la plus infidèle.* Et celle-ci : *Beauté surprenante, de qui la conversation guérit.*

La Rivière en était médusé.

— Cela me fait souvenir, a-t-il dit, de ce que Cicéron déclare des livres de sa bibliothèque, qu'ils sont comme l'âme et l'intelligence du logis : *Mens addita videtur meis aedibus.* Vous ne vous contentez pas, monsieur, d'avoir de l'esprit plus qu'un autre, vous voulez que votre maison en ait et que tout y respire la finesse et la brillance qui vous sont naturelles.

Il débitait cette espèce de panégyrique, quand Mme de Coligny leur a fait l'honneur de les rejoindre. Il y a eu échange de salut et de révérence, puis la visite s'est poursuivie. Elle s'est même étendue au-dehors, sur les terrasses et les grands escaliers de pierre, dans le murmure des eaux qui tombent en cascade de bassin en bassin jusqu'au hameau en contrebas.

Enfin La Rivière a fait tant et si bien qu'on l'a prié de refaire vite sa visite, et de coucher la prochaine fois au château.

7

En galant homme, fort expérimenté en ces matières, M. de La Reynie n'ennuie pas les accusés par des interrogations inutiles. Il n'aime point perdre son temps et loue à l'extrême pour les personnes de justice la civilité et l'expédition.

Il en sait déjà assez pour confondre certains prévenus devant la cour de l'Arsenal que préside Louis Boucherat, comte de Compans, homme aimable et de bon sens ; aux prises de corps succèdent les jugements.

La femme Vigoureux a été arrêtée parmi les premières. C'est un triste visage gonflé de graisse. Petite stature, de la moustache, la démarche lente, avec un balancement des chairs qui tremblent sous la robe. Elle s'essouffle à la première réponse. Elle a obligé une bourgeoise de la rue de l'Abreuvoir ; celle-ci avait un mari pire qu'une bête brute, qui mangeait sa dot avec une fille de rien : que voulait-on qu'elle fît ? Et un homme, dont l'épouse a été retrouvée sèche comme du bois et plus jaune qu'une prune. Et un autre, dont la maîtresse semblait souffrir de la fièvre double, puis tierce, et cette fièvre a continué jusqu'à la fin avec des redoublements.

La Vigoureux entretenait des rabatteurs et traitait à forfait de la disparition des victimes qu'on lui désignait : vingt mille livres pour le comte de Chennières. « Encore un ou deux clients, disait-elle, et ma fortune sera faite. » C'était une des familières de la Voisin.

On lui demande le nom de ses complices, on veut

connaître la source de ses poisons, à qui elle les achetait, qui lui en communiquait la recette. Elle garde sa langue. La sentence tombe. La question préalable, ordinaire et extraordinaire, lui est appliquée. A cause du froid, on n'emploie pas l'eau, mais les brodequins. A quatre reprises le questionneur enfonce à coups de maillet les coins entre les planches qui enserrent les grosses jambes, lesquelles deviennent violettes et suent le sang ; puis quatre fois à nouveau. Mais à la troisième de cette seconde série, la Vigoureux, comme pour démentir son nom, suffoque, a des spasmes, tourne de l'œil et joue à ses juges le mauvais tour de rendre l'âme.

La femme Marie Bosse était jugée en même temps. Elle a mieux supporté le supplice et a pu être brûlée vive en place de Grèves, le lendemain, dixième jour de mai.

M. de La Reynie :

« Les impiétés, les sacrilèges et les abominations sont pratiqués et aussi communs à Paris qu'à la campagne et dans les provinces. »

Une grande confusion est en train de se dissiper. Beaucoup de gens qu'on considérait comme des sorciers sont d'abord des empoisonneurs. On les consulte pour parler à un défunt, pour gagner au jeu, pour se préserver des armes à feu. Ils disent commander au Diable et disposer de l'armée des Hommes noirs, des Larves, des Farfadets, des Mânes, des Lémures, des Loups-garous. La Mule ferrée leur obéirait, et le Filourdi et le Connétable. En vérité ils sont versés d'abord dans l'art de distiller les toxiques, de provoquer des fermentations putrides et de déjouer la science des médecins. Ils se disent alchimistes, parfumeurs. Ils sont surtout habiles à préparer du sublimé corrosif, de l'arsenic, des régules, des végétables, des poudres à base de sanie d'animaux, de déjections, de glaires, de bave, de chairs décomposées, prélevées sur des malades des hôpitaux : le mal passe aux bien-portants, et la mort semble naturelle.

Personne n'ignore plus comment se fabrique le Rubis

cornu : vous empoisonnez un crapaud à petites doses d'arsenic, recueillez son pissat et le venin que vous lui faites rejeter en le battant ; puis le liez par un pied de derrière avec de la ficelle, et le pendez à un clou jusqu'à ce qu'il expire, et récoltez dans une coupe de cire les matières qu'il dégorge ; puis laissez le tout fermenter et se liquéfier ; puis concentrez le liquide par une évaporation lente à l'air, qui exaspère sa virulence ; et administrez ensuite la mixture visqueuse, par petite quantité, sur de longues périodes, en l'incorporant aux aliments ou aux médicaments ou à l'eau des clystères de votre victime.

Toutes les femmes qu'on juge savent cela. Aux quatre coins du royaume, la haine le dispute désormais à la terreur.

A l'origine de cette belle pharmacopée seraient deux marchands de drogues bien connus, l'Italien Exili et l'apothicaire suisse Glaser, tous deux en prison de longue date. Ils auraient inspiré le commerce des poisons depuis leur cellule de la Bastille.

Et au cœur de ce trafic serait la Voisin : c'est en quelque sorte le dénominateur commun à tous les accusés. Mais comme celle-ci semble compromise dans un crime plus grave que le simple meurtre, on poursuivrait les recherches de son côté, et on la garderait, ainsi que ses clients, pour la fine bouche.

8

Pour sa deuxième visite, La Rivière a choisi une tenue sobre, sinon modeste. Elle le montre pour ce qu'il est : un gentilhomme formé à la guerre, sans grand revenu, contraint de briller par son mérite personnel. Cette austérité lui va bien. Elle découple sa silhouette, lui donne du caractère. La taille droite, les épaules carrées, il a allongé ses jambes devant l'âtre, comme quelqu'un qui s'est mesuré aux Barbaresques en Alger et que rien ne saurait plus démonter.

Ces manières militaires sont loin de déplaire à Bussy. Elles lui font souvenir des mœurs d'autrefois, quand l'esprit courtisan ne l'emportait pas sur le reste, que l'allant n'était pas muselé comme aujourd'hui. Point de perruque ; on portait ses cheveux, on ignorait les vestes à ailerons, les grands chapeaux, les chausses à aiguillettes. Le Français ne ressemblait pas encore aux fleurs de ses jardins, où aucune tête ne dépasse sur l'allée qu'ont tracée la règle et le cordeau.

Le chevalier de La Rivière répond librement lorsqu'on l'interroge, on peut discuter avec lui des événements les plus divers sans le trouver en défaut. L'électeur de Brandebourg refuse de rendre la Poméranie à la Suède ? Il a réfléchi au problème et estime, comme Bussy, qu'il nous faut intervenir d'urgence en Allemagne. Les ministres ? Des fripons, des intrigants pour la plupart, attachés à leur charge davantage qu'au bien-être du royaume. Le fin mot de la politique ? L'intérêt personnel, en doutiez-vous ? Mais le roi, dans tout cela ? Ah, le roi ! Qui a su mieux le définir que Bussy ?

— Dans le bel éloge que vous lui avez composé, et que j'ai eu l'avantage de vous entendre lire chez Mme de Scudéry, vous qualifiez Sa Majesté de deux mots dont la conjonction m'a vivement frappé : aimable et terrible !

La Rivière pourrait citer le passage entier. Rien ne lui semble plus inspiré, mieux senti. *Aimable et terrible*... Bussy se rengorge. Louise a vite fait de retrouver une copie du texte que le chevalier brûle d'entendre à nouveau.

Après dîner, c'est du roi que l'on cause encore.

— J'aime Sa Majesté de toute mon âme, soupire Bussy. Je me ferais hacher pour elle. On ne saurait se lasser de l'admirer, du fond même de sa disgrâce.

Louis XIV, dit-il, n'est pas fait de la même matière que ses sujets. Sa personne sacrée réunit tous les dons du ciel et les siècles passés n'ont pu donner l'exemple d'un plus grand prince.

— La première fois que j'ai vu la valeur du roi...

Et de raconter la campagne de 1658, afin de bien situer l'événement. La bataille des Dunes, la prise de Dunkerque, le 23 juin. La Rivière cale son menton entre ses mains, afin de mieux savourer le récit.

— C'était le 28, je crois, dans le milieu de l'après-midi. La garnison de Bergues faisait une sortie sur la tranchée que j'apercevais depuis ma fenêtre. Aux premiers coups de mousquets, j'ai sauté à cheval et, suivi d'un page, j'y ai couru à toute bride. Je vous fais grâce de l'escarmouche. Il a suffi d'un quart d'heure à notre garde de cavalerie pour repousser les ennemis dans leur contrescarpe. Je m'en retournais donc chez le maréchal de Turenne lui dire ce qui s'était passé, quand j'ai croisé sur la route un beau jeune homme de vingt ans, à cheval, que j'ai méconnu d'abord, parce qu'il était seul. MM. de Noailles et du Plessis le suivaient à cinquante pas, et plus loin venait en file le reste de la cour, avec les Gardes du Corps... Vous devinez qui c'était. Imaginez ma surprise. Sa Majesté m'a interrogé sur les coups de feu, puis m'a fait mille questions, pendant que nous chevauchions botte à botte.

— Vous avez eu l'honneur d'aller seul auprès du roi ?

— En direction de la place assiégée. Les balles de mousquets des décharges ennemies commençaient de pleuvoir alentour. Elles ne nous passaient pas de beaucoup, et Sa Majesté poursuivait avec le sang-froid d'un soldat de fortune. Sa bravoure n'était pas du goût de tout le monde. Le maréchal du Plessis a poussé ventre à terre pour me venir demander en colère où je menais le roi. Je lui ai dit que le roi était le maître et que c'était lui qui menait les autres. Nous nous avancions trop, j'en demeurais d'accord, mais j'avais eu peur de parler, ai-je ajouté, et que Sa Majesté ne trouvât ma remontrance mauvaise.

— Qu'a répondu le roi ?

— Il a rompu la querelle en éclatant de rire, m'a adressé un salut charmant et a tourné bride.

Bussy semble toujours sous le coup de cette apparition sur le champ de bataille de Bergues. Le roi a ri. La Rivière se frotte le menton pour signifier qu'il mesure bien tout l'extraordinaire de la rencontre. Un peu en retrait, Louise n'a pas levé les yeux de son ouvrage.

Quand elle se retire, un domestique apporte des pipes et du tabac, avec les liqueurs. Connaissez-vous rien de plus satisfaisant que de faire des ronds de fumée en bonne compagnie, la tête dans ses souvenirs et les pieds au chaud d'un feu de bûches craquantes ?

Réponse du comte de Bussy à Mme de Sévigné :

« Il est vrai, madame, que je passe ici ma vie doucement et agréablement. Je suis occupé depuis le matin jusqu'au soir ; je me fais des plaisirs d'accommoder ma maison et mes affaires ; j'entretiens mes amis de Paris aussi souvent que si j'y étais ; je vois mes amis de ce pays-ci ; j'ai des nouvelles de la cour et des armées ; nous faisons des réflexions Mme de Coligny et moi sur tout cela. Que me faut-il ? Rien, sinon que cela dure, et je vous assure qu'avec la raison que j'ai, il n'y a personne au monde plus heureux que moi. »

La saison des eaux a commencé. Des voyageurs nombreux viennent les prendre à Sainte-Reine. Ce sont des thermes au goût du jour, à quelques lieues de Bussy-le-Grand. Il y a là le bureau de poste, rue des Bourdonnais, où Bussy donne et reçoit ses lettres. Le courrier arrive trois fois la semaine. Le comte y prend aussi des informations sur les visiteurs de passage. Lorsque le maître de poste lui signale des gens de qualité, il leur fait mander une invitation, leur précisant que l'eau de son château n'est pas moins salubre. Bussy leur fait alors les honneurs de sa table et, s'il apprécie leur tour d'esprit, il leur épargne le désagrément de dormir à l'auberge. Voilà comment il se fournit en hôtes.

M. de M. a pourtant traversé la Bourgogne, ces jours derniers, sans rien recevoir de sa part. Depuis qu'il honore La Rivière de son amitié, le comte use moins du procédé, préférant la conversation du chevalier à toute autre.

Notre ami Rouargues soutient, non sans justesse, que les deux hommes ont beaucoup de défauts en commun, et qu'ils se ressemblent jusqu'au physique, malgré la différence de génération, puisque La Rivière a l'âge à peu près de Mme de Coligny.

Le chevalier, à dire vrai, s'évertue à jouer les miroirs. Il s'emploie à imiter les travers du comte. Il copie sa morgue, ses poses. Il emprunte jusqu'à ses propos. Hier au soir, chez le président Gravlaye, pendant le jeu, il a dit que trois choses avançaient d'ordinaire les gens de guerre : le dévouement à leurs supérieurs, un peu d'application à leur charge, et un mérite assez commun, car s'il était éclatant, c'était miracle si l'envie ne le faisait échouer. Le chevalier avait le front de répéter mot pour mot une tirade dont Bussy nous avait régalés.

Il montre de telles dispositions pour singer son protecteur que vous verrez qu'il sera bientôt de moitié dans la fureur décorative qui souffle sur Bussy-le-Grand.

Il y a passé cette semaine quatre jours entiers. Nous comprenons d'autant plus mal que le comte soit entiché de ce La Rivière que les renseignements que nous recevons sur lui — notre ami Rouargues a aussi des correspondants à

Paris — n'en font pas un individu très recommandable : ce mince gentilhomme, murmure-t-on aujourd'hui, serait compromis dans le scandale des poisons.

Il y a eu fête au château de Vièmes. En descendant de carrosse, le comte de Bussy donnait le bras à sa fille et tenait La Rivière à sa gauche. Ils ne se sont point mêlés à la sarabande des violons. On les a aperçus sur la terrasse, dans l'antichambre, puis au petit salon, très occupés d'eux-mêmes et n'accordant que des politesses aux autres convives.

Nous sommes allés en file déposer nos hommages aux pieds de Mme de Coligny. Comment nous laisserait-elle indifférents ? Ses épines mêmes, car on dit cette fleur très honnête, donnent de l'ardeur. Certains la jugent trop grande, d'autres lui préféreraient davantage d'embonpoint, d'autres enfin ne la trouvent plus si jeune ; ils sont séduits comme les autres. D'après M. de V., la beauté se découvre des ressources d'épanouissement lorsqu'elle sent poindre son déclin. C'est une loi de la nature. Voyez les roses à leur terme, voyez le soleil couchant. Les femmes ne sont jamais si désirables, et n'ont jamais autant le désir de l'être, que lorsqu'elles reçoivent les premières griffures de l'âge.

Mme de Coligny s'est montrée avec chacun caressante et distante à la fois, à son ordinaire. Cette statue s'anime lorsqu'elle vous parle, vous êtes tenté de vous croire en bonne fortune, vous n'avez pas progressé d'un pas ; d'ailleurs, elle n'agit pas différemment avec votre voisin. Si le corps paraît de marbre, le cœur doit l'être aussi ; on s'y casse les dents.

En secret, certains de nos messieurs auraient fait serment de la conquérir ; nulle n'est inaccessible. La somme pariée serait d'importance.

Si les prétendants comptaient sur ce bal pour avancer leurs affaires, ils en ont été pour leurs frais. Mme de Coligny n'a pas quitté ses chaperons.

La Rivière lui contait comment dansent les houris des pays barbaresques ; il les aurait vues à l'ouvrage, pendant l'expédition d'Alger, sous la tente du duc de Beaufort. L'aimable veuve tolérait qu'il pimentât l'anecdote d'épisodes un peu lestes. Loin d'y trouver à redire, le comte s'est mis de la partie : durant le siège de Lérida, en Espagne, il aurait assisté à des spectacles non moins édifiants. À force de parler de danse, l'envie est venue d'entrer dans le bal. Mme de Coligny a interrogé des yeux son père, lequel a consenti. Nos messieurs enrageaient. La Rivière connaissait des pas et des figures de Paris, dont la mode nous était inconnue. Tous les regards convergeaient sur le couple, qui formait un charmant tableau, au point que le rouge est monté aux joues de Mme de Coligny.

— On dirait que le valet de pique s'accorde à notre dame de cœur, a sifflé Rouargues.

Dans le clan des gens assis, Bussy est revenu sur l'oraison de feu M. le président de Lamoignon. Il l'aurait lue deux fois ; elle lui paraît surpasser celle du maréchal de Turenne, parce que, dit-il, il y avait là moins de matière.

Hier, après la chasse, La Rivière nous a vanté à son tour cet éloge funèbre qu'a composé l'abbé Fléchier. S'appropriant l'argument : « N'est-il pas plus ardu, a-t-il déclaré, de faire l'apologie d'un homme de robe que du plus grand chef de guerre de notre siècle ? Le génie de l'orateur se manifeste d'autant mieux qu'il dispose de moins de matière... » Comment appelez-vous cela ? Candeur ou bien outrecuidance ?

9

La Mèche ne se sent pas à l'aise. M. le comte lui a offert un habit décent. Il a l'habitude des gestes amples. Sa veste le bride aux entournures. Tout le monde lui manifeste beaucoup trop de gentillesse, il souhaiterait s'en montrer digne. Il a accompli les réparations du premier étage avec application et célérité.

Le long des douves, derrière le pigeonnier, un ancien bâtiment de ferme transformé en atelier lui a été attribué en propre. Il y travaille, y dort sur une paillasse neuve. Le mur du fond sert à la menuiserie, et il dispose d'une petite forge dans un coin et d'un établi de peintre dans l'autre. Il a préparé un panneau de saule, d'un doigt d'épaisseur, bien plat et renforcé de traverses, qu'il destine à la commande que lui a passée M. le comte de la copie d'une vue des nouveaux bassins de Versailles ; et un autre à l'identique, qu'il dissimule sous un tas de bâches à récolter les fruits. C'est pour une œuvre à son idée, le portrait qu'il compose en cachette.

Chaque fois qu'il en a l'occasion, La Mèche épie son modèle. Mme de Coligny traverse la grande allée, Mme de Coligny lit sur un banc de la terrasse, il étudie son visage de tous ses yeux, s'efforçant d'en retenir les proportions.

Elle passe aujourd'hui à petits pas, avec son fils, suivie de la Poussy, femme de chambre qui fait office de demoiselle de compagnie.

Louise de Coligny consacre deux jours entiers de la semaine à son enfant. Il n'a plus besoin de nourrice, car il va dans sa troisième année. C'est une jolie chose bouclée, parée de rubans, la réplique miniature de sa mère.

Louise dit que son petit Roger lui procure bien du divertissement et de la joie. Elle le gâte, tout en répétant qu'il ne faut point trop le choyer, parce qu'elle s'est fait envoyer de la capitale divers volumes de puériculture. Il a un cheval de bois, elle lui promet une calèche attelée d'un poney. Elle le dorlote, badine avec lui, s'amuse de ses malices. Loin de le punir, elle le console parce qu'il a brisé un vase. Il se blesse en tombant ; elle ne le corrige pas, et le comte ne songe nullement à la garder de ce zèle indiscret qu'elle a d'embrasser et de baiser le garçon à le suffoquer chaque fois qu'il pleurniche. Si la raison ne s'empresse pas de modérer cet amour avec circonspection, il est à craindre que cela dégénère en une indulgence abusive. Une mère peut chérir sa progéniture, elle ne doit pas en venir à priser ses défauts. Outre que ces débordements ne sont point conformes à la bienséance, le mignotage est source de mille faiblesses : lorsque l'enfant aura grandi, et que ses mauvaises habitudes auront crû à proportion, comment lui refusera-t-on les privilèges qu'on lui a toujours accordés ?

Mme de P. juge affectée cette affection de Louise pour son fils. Les Rabutin, dit-elle, ne songent qu'à se distinguer, ils ne peuvent rien faire comme les autres, comme s'ils redoutaient de déchoir en se pliant à la sagesse commune.

Vous connaissez la devise du grand-père de Bussy :

Si omnes, ego non.

Ces messieurs ont une autre explication en tête : la jolie veuve reporterait sur son enfant le trop-plein de sentiments que lui aurait formé un long célibat. Froide ? Point du tout, en voici la preuve. Si elle peut s'échauffer pour un homuncule, combien s'enflammera-t-elle lorsqu'un homme de bon format aura ouvert le chemin de son cœur ! Les espoirs se renforcent, les paris redoublent.

Dans sa passion maternelle, Louise n'oublie pas de veiller sur les intérêts de son fils. Elle fait l'inventaire des biens qu'il tient de feu le marquis de Coligny. De bonnes terres, deux châteaux, celui de Dalet et celui de Malintras, dont sa belle-famille est usufruitière. Elle les visite, les trouve fort délabrés. Des fenêtres brisées par où la pluie s'engouffre, une toiture en rapport, des bois mal tenus, une ferme à la merci de fermiers sans scrupule. Elle écrit à son beau-père, le comte de Dalet, une lettre par laquelle elle le prie d'y remédier. Ce n'est pas à elle de se charger de ces choses, dit-elle en substance, puisque ni son fils ni elle-même n'ont encore la jouissance de ces propriétés.

Elle s'efforce de mettre dans sa lettre toutes les marques possibles du respect, mais comme elle demande d'abord les conseils de son père et de leurs avocats, et que ceux-ci lui en dictent certains articles, l'impression d'ensemble est assez procédurière.

Le comte de Dalet juge la requête carrément injurieuse. Il la lit au sortir de la messe. Son ressentiment contre Bussy n'a pas faibli. Ce libertin vaniteux, Dalet n'en démord pas, a assassiné son cher Gilbert en l'envoyant à la guerre de Flandre. Et ça a le toupet de réclamer de l'argent ! Dalet enrage, Dalet explose. Auprès de sa femme, il se remonte en griefs. Toute sa vie Bussy a fait étalage de la bassesse de son âme. Voulez-vous le détail des turpitudes du comte ? C'est un impie. Sa gloire de soldat ? Bussy ne s'est illustré à l'armée que par des chansons et des bons mots. Que dire de la fameuse débauche de Roissy où le misérable a osé baptiser un cochon de lait, un vendredi saint, c'est de notoriété publique, en braillant sur l'air des *Alléluias* :

Le Mazarin est bien lassé
De foutre un con si bas percé
Qui sent si fort le faguena !

Et les ouvrages infamants, les trahisons... La Bastille, oui, châtiment trop doux, dont on n'aurait jamais dû le tirer. L'ignoble personnage ! Dalet s'endort sur ces considérations. Elles lui échauffent la bile. Au réveil, il a pris la décision de contre-attaquer. On court chercher les hommes de loi. Il entend plaider. Ce n'est pas sans intention qu'il a laissé se dégrader les biens de feu son fils. Il n'allait tout de même pas faire la fortune de ces gens ! Il veut couper à jamais cette branche pourrie qu'une mésalliance a greffée au tronc de sa noble famille.

Par contrat de mariage le comte de Dalet s'est engagé, ainsi que la comtesse son épouse, à laisser des terres en donation à l'aîné de leurs enfants ou petits-enfants mâles. Soit. Mais le marquis de Coligny est mort devant Bouchain, n'est-ce pas, et, écoutez-moi bien, messieurs, il n'existe pas, je répète, il n'existe pas de fils légitime et vivant de Gilbert de Coligny !

Les avocats pensent avoir mal entendu, ils sont très au fait de l'arbre généalogique des Dalet, attendu que leur étude se charge des pièces légales qui les concernent, depuis trois générations. Mais leur client frappe du poing sur la table : aucune descendance, pas d'héritage.

De toute façon, ajoute Dalet en déployant sous leurs yeux un éventail de paperasses, la donation est révocable, l'éventualité a été envisagée, lisez ce codicille, messieurs, lisez : *révocable en cas d'ingratitude.*

— C'est écrit noir sur blanc. L'ingratitude annule tout. La fille de Bussy, personne ne me contredira, n'est pas un modèle de veuve. Attaquez, démettez, cassez-moi cet engagement !

La demande est reçue quelques jours plus tard. Elle fait tiquer plus d'un magistrat. Mais puisqu'une plainte est déposée, l'affaire suit son cours. Le procès s'ouvrira à Riom, en juillet.

Louise tombe des nues en recevant la convocation. Elle s'attendait à des difficultés, pas à ce qu'on conteste l'existence de son enfant, qu'elle voit jouer au jardin sous l'œil vigilant de deux femmes de chambre. La réaction de son beau-père l'emplit de dégoût autant que de honte. Elle sent ses tempes la brûler.

Le chevalier de La Rivière lui trouve l'air bien hagard quand il la voit dévaler le perron. Bussy hausse un sourcil interrogateur. Quand on le met au fait :

— On ne cessera donc jamais de me tourmenter, soupire-t-il.

Pourquoi faut-il que les injustices qu'on nous inflige fassent toujours que nous nous sentions coupables ? Louise aimerait trouver un arrangement. Il n'y en a pas. Derrière le jargon juridique de la convocation, elle perçoit la haine dont la poursuit son beau-père. Elle n'en comprend pas la cause. Elle ne s'est pas refusée, quoi qu'il lui en coûtât, à l'époux qu'on lui imposait ; et si elle n'a pas eu le temps d'apprendre à l'aimer, ce n'était point sa faute. Doit-on la condamner parce qu'elle ne sait pas déguiser ses sentiments et qu'elle n'a fait mystère à personne que sa douleur à l'annonce de la mort de Gilbert de Coligny n'excédait pas la joie qu'elle avait eue à lui céder sa vertu ? Elle le connaissait à peine ; même s'il a usé avec elle de toutes les libertés, il n'en demeurait pas moins un étranger à ses yeux : un mari, ça n'est pas un fils ou un père que l'on vénère ne serait-ce que pour les liens du sang.

Le comte la rassure, lui démontre par leurs avocats que son procès est gagné d'avance. Elle se dit humiliée de devoir affronter cette haine — dans l'enceinte d'un tribunal, en public.

A un ami qui soutient de son côté, par générosité, un procès pour le bénéfice d'une parente :

« Je vous admire et vous plains fort, monsieur, de la peine que vous vous donnez, lui écrit Louise. Pour moi, qui vais plaider par nécessité dix mille livres de rente qu'on veut enlever à mon fils, à peine puis-je me résoudre à les défendre. »

10

La Bastille et Vincennes sont pleins d'empoisonneurs. M. de La Reynie ne s'y rend plus sans escorte des gardes du roi ; cela fait supposer qu'on s'attend à trouver encore des complices d'importance.

On arrête sur une lettre de cachet, la Chambre ardente décrète ensuite, c'est ce qu'on appelle écrouer.

Les affaires de Mme de H. ne vont pas bien ; la police a écroué son valet de chambre. Le marquis de Tremblay et sa femme seraient écroués à leur tour. Il se découvre tous les jours de nouveaux *donneurs de consolations*, pour parler le langage des femmes qui débitaient la mort.

Vous n'avez sans doute pas oublié cette Marie Bosse qu'on a brûlée en place de Grèves le lendemain du jour où la Vigoureux a si mal supporté le supplice de la question. Eh bien, l'on apprend de source certifiée que la Bosse comptait parmi ses pratiques Mmes de Dreux, de Prade, de Polaillon !

Vous connaissez Mme de Dreux, la sœur de Saintot, l'épouse du Maître des Requêtes, une des plus jolies femmes de France. « Au poison près, dit le marquis de Trichâteau, elle est fort de mes amies. » Elle aurait donné six mille livres et une croix de diamants pour qu'on favorise deux de ses projets. Le premier concernait son mari ; le second visait M. de Richelieu, son amant, qui avait le mauvais goût de regarder une autre dame. Marie Bosse a fourni le nécessaire, mais les tentatives ont échoué et les victimes se portent bien.

La vieille Mme de Prade, sœur de Mme la première présidente de Novion, a eu la main plus heureuse. Elle s'est débarrassée à coups de bouillon de M. le président Le Féron, son époux, de façon à convoler en deuxièmes noces, à plus de cinquante ans ! — dix personnes en témoignent.

Quant à la gracieuse Mme de Polaillon, l'épouse du riche Maître des Eaux et Forêts de Champagne, elle eût bien aimé regagner sa liberté elle aussi, pour mieux enchaîner son amant, lequel n'est autre que... L'ignorez-vous ? Notre ami Rouargues ne vous en aurait rien dit ? Où donc étiez-vous ? N'est autre que le nouveau familier de Bussy, mais oui, le beau danseur du bal de Viêmes : le chevalier de La Rivière.

Voulez-vous le détail de l'affaire ? La Rivière venait de quitter une Mme du Castelier lorsque son chemin a croisé celui de la Polaillon. Figurez-vous une femme encore jeune, fine, vive, d'exquise distinction, une blancheur de craie, ni belle ni laide, espèce dont il faut apprendre à se méfier, inquiète, insinuante, dotée de nerfs très sensibles et d'un mari uniquement occupé à récolter de l'argent. Il a l'âge d'être son aïeul. Une haleine de basse-fosse, l'œil jaune, les articulations rouillées. Mme de Polaillon gémit dans son dos. La Rivière achève de l'en dégoûter. Le vieillard ne demandait pas grand-chose ; on ne lui accorde plus rien, on le fuit. Il flaire d'où vient le coup et ferme sa porte au joli cœur. Les domestiques doivent apprécier les largesses de leur maître, car ils appliquent la consigne, et voilà La Rivière réduit à se consoler ailleurs.

Mme de Polaillon en est au désespoir. Elle vend ses meubles, son argenterie. Cela ne suffit pas à lui donner les moyens d'aimer. Elle se risque à voler son mari, lequel rajoute des serrures à tous les coffres. Elle a alors un entretien avec Mme de Prade, d'où il ressort qu'on ne se tire de ce genre d'impasse qu'en faisant le détour de la rue Saint-Denis. On l'y met en relation avec la Voisin, qui la confie à Marie Bosse. C'est la veuve d'un marchand de chevaux. Elle lui fait payer très cher une chemise imprégnée d'arsenic. La chemise agit par frottement, par sudation. La peau s'enflamme au contact de l'étoffe, puis le venin s'infiltre dans l'organisme. Le grand avantage de cette méthode est que les parties honteuse sont les premières atteintes : on croit que l'homme meurt du mal de Vénus et la femme devient l'objet de la pitié publique au lieu d'être soupçonnée.

Mme de Polaillon ajoute des faveurs au vêtement. Elle serait heureuse et riche, si une lettre anonyme ne mettait en garde le vieux mari. Pour prévenir les reproches, elle loue en toute hâte deux tueurs à gages. On improvise une embuscade. Les spadassins se dédisent le soir même, au plus offrant. A croire que la richesse constitue de nos jours la plus solide des armures.

M. de Polaillon pensait éviter le scandale en jetant son épouse dans un couvent. M. de La Reynie a troqué cette retraite contre une cellule à Vincennes. Quant à M. de La Rivière, il court toujours.

— Ne vous l'avais-je pas dit ?

Vues de Bourgogne, les affaires de la capitale apparaissent déformées par une mauvaise lorgnette : rien de très précis, et beaucoup de choses nous échappent.

Le chevalier de La Rivière s'était présenté à nous comme un soldat lassé de la guerre, comme un épicurien converti ; fuyait-il tout bonnement le bras de la justice ? Certains assurent que la Polaillon ne vendait ses meubles et ne volait son mari que pour satisfaire aux caprices, sinon aux besoins élémentaires, de cet amant ; il aurait exigé de l'argent pour la revoir ; il en serait venu à convoiter toutes les possessions du Maître des Eaux et Forêts ; il serait l'instigateur de la chemise empesée d'arsenic, du guet-apens de dernière minute ; et il se serait sauvé en province dès la première alerte, abandonnant la Polaillon à son triste sort...

Comment démêler le vrai du faux ? Le chevalier de La Rivière nous donne bien du fil à retordre. Cela lui tresse une singulière renommée. Les rubans noirs du valet de pique ne manquaient pas d'allure. Il nous avait vivement impressionnés au bal de Viêmes, lorsqu'il avait dansé avec

Louise de Coligny, mieux qu'un maître de ballet, damant le pion à nos beaux messieurs. Aventurier, aigrefin, pourvoyeur de consolation, cela devrait achever de le mettre en vogue. Hier, au cours d'une conversation, M. de D. lui a donné du *Monsieur le marquis*, et quand on lui a demandé pourquoi il le gratifiait de ce titre :

— M. de La Rivière n'est pas comte, ce me semble, a-t-il répondu sérieusement.

Nous avons voulu savoir le sentiment de Bussy.

— Le roi a grand raison de déraciner cette maudite engeance d'empoisonneurs, a-t-il décrété ; voilà ce qu'aura apporté en France le gouvernement de Mazarin et de ses Italiens.

Oui, Bussy paraît tout à fait au courant des tracas de La Rivière. Non, il n'a pas eu l'indélicatesse de le questionner plus avant. L'affaire n'a pas l'air de l'émouvoir. Il n'en veut rien entendre et tient le chevalier pour un parfait honnête homme. M. de La Rivière n'a-t-il pas les mêmes lectures, la même tournure d'esprit, les mêmes goûts que lui ?

C'est par le gouverneur de Semur-en-Auxois, M. de Trichâteau, leur ami commun, que le comte est principalement informé.

Bussy :

— Je ne comprends pas comment Mme de Brinvilliers a pu faire une secte, après la punition qu'on en a faite. Il est surprenant de voir des dames arrêtées pour un même crime que le sien, qui ont assurément assisté à sa mort ; elles y courent comme au martyre.

La Rivière était à Semur. Il serait à Bourbilly. On ne sait quand il repassera par Bussy-le-Grand. Personne n'a de ses nouvelles depuis plusieurs jours. Se cacherait-il ? On nous a écrit que la position de sa maîtresse ne s'arrangeait guère ; après avoir été entendue, elle a été accusée en bonne et due forme d'avoir voulu faire crever son époux.

Bussy déteste ces rumeurs ; elles lui font souvenir de celles dont il a été lui-même victime. Les ragots, dit-il, sont une sorte de venin qui assassine à petit feu, non moins sûrement.

Le silence, l'indifférence ; soyons riches de notre modération.

Songeant au procès qui l'attend à Riom, petite ville d'Auvergne, à quelques lieues de Clermont, Louise ne peut s'empêcher non plus de mêler ses propres tourments à ceux dont on accable leur ami. Elle y pense le soir surtout, après la promenade, quand l'heure est à la mélancolie, que le regard se tourne en arrière, qu'elle se revoit au bal de Viêmes, en train de danser avec le chevalier. Henri de La Rivière occupe une part notable de ses pensées. Cela vient sans doute d'une certaine parenté de situation.

L'injustice. Ces horribles bruits.

Faisons comme le chevalier, ignorons-les. La chose ne doit pas peser bien lourd ; il l'a toujours prise très à la légère. Louise lui est spécialement redevable de ce détachement de société, qu'elle lui envie, et sur lequel elle s'efforce de calquer son attitude. Saura-t-elle maîtriser ses nerfs aussi bien ? Mais à présent qu'il ne leur fait plus de visite, que la rumeur dit qu'il se terre dans un trou de renard, que penser ?

Sur un banc du jardin, au retour de la promenade, elle interroge son père, lequel préférerait tenir sa fille au-dessus de ces noirceurs.

— On ne reproche à notre ami qu'une liaison avec des gens accusés, lui dit-il, balayant d'un sourire les ombres dont elle pourrait s'alarmer.

Entre Semur et Bussy-le-Grand, il se fait cependant un grand échange de lettres. Le marquis de Trichâteau tremble de la peine dont La Rivière est menacé. Il en a discuté avec son épouse, plus émue encore. Le chevalier doit-il rester parmi eux, en Bourgogne, ou bien regagner la capitale ? Les deux partis se défendent, mais il y aurait sans doute avantage pour lui à se montrer à Paris au plus tôt, estime Trichâteau, car son absence donne lieu à des discours désagréables. Ces discours risquent de soulever des questions. Ce serait fâcheux : M. de La Reynie pourrait avoir envie d'entendre les réponses.

— D'un autre côté, en demeurant chez nous, La Rivière offre moins de prise à la médisance. La rumeur s'épuise d'autant plus vite qu'elle n'a pas d'objet sous les yeux.

Pour débattre du pour et du contre, Bussy aimerait en apprendre un peu plus, mais il lui répugne d'être indiscret. « Sondez le chevalier quand il viendra vous voir, lui écrit Trichâteau. Il ne manquera pas de vous conter ce qui lui cause de l'embarras, car il n'en fait point de finesse. » A quoi Bussy répond : « Je l'interrogerai donc, puisque vous affirmez qu'il ne fait pas de façon, et je lui dirai mon sentiment en ami de ce que je croirai qu'il devra faire. »

On s'en tient là. Car La Rivière ne se montre pas. Et puis d'autres sujets réclament l'attention : la cour ne parle plus que de la nouvelle maîtresse de Sa Majesté. Mme de Montespan, Mme de Fontanges — deux favorites, c'est beaucoup, même pour un roi de France. On dit que la dernière est grosse ; cela change des poisons.

Bussy :

— Les deux sultanes ne me paraissent plus en si bonne intelligence qu'au commencement. Je crois qu'à la fin la jalousie brûlera le sérail. On ne sait comment la cour tiendra l'été. L'orage gronde. Tant mieux, la scène paraissait languir.

11

Les parterres sont en fleurs et les cascades qui tombent des bassins à petits bouillons font une musique exquise.

« N'admirez-vous pas l'ardeur avec laquelle toute l'Europe se déchire ? écrit Bussy. La guerre partout, à nouveau. Il semble que ce soit la lassitude de vivre qui fait agir ainsi tout le monde. Si j'étais à la tête des armées, où je pourrais être aussi bien que d'autres, je ne ferais sans doute pas ces réflexions ; mais puisque je n'y suis pas, je vous avoue que je trouve les gens de guerre bien fous de faire tout ce qu'ils peuvent pour raccourcir une vie qui n'est déjà que trop courte. »

Toujours les brouilleries de l'empire amoureux.

Mme de Montespan aura bientôt quarante ans. Quelques soins qu'elle prenne de son visage et de son corps, et l'on assure que ces soins sont infinis, elle n'a plus cette beauté parfaite qu'elle présentait lors de son arrivée à la cour et qui l'a fait distinguer par le roi. Le cheveu paraît moins blond ; le bleu de la prunelle s'est délavé ; le nez aquilin, sur le modèle duquel les peintres ont défini le nez idéal, s'est empâté aux narines ; la peau s'est flétrie ; de fines rides auréolent la bouche dont le rouge et la petitesse faisaient l'admiration du royaume. La gorge apparaît toujours généreuse, pleine de promesses, mais cette apparence devrait beaucoup à une armature ingénieuse, cousue dans la robe, qui la laisserait crouler au naturel. Beaucoup d'éclat, bien sûr, renforcé par celui des diamants dont elle se couvre.

L'allure d'une déesse toujours, mais la cuisse lourde, et c'est plutôt Junon que Vénus. Enfin la tristesse de l'orgueil blessé, la peur, après avoir atteint le sommet de l'Olympe, d'une route qui ne ferait que descendre.

Avez-vous jamais ouï dire que la peur embellît ?

Mme de Montespan amuse encore le roi, il tient régulièrement le jeu chez elle ; de maigres victoires ; un reste d'autorité sur Sa Majesté, laquelle respecte ses avis ; une forte cour de flatteurs surtout, qui la conforte dans l'opinion que son règne durera ; elle est trop fine pour ne pas apercevoir cependant qu'elle a si bien ravi la place de la reine qu'elle est devenue avec le temps une sorte de souveraine en second, position moindre que celle de première maîtresse. La reine paraît d'ailleurs l'aimer beaucoup, elle la couvre de caresses maintenant que la jalousie s'en est allée, comme si elle était touchée par la similarité de leur état : leur prééminence à toutes deux cesse à l'heure du coucher ; il faut compter alors avec Mlle de Fontanges.

S'il s'était agi, comme par le passé, de s'incliner devant la religion, de céder aux invectives de Bourdaloue, aux terribles reproches de Bossuet, et de se mettre réciproquement en retraite, Mme de Montespan en aurait pris son parti, elle aurait renoncé au péché, elle se serait consacrée à élever chrétiennement ses enfants et ceux que lui a faits le roi ; elle se serait en un mot raccommodée avec Dieu, sinon avec son mari. Si elle avait pu choisir cette maîtresse-là, comme elle en a choisi d'autres auparavant, sans doute aurait-elle consenti une nouvelle fois à partager. S'il n'avait été question que d'une nouvelle passade, ce qu'elle pensait au début, elle aurait ravalé son orgueil, cela irait encore. Mais tolérer que le roi la trompe de cette façon !

Mlle de Fontanges n'a que dix-huit ans. De cette délicate et pâle beauté, La Fontaine dit qu'elle est *un digne présent des cieux*. Louis lui a déjà offert des pierreries et un carrosse gris perle à huit chevaux. Le gris lui va à merveille. La Montespan ne sait plus à quel saint se vouer.

A l'église, l'autre matin, Mme de Montespan se trouvait avec ses enfants dans la tribune de gauche, du côté de l'Évangile, tandis Mlle de Fontanges occupait les gradins élevés, du côté de l'Épître. Le roi se tenait au centre, sous leurs yeux, telle l'aiguille d'une balance, sans qu'on pût dire lequel des plateaux allait baisser, lequel aller s'élever. Équilibre trompeur ; tout le monde sent aujourd'hui qu'il ne durera pas, et de quel côté s'inclinera le fléau.

La Rivière ?

Il serait à nouveau à Semur-en-Auxois, chez le marquis de Trichâteau.

— Il faut croire que notre ami s'y plaît, dit Bussy à sa fille. On le comprend. M. de Trichâteau est un compagnon charmant, avisé, qui n'ennuie jamais. Quant à la marquise, Mme de Trichâteau possède au physique assez de qualités pour éclipser l'esprit de son époux. De sorte que, considérant l'un et l'autre, on doit admettre qu'ils font tous deux des hôtes de choix. Ajoutez à cela que la chère de leur cuisinier est excellente ; et que M. de Trichâteau ne semble pas voir d'un trop mauvais œil que notre cher La Rivière courtise sa femme... J'ignore à quel point celui-ci a avancé ses affaires, mais il est déjà question d'un échange de rondeaux. Je le sais, parce que le chevalier vient de me demander par lettre la permission de m'emprunter trois vers que j'ai faits autrefois pour Mme Talon, et qu'il veut glisser dans une composition à son idée. Vous vous en souvenez :

Vous êtes jeune, aimable, blanche et blonde ;
C'est à cela qu'on veut plaire en ce monde ;
C'est pour cela qu'on fait des madrigaux.

Il nous contera la chose lui-même, ajoute Bussy, car il devrait nous arriver d'un jour à l'autre.

Louise baisse la tête, ses doigts se sont immobilisés. Quand elle retrouve l'usage de la parole, c'est pour critiquer vertement cette manière de faire. Elle le dit très haut : la poésie qu'on destine à une dame ne saurait sortir de plusieurs plumes. Elle blâme son père d'avoir participé à la duperie. Bussy voit avec des yeux ronds sa fille s'emporter comme un prédicateur pour cette chose, sur laquelle il lui donne au fond raison, mais qui n'en méritait pas tant. Dieu, que les femmes sont une race susceptible !

Lettre du comte de Bussy à la marquise de Sévigné :
« Ma fille de Coligny a toujours de l'esprit, du courage et de la tendresse pour moi. Nous nous amusons à jouer, et depuis quelque temps à perdre ; cela nous va faire quitter le jeu. Aussi bien voici les beaux jours que nous emploierons aux promenades. »

12

Henri de La Rivière, sur sa jument truitée. Il marche dans le soleil, le visage à l'ombre des bords de son chapeau, suivi de son valet.

On le voit venir de loin. Au lieu de passer par le village, de prendre par la petite porte, puis de longer les communs et le colombier, il fait le grand tour, il arrive par l'entrée d'honneur, d'où l'on domine le château. Lorsqu'il s'en retourne chez lui après une longue absence, c'est le détour que fait toujours Bussy ; il permet d'admirer pleinement le domaine, dans la perspective de la vallée. Le comte apprécie que le chevalier se donne comme lui cette peine pour ce plaisir. C'est le mois de juin, les prairies sont tout émaillées de petites fleurs jaunes.

La jument de La Rivière a l'élégance de ne pas pousser l'allure malgré la proximité de l'écurie ; elle ne tire pas même du mors, comme si elle avait l'ambition de soigner l'entrée de son maître. Elle descend la grande allée d'un pas nonchalant, en jouissant du spectacle des tilleuls, puis traverse les douves par le pont dormant, sans déranger les canards qui glissent sur l'eau.

Il y a longtemps qu'il n'a fait si beau ; pas un nuage dans le ciel. Le comte accueille son hôte avec effusion. On sert du vin dans la salle des Devises, et des pâtés, des confitures, de petits gâteaux à l'anis. Toutes les fenêtres sont ouvertes pour la circulation de l'air : on entend le chant d'un merle.

Comme toujours, La Rivière est porteur de nouvelles. De Mme de Scudéry, de M. de La Rongère qui vient de se marier. Ce diable de chevalier s'arrange toujours pour avoir mille choses à conter, et il les conte bien. Trichâteau lui a confié une lettre. Il cache aussi deux ou trois livres frais imprimés, dans son portemanteau.

Salle des devises. Au-dessous du portrait du comte, à droite, un panneau représente une montre, avec sa chaîne et sa clef, sur un carré de velours vert. La peinture s'accompagne de ces mots : *Quieto fuori et simone d'intro*, ce qu'on peut traduire par *calme au-dehors et mouvementé audedans*.

Le comte de Bussy dit qu'il n'a pas vu grand monde ces derniers temps. Nos hobereaux l'ennuient. Ils sont peu lettrés. Ils n'entendent pas mieux la politique que les galanteries.

— Me voyez-vous *rabutiner* avec ces gens ? Je leur préférerais des perroquets, qui ont sur eux l'avantage de la couleur.

Il a énormément travaillé, encouragé par la douceur du temps.

De ses *Mémoires* lui est venue l'idée d'écrire une *Histoire du roi*. Oui, Sa Majesté a déjà prié MM. Racine et Boileau de s'atteler à la tâche, il le sait bien ; mais ces deux-là, qu'y connaissent-ils ? Comment pourraient-ils chanter la gloire du monarque, dont les prospérités durent depuis trente ans, eux qui n'ont humé l'odeur de la guerre que dans les gazettes et les livres ? Ils n'entendent rien aux manœuvres. Le canon les effraie. Ils n'ont pas assisté à la dernière campagne. Lorsque le roi s'en est fâché, Racine a dû recourir à ce mot : « Sire, nous sommes deux bourgeois qui n'avons que des habits de ville. Nous en commandâmes de campagne, mais les places que vous attaquiez furent plus tôt prises que nos habits furent faits. » Réponse de courtisan. Elle a peut-être plu, dit Bussy, elle ne vaut rien pour un historien.

— Je crains que Racine ne tombe souvent dans ces sortes d'exagération qui n'amusent que les intéressés.

— C'est qu'il restera toujours poète en prose.

Non, seul un grand officier du royaume, ayant pratiqué l'épée autant que la plume et ne manquant d'aucun quartier de noblesse, pourra conter la grandeur de Louis XIV, La Rivière en est persuadé. Soldat émérite, académicien estimé de ses pairs, gentilhomme au-dessus de tout soupçon, Bussy est l'historiographe le plus indiqué de France, assurément. Le chevalier le pense si bien qu'il s'offre comme secrétaire. Et sa conviction augmente encore lorsque le comte, s'échauffant à mesure, lui explique un peu mieux son projet :

Il y a d'abord le style de l'Histoire — droit, court, net ; sans cela il ennuie, quelque beaux que soient les événements. Point d'emphase : les drapés ne se prêtent qu'au théâtre.

De la véracité ; dire les choses à nu, comme elles sont arrivées.

Ce n'est pas tout, voici le plus original : une grande variété de tons, grâce à l'emploi de points de vue nombreux. L'histoire du roi intéresse la France entière. Or, dans son exil, Bussy reçoit des lettres des esprits les plus fins du royaume, qui disent et commentent au jour le jour, selon le train même des choses, les petits faits de la cour et les hauts faits du prince. En mêlant réponses et envois, qu'il a pris bien soin de conserver, en les abrégeant, les remaniant au besoin, en les liant, en y intercalant des notes et des considérations à lui, Bussy bâtira des annales vivantes, complexes, naturelles, sincères, uniques.

C'est d'ailleurs ce qu'il vient d'écrire au roi :

« Dans le dessein que j'ai de parler de Votre Majesté aux siècles à venir... »

La Rivière brûle d'entendre l'épître dans son intégralité. Bussy en a heureusement un double à portée de main.

Le chevalier rapproche son fauteuil, tandis que Bussy déclame :

« Mon système de lettres, sire, aura un grand air de vérité qui rendra à jamais votre gloire indubitable. Ce qui donnera encore beaucoup de créance à ce que j'écrirai, ce sera de voir que je ne suis pas pensionné pour en parler. Et de peur même qu'on ne croie un jour que c'était pour être rappelé d'exil que j'en disais tant de bien, je supplie très humblement Votre Majesté de me laisser chez moi le reste de ma vie, où je la servirais mieux que la plupart de ceux qui l'approchent tous les jours... »

— Votre disgrâce, garantie de votre crédibilité : la belle rhétorique ! s'exclame La Rivière. Mais je vous ai interrompu ; continuez, je vous en prie.

Bussy, à M. de C. :

« On a lu à Sa Majesté la lettre dont je vous ai envoyé la copie ; il paraît qu'elle a été agréablement écoutée. Je suis charmé de l'approbation que vous lui donnez. C'est à mon gré mon chef-d'œuvre. »

Telle est aussi l'opinion de Mme de Sévigné :

« Je ne crois pas qu'autre que vous ait jamais conseillé à son maître de laisser dans l'exil son petit serviteur, afin d'ôter tout soupçon de flatterie à l'histoire qu'on veut écrire. »

Salle des devises. Sur un lambris, face à la cheminée, une main sort d'un nuage pour verser l'eau d'un vase sur des pierres blanches, qui doivent être de la chaux, car il s'en élève une colonne de fumée. Que signifie ce rébus ? La légende dit : *E freda maccende* : *elle est froide, mais elle m'enflamme.* C'est le genre de choses, songe La Rivière, que soupirent d'ordinaire les amants insatisfaits. A qui pensait le comte lorsqu'il a fait exécuter ce panneau ? Sans doute à la maîtresse indigne dont le visage se répète sur les allégories voisines, celle qui a inspiré la peinture de l'oignon propre à faire couler les larmes, ou de la pie que l'on adore alors qu'elle ne cesse de nous berner. Mais ce n'est pas certain ; le comte de Bussy a la réputation d'avoir aimé à foison dans sa jeunesse. De sa première épouse même, la mère de Louise, il aurait eu la chance d'être épris. Lui rendait-elle moins qu'il ne lui donnait ? Ou bien s'agirait-il de sa jolie cousine, la marquise de Sévigné, qui lui aurait beaucoup fait espérer, mais ne l'aurait point laissé cueillir l'essentiel ? Comment savoir ? La devinette parle peut-être moins d'une personne en particulier que du type de femmes qu'apprécie le comte en général. Ce serait assez son genre, comme à tous les autoritaires, de s'attacher à une boule de neige, si cela existe, car enfin, pour ma part, j'estime que le manque d'ardeur d'une femme vient d'abord de l'amant qui ne sait pas lui en inspirer.

Salle des devises. A droite, un panneau montre la lune au-dessus d'un paysage nocturne, avec la légende : *Affert cum luce quietem : sa lumière invite au repos.* Là encore, rien de bien courtois.

Partie en promenade avec son fils, Louise de Coligny ne s'est toujours pas montrée. On la dit au village. Elle rentre par les communs, s'attarde aux cuisines où elle a des ordres à donner, et ne paraît pas avant le soir.

Avant de se mettre à table, comme le chevalier de La Rivière se repose dans sa chambre, elle murmure à son père :

— Je ne me sens pas bien. Si vous pouviez m'excuser...

Ce n'est pas l'intention du comte ; il a toujours accordé une importance spéciale aux cérémonies de l'hospitalité. Se passer d'une maîtresse de maison ? Il y songe d'autant moins qu'un autre convive s'est joint à eux, M. de Rouzac, un ancien prétendant de Louise, dont le château agrémente une hauteur voisine.

— Trois hommes souffrant la solitude, quand votre seule vue les égaierait ? Non, ma fille, vous ne nous ôterez pas le plaisir de votre compagnie.

Elle s'incline. Les messieurs lui font fête. On sert le souper. Des perdrix, des mauviettes, des poulardes au verjus.

Il ne s'agit pour l'instant que d'offrir une mine aimable, agrémentée de sourires et de hochements polis. Dans l'intervalle, on peut épier à loisir.

Henri de La Rivière. Le cheveu de jais, l'œil sombre, plein d'éclats métalliques. Il a les paupières épaisses, le nez irrégulier, et une fossette au bas de chaque joue, qui se creuse quand le visage s'anime.

Louise remarque aussi une petite cicatrice en biais sous l'oreille, et une marque ronde, probablement de variole enfantine, dans le blanc du cou.

Cette marque la fascine ; elle détourne bientôt les yeux, comme devant une chose interdite.

Elle y revient, la fourchette en l'air. La marque du blanc du cou. Plaisir trouble, à la dérobée.

— Mme de Montespan n'est plus maîtresse, dit Bussy. Je m'en réjouis pour l'intérêt du roi et pour le mien. S'il ne l'aime plus, moi je la hais, parce qu'elle m'a fait du mal, et je le dis parce qu'elle n'est plus à craindre.

M. de Rouzac surenchérit. On s'acharne un moment sur la favorite déchue, puis sur sa parentèle. M. de La Rivière y va aussi de ses anecdotes. Remontant loin dans le passé, il rappelle comment le mari de la Montespan, insensible à l'honneur que lui donnait le roi, a fait de telles scènes qu'on a dû le renvoyer sur ses terres, et comment ce furieux s'est vengé en célébrant en grande pompe les funérailles de l'infidèle.

— Savez-vous qu'un prêtre s'est prêté à la comédie ?

— On dit que le cercueil était lesté de la dépouille d'une truie, pour faire bon poids.

— Voilà où pousse le manque de complaisance.

— A se condamner à ne porter que du noir !

Louise voudrait entrer dans la conversation pour dire que ce jaloux lui rappelle son beau-père, contre qui elle doit plaider : le comte de Dalet n'a-t-il pas fait le deuil de son petit-fils, pour un motif moins honorable ? Mais tandis qu'elle tourne la phrase dans sa tête, en évitant de trop lorgner du côté du chevalier, on change de sujet, de sorte qu'elle demeure muette, afin de ne pas se donner le ridicule de tomber hors de propos.

— Le roi, dit à présent M. de Rouzac, se bâtit une maison au-dessous de Marly. C'est une situation admirable, susceptible de tous les ajustements qu'on voudra lui offrir.

M. de La Rivière connaît ce village, entre Versailles et Saint-Germain. Très en verve, il en dresse la carte sur le modèle du jardin d'Éden. Louise aurait aussi deux ou trois choses à dire de ce paradis. Puisque son père a exigé sa présence à table, autant y jouer un rôle. Elle attend son tour de prendre la parole quand M. de Rouzac lui fait un compliment sans préavis, un peu lourd, qui la désarçonne si bien qu'elle perd le fil de son idée et que, cherchant à le récupérer, elle s'embarrasse tout à fait dans la réponse.

Sa confusion lui met les joues en feu. Elle voudrait disparaître sous terre.

L'absurde compliment de M. de Rouzac lui revient en écho ; maintenant qu'il n'est plus temps, elle lui trouve dix reparties, qu'elle perfectionne, de sorte que les propos qui s'échangent autour d'elle ne passent plus le seuil de ses oreilles.

Bussy, La Rivière, Rouzac : un caquet indistinct.

Elle se découvre des similitudes avec les moucherons qui tournoient dans la clarté des bougies.

Elle aimerait reprendre pied ; se raidit ; ses efforts l'enlisent.

Cela ne lui était pas arrivé depuis longtemps. Louise espérait avoir surmonté ses gaucheries et timidités de fille, à force d'entraînement, grâce aux soins persévérants de son père. Ne lui a-t-il pas enseigné à fond les manèges des conversations ordinaires, qu'il est si important de savoir ? Causer, répondre vite, c'est capital dans le monde. L'attention, la présence d'esprit, ne jamais paraître étonnée, tirer parti de la moindre idée neuve, devancer les demandes sans se départir de la modestie qu'on attend du beau sexe, elle se croyait rompue à ces bagatelles. Elle se voit soudain revenue dix ou quinze ans en arrière, au sortir du couvent, quand elle ne savait que rougir et bredouiller. Il ne lui reste d'autre solution que d'épuiser ses forces à empêcher son désarroi de percer en façade. Sa poitrine l'oppresse, avant qu'on l'interroge.

A l'étonnement du comte, elle ne desserre pas les dents. Serait-elle à ce point indisposée ?

Le reste du dîner s'écoule dans cette sorte de stupeur. Louise n'a rien de plus pressé, en quittant la table, tandis que les autres se rendent au salon où l'on a préparé le jeu, que de battre en retraite.

Pourquoi son père s'attarde-t-il dans l'antichambre auprès de M. de Rouzac ? Elle se mettrait à courir si elle ne se retenait. La pénombre du corridor la trouve en tête à tête avec Henri de La Rivière. Elle baisse des yeux honteux, lorsque le chevalier lui dit à voix basse :

— Les paroles importent moins, madame, que ce que le cœur murmure en silence.

— Plaît-il ?

Il ne se répète pas, sachant qu'elle l'a entendu.

Chez elle, il lui faut supporter que Mlle Poussy, sa femme de chambre, la prépare pour la nuit. Tant que tombent les épingles, Louise garde pied ; mais elle n'est pas plus tôt en chemise qu'elle s'enferme au verrou pour éclater en sanglots, avec des tremblements et des hoquets dont la violence l'étonne. Dans le feu du souper, alors qu'il donnait une attention entière à ses interlocuteurs, Henri de La Rivière a su percevoir les sentiments qui la paralysaient, et il s'en est soucié, au point de trouver l'audace de le lui dire. Cela paraît extraordinaire. Louise ne supposait pas qu'un homme pût avoir cette sensibilité. Il ne s'est point moqué. Il a eu la gentillesse de prendre le soin de parler à l'écart des autres, sans l'embarrasser davantage... C'est la chose la plus délicate au monde. Les larmes la submergent. Elle est éblouie.

Son appartement consiste en une chambre, un vestibule faisant salon, et un petit cabinet qui communique avec celui de son fils. Jamais elle ne se couche avant d'avoir bordé l'enfant, avant de l'avoir baisé au front. Mais elle craint ce soir les ferrures mal huilées, une chandelle indiscrète ; le plancher grince à l'étage ; tout s'entend à travers les cloisons trop minces. Et si la gouvernante qui dort à côté se levait et la voyait ainsi défaite, les paupières rougies ?

Louise se glisse entre les draps.

Henri de La Rivière. Elle y pense, jusque tard dans la nuit, les mains pelotonnées sous le ventre, agitée et inquiète ; jusqu'à lui en vouloir presque pour l'appréhension et le plaisir que lui donne sa pensée. La marque du blanc du cou. De longs cils de génisse. On fait d'étranges inventaires sous la courtepointe.

C'est une nuit hors du commun.

Elle se réveille le lendemain fraîche et dispose. Tout le monde lui en fait compliment. MM. Brunet et Chausson, les hommes de loi de son père, lui présentent le dossier qu'ils ont constitué pour plaider à Riom contre M. de Dalet ; la date du procès approche ; Louise subit leurs discours, dans un jargon auquel elle ne comprend goutte, sans rien perdre de son sourire. La visite de Mme de D. n'obscurcit pas davantage sa journée. C'est une voisine de son âge, leurs liens s'arrêtent là. Louise se montre charmante, on jurerait qu'elle n'a pas d'amie plus chère.

— Je suppose que le chevalier va continuer sa route vers Paris, a-t-elle demandé à son père.

— Il semble qu'il n'est plus nécessaire qu'il s'y rende.

— Pourtant... N'était-ce pas l'avis de M. de Trichâteau ?

— La situation a changé : la personne en qui on l'accusait de prendre un grand intérêt est désormais hors d'intrigue.

— L'innocence de Mme de Polaillon a donc pu être prouvée ?

— Disons que les magistrats n'ont pu se résoudre à faire tomber une tête si séduisante. Le procureur avait requis contre elle le supplice de la question et la mort en place de Grève ; mais Mme de Polaillon a fait preuve d'une telle présence d'esprit tout le temps qu'elle était sur la sellette, elle a répondu aux demandes qu'on lui faisait avec tant de grâce, se souciant fort peu de mourir, et exposant sans détour ni artifice comment les misères que lui faisait son époux l'avaient conduite à envisager une solution extrême, parti dont elle s'est repentie depuis lors, que ses juges n'ont pu que l'admirer et la plaindre. Après quatre heures de délibération, ils l'ont condamnée au bannissement, au lieu de la mort qu'elle avait elle-même prononcée, et la meilleure société a applaudi l'acquittement. Quoi qu'il en soit, ce n'est plus le problème de notre ami. Sa présence là-bas n'empêcherait pas qu'on dise qu'il a été son galant, et c'est tout le mal qu'on lui peut faire. M. de Trichâteau pense que l'affaire est à cette heure bien jugée, et qu'il n'y a qu'à la laisser oublier.

— Est-ce aussi votre sentiment ?

— La drôle de question !

13

Lorsque les regards se croisent, Louise détourne aussitôt le sien : celui du chevalier prend alors la relève.

L'échange n'échappe pas aux domestiques. A l'office, un laquais en touche deux mots à une femme de chambre, en présence de Cuzin. Le cocher en fait vite son profit.

L'affreux Cuzin, comme l'appelle Louise, semble en grande intelligence avec Dupré, le valet que La Rivière a amené avec lui. De son vrai nom : Nicolas Julien. Pourquoi son maître ne l'appelle-t-il pas comme on l'a baptisé ? Allez savoir ! Les deux hommes descendent leur pichet de vin, sans le couper d'eau. Bientôt le teint rosit, l'œil s'allume, et la langue se taille en pointe.

Cuzin, Dupré. Même sorte d'hommes. Déçus d'eux-mêmes sans qu'ils puissent se l'avouer ; cela les rend mauvais. *Il ne faut pas péter plus haut qu'on l'a*, c'est le fondement, si l'on peut dire, de leur philosophie. Ils en déduisent tout un système d'adéquations et de conformités, qui présente le grand avantage de ne faire grâce à personne, car ils mesurent tout à leur aune et ne sauraient admettre qu'on ne l'ait pas aussi bas qu'ils l'ont.

— Veux-tu que je te dise...

Cuzin se vante régulièrement de *savoir des choses*, c'est sa vanité. Ces choses lui permettent de faire son important à petit prix : il lève le doigt, baisse le ton, ne formule rien de particulier, sous-entend beaucoup. Sans doute a-t-il trouvé cette fois, en la personne du valet de La Rivière, un réceptacle digne de ses confidences ; l'attaque se fait précise.

Les deux hommes parlent à l'écart, penchés l'un vers l'autres. La Mèche n'entend pas le détail des mots, mais il saisit le sens général des accusations que Cuzin porte contre Mme de Coligny. Cela lui paraît si gros dans l'ignominie qu'il lui faut un moment pour l'assimiler. Il se rue alors sur le cocher, le renverse, le saisit aux cheveux, lui martèle la tête contre le sol. L'avantage ne lui reste pas. De vingt ou trente livres plus lourd, Cuzin a tôt fait de prendre le dessus, surtout que Dupré s'est jeté à la rescousse. Seul contre ces deux-là, la Mèche plie sous les coups. Quand il tombe au bas du mur qui le soutenait, le bois d'un sabot entre dans la danse.

— C'est allé trop vite pour que je puisse intervenir, dira l'aide du cuisinier.

Et Cuzin, interrogé sur les causes de l'altercation :

— Le bâtard parlait en mal de nos maîtres.

14

Un gonflement, une irritation du fond de la gorge dont Bussy ne parvient pas à guérir. Déglutition pénible, respiration incommode. Le mal dure depuis bientôt huit jours.

Bussy tire la langue devant le miroir qu'il a transporté auprès de la fenêtre, et examine ses amygdales. Il a connu quelqu'un qui ne présentait pas d'autres symptômes avant de périr d'étouffements. Qui cela pouvait-il bien être ? Faut-il appeler le médecin ? Et si on lui annonçait qu'il ne lui restait qu'une saison à vivre ?

Il déteste ces matins-là. Le vin chaud à la girofle et au miel que lui a conseillé Louise, la veille, n'a pas eu grand effet. Ses selles sont grasses et malodorantes. Accablé, le comte se remet au lit, le bonnet sur les yeux.

A mon âge... — Soupirés dans la pénombre, ce sont des mots terribles.

Déclin. Suffocation. Révérence.

Bussy n'est pas de l'avis des philosophes qui tiennent qu'il y a du plaisir à mourir parce que la séparation de l'âme et du corps se fait par un chatouillement très sensible, qui touche les sens agréablement. Peu lui importe qu'on ait vu rire des agonisants. Il ne pousse pas si avant la sagesse. Si la mort était un plaisir, il aurait le regret qu'on ne pût mourir qu'une fois, et il trouverait assez inutile ce plaisir qui ne revient plus et fait finir tous les autres.

Raisonnons encore :

L'abbé Fléchier dit que la crainte que nous avons de notre jour dernier vient de notre faiblesse plutôt que de la cruauté du trépas.

Mais faiblesse il y a... Les meilleurs arguments butent contre l'image de sa carcasse à l'étroit dans la boîte — pour l'éternité — tandis que le monde tourne.

Intolérable. Crampe, sueur.

Le soleil s'infiltre dans la chambre par tous les interstices. En fermant à demi les paupières, on croirait voir les chandelles d'une chapelle funèbre.

Bussy finit par s'assoupir. L'après-midi est déjà bien entamé quand il émerge du sommeil. Paresser au lit lui a rendu des couleurs. Il réclame son barbier, sa perruque. Louise lui présente le courrier qu'un laquais a rapporté de Sainte-Reine. Une lettre achève de le rétablir. Elle vient de Riom, signée de l'abbé Faydit, érudit de province, qui espère se bâtir une réputation par de méchantes polémiques. L'animal n'est point sot, il serait même d'assez bonne compagnie s'il n'était tenu par la rage de faire briller son nom.

Que dit-il ? Bussy se met à glousser. Vite, il faut montrer cela au chevalier de La Rivière.

— Lisez !

Ayant appris que le comte doit bientôt venir en Auvergne pour faire juger le procès que Mme la marquise de Coligny a contre M. le comte de Dalet, l'abbé Faydit lui propose de l'héberger gracieusement dans la maison de Mme de Sirmond, sa cousine, dont un oncle était confesseur de Louis XIII :

« Les occasions de servir les personnes d'une naissance aussi illustre et d'un mérite aussi établi que le vôtre sont si rares, monsieur, et font tant d'honneur à ceux qui en peuvent profiter, que vous agréerez, s'il vous plaît, cette hospitalité. Le logement ne vous coûtera que quelques moments de conversation avec nous ; et, avant que vous n'acceptiez, je vous dirai qu'il n'y a lieu au monde où l'on soit plus rempli de l'estime de votre esprit et de votre valeur que dans notre ville de Riom. J'attends que vous me fassiez l'honneur de m'indiquer vos intentions sur votre arrivée, et vous proteste, monsieur, que personne n'est, avec plus de respect que moi, votre très humble et très obéissant serviteur », etc.

— Cela me donne une idée, dit Bussy. Pourquoi, mon cher, ne nous accompagneriez-vous pas en Auvergne ?

Comme on n'est plus qu'à une semaine du départ, sachant les lenteurs de la poste, Bussy ne se donne pas la peine de faire de réponse à l'abbé Faydit. Un hôte de plus ne devrait pas poser de problème ; cela se règlera sur place.

Au marquis de Trichâteau, qui lui disait : « J'ai bien peur que notre ami La Rivière ne s'accoutume si fort à vous qu'il ne s'ennuie partout ailleurs, » il écrit le 1er juillet : « Je ne sais si le chevalier s'accoutumera fort à moi, mais je m'accoutume tant à lui que je l'emmène à Riom. C'est un voyage de quinze jours, qui nous divertira, et auquel je ne trouve rien à redire sinon qu'il m'empêchera tout ce temps-là de recevoir de vos nouvelles, desquelles je vous assure que j'ai bien de la peine à me passer. »

Ils se mettent en route le 5. Le comte de Bussy, la marquise de Coligny et le chevalier de La Rivière prennent place dans la grosse berline que conduit Cuzin. Le personnel du château fait la haie, et chacun s'incline, le chapeau à la main, tandis que la voiture tourne dans la cour d'honneur. Par la portière, Louise aperçoit La Mèche, le visage encore marqué des coups qu'il a reçus. Elle avait placé en lui de grandes espérances, il l'a payée d'insolences : toujours dans son dos, à l'espionner, à la détailler, comme s'il cherchait à traverser ses robes du regard ; et puis cet esclandre devant le valet du chevalier. Il faudra songer au retour à se débarrasser de l'ingrat.

La route serpente à travers les collines rondes, tantôt dans la fraîcheur des forêts, tantôt dans le découvert des champs et des vignes. Il ne fait point trop chaud. Le pont de Bard a été réparé. Aucun obstacle n'interdit de filer bon train.

On a prévu des paniers de victuailles, garnis de bouteilles, pour se sustenter aux étapes. Charades, rébus, bouts-rimés, bavardages incessants, on s'amuse si bien qu'on ne sent guère le temps passer. La subtilité de l'air donne du brio. Mise en confiance, Louise ne se contente pas cette fois de rire aux bons mots ; elle en risque quelques-uns ; craintivement d'abord ; puis ses succès l'enhardissent : ils lui valent bientôt des acclamations. Le hasard des cahots fait que sa jambe heurte souvent celle du chevalier. Parfois ce sont les coudes, les mains qui se frôlent. A peine a-t-on le loisir de profiter du pittoresque des paysages.

On couche à Luzy, à Montoldre. Petites auberges malodorantes. Une fois passé l'Allier, par le pont de la Corde, la voiture gagne Saint-Pourcin ; plus que six relais avant Riom. On y arrive le 9 juillet. Sans être de grande étendue, la ville a bonne figure, elle serait même riante si elle n'était bâtie en pierre noire de Volvic. Peu de percées, mais des rues régulières et larges qui débouchent toutes sur le beau panorama des monts de Dôme. Louise, dont c'est la première visite, penche sans vergogne la tête à la portière. Partout des fontaines, le bruissement de l'eau claire.

La maison de M. de Mirmond, que l'abbé Faydit entend mettre à leur disposition, s'élève près de l'entrée du faubourg de Mozat, au milieu d'un jardin dont la verdure égaie l'austérité des vieilles bâtisses à tourelles du voisinage.

L'abbé ne mentait pas sur l'accueil. Sa cousine de Mirmond est la personne la plus civile du monde. Bussy est si bien reçu, et logé avec tant de propreté et même de magnificence, qu'il oublie un moment qu'il voyage en province et croit fouler les tapis d'un salon du faubourg Saint-Germain.

On lui a attribué, ainsi qu'à Louise, une chambre du premier étage. Le chevalier prend ses quartiers juste au-dessus.

L'abbé les laisse se reposer et, dès le lendemain, se pique de leur faire voir tout ce dont la ville peut s'enorgueillir comme lieux et comme personnes. Après la messe il leur donne le divertissement de la promenade dans un parc joliment planté et leur fait les honneurs de la meilleure société du cru, produisant tour à tour de puissants esprits et de jeunes beautés, comme il s'en exhibe dans chaque ville de

France pour l'honneur de la patrie. Bonne naissance, jolie tournure, la main petite et blanche, très méritantes, ce qui s'appelle ici être de la première qualité, voici Mlles de Périgny et de Saintuile. Elles témoignent beaucoup de respect au comte, presque trop, dit-il, pour le repos de son esprit. Et voici Mme de Gerson, dont l'époux est à l'armée du Rhin ; cette femme ne les a pas rejoints depuis dix minutes qu'elle lance ses invitations à la ronde, en accablant le chevalier de regards particuliers. Large figure, les yeux gros, pleins de malices, le teint uni, un peu trop chargé de rouge, et beaucoup de cette exubérance qui passe en province pour de la vivacité. Elle remue une grande quantité d'air pour persuader de son importance. Louise voit avec plaisir qu'Henri de La Rivière ne se laisse pas happer par cette bourrasque. Elle-même a fort à faire de son côté. Tout le monde semble au courant de son procès ; on ne lui ménage pas les marques de sympathie. Gageons que M. de Dalet ne saura rallier à sa cause autant de partisans.

On soupe aux lampions. On ne se quitte pas. Au moment du coucher, Louise entend le chevalier marcher au-dessus de sa tête. Le bruit de ses pas poursuit leur conversation.

Ce serait un parfait voyage d'agrément s'il n'y avait les séances du tribunal. Elles s'ouvrent le lendemain. Un greffier lit la requête que Louise a envoyée à son beau-père, sur les terres qu'elle lui reproche de mal administrer, requête que M. de Dalet juge injurieuse ; il maintient qu'il n'y a pas de descendant en vie de feu son fils, le marquis de Coligny et, partant, exige qu'elle soit déboutée et condamnée aux dépens. L'avocat de Louise lit la réplique à ces défenses, et transmet à la cour une attestation du bailliage d'Autun de l'existence d'un héritier. L'avocat de M. de Dalet réplique que Louise de Coligny offense ses beaux-parents par sa conduite, et demande que tout l'héritage soit donc révoqué. Là-dessus, il se met en devoir de faire sa démonstration, assurant qu'il prouvera en temps et lieu l'inexistence de l'héritier, celui qu'on présente pour tel étant un enfant de substitution, le légitime étant mort à la naissance.

Il y a foule dans la salle d'audience, il fait très chaud.

Bussy, sa fille de Coligny et le chevalier ont pris place à droite de la travée centrale. Le vieux comte de Dalet, assis dans l'aile opposée, un peu voûté sur son banc, ne leur accorde pas un regard. Et cela vaut mieux. Il bout de rage impatiente.

Jusque-là, Louise suivait distraitement les plaidoyers. La lumière grise du lieu, la monotonie des voix, la nouveauté pour elle de la situation, doublée d'une curieuse impression de déjà-vu, le sentiment non moins contradictoire que les propos échangés ne la concernent pas et d'être en même temps le point de mire de mille regards étrangers, la présence à ses côtés du chevalier, lequel est à la fois un réconfort et une torture, à quoi s'ajoutent la presse, la touffeur de l'air, l'incommodité des sièges étroits, tout cela la met dans un état de confusion voisin de celui qui précède le sommeil, quand on a déjà un pied dans le monde des rêves et que l'autre s'accroche encore à la terre.

Au couvent, elle avait souvent de ces absences dont les religieuses la tiraient d'une tape sur l'oreille. Sa grand-mère de Toulongeon lui pinçait le bras quand elle la surprenait dans ses ailleurs : « Revenez-nous, mademoiselle ! »

L'avocat de la partie adverse ne recourt à aucune violence, il ne hausse même pas le ton ; mais ce qu'il insinue maintenant à son sujet l'éveille mieux qu'une gifle. MM. Brunet et Chausson, ses hommes de loi, lui avaient donné, à leur dernière rencontre, une petite idée des arguments qu'on emploierait de part et d'autre, mais ils n'avaient point présagé de cela, ils ne lui avaient rien dit de cette boue dont on veut la salir... Oh, rien de clair, une allusion par-ci, un rapprochement par-là, mais parfaitement agencés : devinez le reste.

— N'écoutez pas ces rats, murmure le chevalier à son oreille.

Le comte de Bussy est devenu tout blanc. Il passe en vérité par toutes les couleurs. Déjà il se crispait, à chaque mention du prétendu décès de son petit-fils. Que l'on ose attenter à l'honneur de sa fille lui retourne les sangs. Il ne s'agit plus de procédure, le procédé est ignoble : il se lève en furie et, hurlant, malgré les admonestations de ses avocats, traite leurs adversaires de menteurs, de coquins.

Un grand murmure agite la salle. Lui donne-t-on raison ? Louise courbe la tête. Le comte de Dalet, impassible sur son banc, fait comme s'il n'avait rien entendu. Mais dans ses yeux : haine, jubilation.

Riom, ramassée autour de son palais de justice. Tout le monde ici juge, plaide, grossoie à longueur d'année. Les moines et les nonnes même, Capucins, Oratoriens, Génovéfains, Carmélites, Visitandines, à respirer l'air de cette cité de judicature, ont pris eux aussi le goût des procès : entre Frères, contre son ordre, il s'en ferait contre le Ciel si les anges se pouvaient convoquer à la barre. Dans cette dépendance ultime du parlement de Paris, dont la juridiction couvre un immense territoire, et c'est là une source de fierté profonde, et l'origine sans doute de cette manie, intenter des instances est devenu une sorte de jeu national. On y est à inventer des querelles pour se donner le bonheur de plaider. Les litiges font l'âme de la vie publique. Voyez ces hommes en noir courant sans relâche de Notre-Dame du Marthuret à Saint-Amable, telles des fourmis à l'approche de l'orage ; ce sont les huissiers du présidial qui portent des mémoires, des déclinatoires, des interlocutoires, des compulsoires, des conclusions.

Comment admettre, dans ce pays de chicane, que l'indignation manifestée par le comte de Bussy ait été spontanée ? La question qui se pose est plutôt : l'intervention était-elle habile ? L'abbé Faydit compte parmi ceux qui pensent qu'elle a été du meilleur effet. Elle avait un son d'authenticité, dit-il, qui a paré l'attaque mieux que trois témoignages : après cela l'avocat de l'adversaire n'a plus su qu'ânonner, et celui du comte a eu du coup tout le loisir de faire mouche par sa réplique.

Les allégations dont a souffert l'honneur de Louise ? On ne les prend point ici, à cette heure, pour autre chose que finesse d'homme de loi.

Le comte de Bussy, cependant, s'alite tout le reste du jour afin de digérer la chose. On doit respecter sa fille de Coligny, dit-il, comme ce qu'il y a de plus sacré au monde.

L'abbé Faydit désirait profiter de sa conversation ; il se paiera plus tard.

Abandonnée de son père, Louise n'est pas pour autant laissée pour compte. Henri de La Rivière emploie beaucoup d'énergie à la divertir. Elle ne voulait pas se montrer au-dehors, comme si l'opprobre était sur elle ; il fait tant et si bien qu'ils se promènent bientôt sur les remparts. Au-dessus des façades en pierre de lave, le ciel semble peint à neuf d'un bleu d'aigue-marine. Seule à seul : c'est la première fois.

Encapuchonnée de gaze, le voile rabattu jusqu'au menton, Louise baisse toujours les yeux. Le chevalier, à force de bonté et de douceur, réussit à les lui faire lever. Ils ont gagné une sorte de promontoire, avec un banc. Les montagnes d'Auvergne paraissent proches à pouvoir être touchées. Elles bornent la vue si agréablement que le regard ne voudrait pas aller plus loin.

Personne alentour. Et dans le silence de cette fin du jour, les grelots de moutons essaimés dans la vallée.

A mesure que les couleurs prennent des nuances tendres, les voix changent de registre. On se rapproche, par un phénomène d'attraction invincible, on est au bord de...

— Je voudrais vous dire, madame...

La main du chevalier s'avance. Celle de Louise se retire aussi vivement que si un serpent l'avait mordue.

— Ne me tourmentez pas, monsieur, je vous en prie.

Ils rentrent en silence. Par ces demi-aveux les cœurs sont tout échaudés. On s'impose de la distance pour ne pas se mettre en feu. Louise court retrouver son père et demeure avec lui jusqu'à l'heure du souper. Il est même question un moment de feindre une indisposition et de se faire servir une collation sur un plateau, afin de s'épargner de paraître à table. Mais les nouvelles qu'on leur porte du tribunal sont bonnes, très bonnes : une indiscrétion de clerc, répétée par un fidèle de leur hôte, donne à penser que le jugement leur sera favorable ; et c'est le comte qui finit par rendre sa fille aux usages.

— Ce bon abbé Faydit mérite quelques égards. Ne vous sentez-vous pas, ma fille, d'humeur assez *rabutine* pour que nous lui donnions ensemble la conversation qui le dédommagera de son hospitalité ?

Louise aide son père à se coiffer, à enfiler sa veste à passements verts, à nouer son écharpe par-dessus le baudrier. On se poudre, on se met du rouge. Voici le père et la fille vêtus en fête, s'amusant de leur coquetterie, et se donnant gaiement le bras. Au diable le triste Dalet !

L'abbé Faydit n'en espérait pas tant. C'est un homme à forte carrure et double menton, qu'on dirait monté sur ressorts. Très à l'aise en matière d'affabilité, fort complaisant, sans fadeur, il semble en manque d'opinions littéraires et ne fait pas de façon pour en quémander. On voit bien qu'il saura en faire bon usage dans son cercle, lequel passe pour être fort large. Il aime l'italien, les vers, le théâtre, les petits romans autant que les sermons de carême. L'ouvrage qui aujourd'hui réclame le mieux son intérêt ? C'est, par le bruit qu'il fait, à Riom, dans la province, dans la France entière, *La Princesse de Clèves* de Mme de Lafayette. D'aucuns disent qu'on n'a jamais rien écrit de plus fort, de plus nouveau. Un amour de cette trempe, puissant à en mourir, chaste jusqu'à la mort, quelle invention ! Mme de Clèves s'est mariée par obéissance ; mais l'irrésistible passion qu'elle ressent pour le beau duc de Nemours ne la mettra pas en faute ; c'est à son propre mari qu'elle demande aide et protection contre elle-même ; et quand meurt ce mari, elle lui demeure fidèle, et s'en va dépérir au couvent ; que de finesses dans la marche de l'intrigue, quelle perception des sentiments ! Le chevalier de La Rivière remue la tête, sans qu'on sache si c'est en signe d'assentiment ou de contestation. Louise se recule derrière son éventail : elle découvre que le mot d'amour, prononcé devant elle, lui met le sang au visage. Mais on attend le jugement de Bussy — lui seul importe.

Sa cousine de Sévigné lui a vivement recommandé le livre, commence-t-il, ne serait-ce que parce qu'elle se trouve depuis toujours en grande amitié avec l'auteur. Il l'a lu avec un esprit d'équité, sans prévention aucune, quoiqu'il soit de son côté un peu brouillé avec Mme de Lafayette et qu'il n'apprécie guère les romans. Eh bien, il a achevé celui-ci d'un trait, sans déplaisir. La première partie du moins lui paraît admirable ; tout y est vif, naturel, rien ne languit. La seconde n'est peut-être pas de la même force. L'aveu de Mme de Clèves à son mari, en particulier, lui semble extravagant ; il pourrait se dire dans une histoire véritable, mais quand on en fait une à plaisir, il est ridicule de donner à son héroïne un sentiment si extraordinaire. Une femme annonce rarement à son mari qu'on est amoureux d'elle, mais jamais qu'elle ait de l'amour pour un autre que pour lui, et d'autant moins qu'en se jetant à ses genoux, au plus fort de la confession, elle peut lui faire croire qu'elle n'a gardé aucune borne dans l'outrage qu'elle lui fait, soupçon par lequel le malheureux sera rongé d'ailleurs jusqu'au terme de son existence.

— Les ressorts amoureux sont bien plus simples, continue Bussy. L'auteur a plus songé à ne pas ressembler aux autres romans qu'à suivre le bon sens. Est-il vraisemblable qu'une passion d'amour rivalise longtemps dans un cœur avec la vertu ? Lorsque, en quinze jours, trois semaines ou un mois, une femme attaquée n'a pas pris le parti de la rigueur, elle ne songe plus qu'à disputer le terrain pour se faire valoir. Et si contre toute apparence et contre l'usage, ce combat de l'amour et de la vertu durait dans son cœur jusqu'à la mort de son mari, alors elle serait ravie de les pouvoir accorder ensemble en épousant un homme de sa qualité, le mieux fait et le plus joli cavalier de son temps. Pourquoi une jeune veuve, dont la réputation n'est plus à faire, se refuserait-elle au bonheur ? A vouloir parer son héroïne de mérites inouïs, Mme de Lafayette a oublié sans doute qu'elle ne peignait qu'une femme. Trop de grandeur, trop de désespoirs, l'hyperbole sent bien le roman ! Dans la réalité, toute princesse qu'elle fût, Mme de Clèves se fût contentée de respecter une période de deuil convenable. Le seul regret qu'elle eût pu éprouver ensuite eût été que la conjonction, après cette longue attente, fût devenue si facile, car l'amour se lasse vite des portes grandes ouvertes.

Ils ne sont plus seuls. Silencieux comme des ombres, des invités se sont glissés peu à peu dans le salon, et il en arrive d'autres, parmi lesquels Louise reconnaît, bien que certaines soient en masque, quelques-unes de ces personnes de qualité qu'on lui a présentées à la promenade. Marchant sur la pointe des pieds, les domestiques apportent de nouveaux sièges, qu'ils disposent en arc de cercle sous les tapisseries, comme dans un théâtre, tandis que Bussy poursuit ses réflexions sur les infirmités du genre romanesque, sur celle notamment qui consiste à faire parler les gens tout seuls, afin de révéler leurs pensées au lecteur. Enfin, il achève son monologue, croise les bras et se poste dans une attitude proche du défi.

L'abbé Faydit, les yeux brillants d'excitation, ne sait comment l'engager à poursuivre. On entend, dans le fond, des raclements de pieds, des claquements d'éventail.

Le public attend la suite du spectacle.

La Rivière semble s'amuser énormément de la situation. Entre le comte de Bussy et lui, on surprend de petits coups d'œil de connivence. Et c'est lui enfin qui, portant secours à l'abbé, relance le débat : savoir si l'on peut montrer l'amour au naturel sans froisser la pudeur ; savoir si c'est un aveuglement que la raison ne peut éclairer ; savoir si tout n'a pas été dit déjà là-dessus, depuis les Grecs et les Romains ; savoir comment nos contemporains peuvent en renouveler les attraits...

Le comte de Bussy se prête gracieusement au jeu.

Le mot amour, se demande-t-on à présent, est-il masculin ou féminin ? Pourquoi le français lui fait-il changer de sexe au pluriel ? Les avis étant partagés, on propose de procéder par tour de table ; chacun donnera son avis, ses arguments, et l'on votera à la fin. Bussy d'abord, puis l'abbé, puis le chevalier. L'auditoire, évidemment, restera dans son rôle d'auditoire. Louise ? Interrogée, Louise se dédit, contestant elle-même son jugement : elle ne connaît le sujet que par la foi d'autrui. Cette jolie veuve n'aurait pas encore été amoureuse. Son innocence enchante. Et l'abbé de s'exclamer que, dans cette logique, il devrait s'abstenir le premier de tout commentaire. On la presse, elle rougit. Enfin, puisque son père a soutenu que l'amour est masculin, comme dieu, et féminin, comme passion, elle dit, sans plus baisser le front, encouragée par un regard particulier du chevalier, alors que trente paire d'yeux sont braqués sur elle :

— Je crois que l'amour est masculin et féminin tout ensemble, parce que ses effets sont pour les deux sexes.

La réponse plaît beaucoup. Ces dames du public manifestent ouvertement leur emballement. Et l'on continue sur ce mode jusqu'au moment de faire *media noche.* A ce moment-là, tous les invités veulent fourrer leur voix dans la conversation. Pour le comte de Bussy et sa fille, en revanche, il est l'heure de se retirer. Tandis que les laquais renouvellent les chandelles, Bussy explique qu'il a eu une journée éreintante, et qu'il emplira d'autant plus longtemps sa vie de plaisirs, qu'il ne les poussera jamais trop tard dans la nuit.

Le père et la fille : ils partent en se donnant le bras, comme ils sont entrés.

15

Le père et la fille. Ce sont des choses que l'on a souvent murmurées. Ragots de cuisine. Cela aurait été rapporté déjà, il y a deux ou trois ans, à l'intendant de M. de L. par un palefrenier de Sainte-Reine, lequel tenait la chose de Cuzin, le cocher du comte, si attaché pourtant à son maître que M. de Ch. n'a pas réussi à le débaucher en doublant son salaire.

Rien d'étonnant que les avocats de M. de Dalet aient tenté d'en tirer parti.

La chose serait ancienne. Vous connaissez la situation : quand le roi lui a fait la grâce de le sortir de la Bastille pour l'exiler en Bourgogne, Bussy a dû se contenter de la compagnie de ses enfants, de ceux de son premier lit en particulier. L'énorme Mme de Bussy s'est toujours complu à Paris, les garçons allaient au collège. Bussy s'est consolé auprès de ses filles, qu'il a éduquées à sa guise, non sans succès. Mais elles l'ont quitté l'une après l'autre pour entrer au couvent ; Diane, chez les Visitandines ; Charlotte et Léonore, chez les Bénédictines, à Saint-Julien-sur-Deune, près d'Autun. Celles-là ont un fonds de christianisme austère, n'en doutez pas, même s'il est chamarré de certains éléments de Rabutin assez charmants. Enfin il ne lui est resté que la douce Louise, sa préférée — *cette merveille qu'il a formée dans sa solitude*, comme dit le révérend père Rapin.

A vrai dire, la rumeur a commencé de sourdre dès après le mariage de la jeune femme, plus exactement dès après que la tourterelle a été grosse. « Les dates ! » disait le cocher du comte. La *merveille* a épousé le marquis de Coligny en novembre 1675 ; et a annoncé presque aussitôt que Dieu lui avait fait la bonté de favoriser ses œuvres. L'enfant est né dans les premiers jours de juillet de l'année suivante, quand le père était déjà mort à l'armée de Flandre. Les neuf mois étaient donc *quasi* écoulés ; ce compte a paru assez juste pour qu'on s'autorise à faire des jugements téméraires ; les gens sont méchants.

Bussy n'y a pas remédié. Il a signalé lui-même à ses proches, croyant prévenir les cancans, combien la chose avait été prompte. La gaieté de la noce n'était pas dissipée, ni la peur d'un nouement d'aiguillettes (les défaillances de l'homme sont spécialement redoutées chez nous, parce qu'on les impute aux mauvais sorts), qu'il clamait que sa fille de Coligny était grosse, mais qu'il ne fallait tirer aucune conséquence de ce qu'on risquait d'apprendre le mariage et les couches presque en même temps :

— La pucelle ne fut pas bonnement si emportée. Cependant, voyez un peu sa dissimulation. Car enfin ma fille avait l'air fort modeste, et même un peu froid, et le plus effronté n'eût pas osé jusque-là lui baiser le bout du doigt !

Cela n'a pas aidé à la justification de l'aimable veuve ; d'autant que la fin *propice* du marquis de Coligny a encore rapproché le père de la fille. Les mauvaises langues ont commencé alors d'énumérer les raisons *pour*, et vous savez bien que les raisons *contre* n'y peuvent rien faire, même lorsqu'elles sont frappées au coin du bon sens, ou qu'elles ont la solidité de l'évidence, parce qu'une réputation qu'il faut défendre est une pomme où s'est déjà mis le ver.

Voulez-vous connaître quelques-unes de ces raisons ?

Que le comte de Bussy, autrefois célèbre pour ses aventures galantes, a cessé d'avoir des maîtresses quand il s'est isolé dans ses châteaux avec sa fille ;

Qu'on trouve toujours le père et la fille ensemble au coin du feu ;

Que le père préfère la société de sa fille à celle de tout autre femme ;

Que l'exil devrait peser au comte ; or, il le dit lui-même,

il ne s'ennuie guère, puisque Dieu lui a donné cette fille qui l'en empêche ;

Que Louise dit de même de son père ;

Qu'il fait le vide autour d'elle, écartant les nombreux prétendants qui se disputent ses faveurs, de sorte que si l'on en connaît beaucoup qui soupirent ou ont soupiré après elle, on n'en peut citer aucun qui se vante d'avoir été son amant ;

Qu'il est à son égard d'une jalousie mahométane ; de remariage, il n'a jamais été question sérieusement ;

Qu'à les voir diriger de concert l'éducation de l'enfant, on les croirait mari et femme ;

Qu'il arrive qu'ils se chamaillent ou se boudent comme des époux ;

Que l'enfant ressemble trait pour trait au comte de Bussy et n'a rien du marquis de Coligny, de complexion plutôt pâle ; etc.

Peu importe que l'argument sorte de la bouche d'une personne qui n'a jamais eu l'occasion de rencontrer feu Coligny, ou qu'il ne démontre rien, ou que l'accusation parte d'un soupirant déçu, et que toutes les preuves avancées ne soient jamais que de frêles présomptions, faciles à réfuter une à une, on les présente en faisceaux, en rappelant le caractère libertin de Bussy, le passé dissolu qui l'a envoyé à la Bastille ; et comme tout cela se colporte sous le manteau de la confidence, la chose a acquis peu à peu un indéniable air de vérité. Enfin, cela ne pouvait qu'apporter de l'eau au moulin de Dalet — mariage de comédie, gendre qu'on expédie à la guerre des Flandres, pour s'y faire tuer —, de sorte que ses avocats ont cru pouvoir en assaisonner leur plaidoirie.

La manœuvre n'était pas maladroite, mais les glapissements indignés de Bussy y ont mis court. Il est possible aussi que les juges aient trouvé le coup un peu bas. Quoi qu'il en soit, ils se sont prononcés très vite en faveur de Louise de Coligny ; leur célérité a même surpris : le verdict est tombé le 13.

Curieusement, Dalet n'a pas paru accablé par la perte de

son procès, comme si son but véritable n'avait été que de rendre publics les bruits sur le père et la fille. Il est vraisemblable qu'il fera appel cependant auprès du parlement de Paris ; ne serait-ce que pour porter le ragot jusqu'à la cour.

Toujours flanqués du chevalier de La Rivière, Bussy et sa fille de Coligny sont restés à Riom quelques jours de plus, afin de remercier les juges et de laisser des ordres pour l'exécution de la sentence.

Ils en sont partis le 18 juillet matin ; sont passés par Effiat, qu'emplit le souvenir du ministre de Louis XIII, et que le comte n'a pas trouvé digne de la façon d'un surintendant des finances ; puis par Nevers ; pour arriver à Chaseu le 26.

Lettre du comte de Bussy au marquis de Trichâteau, datée du 30 :

« Je ne fais qu'arriver d'Auvergne, monsieur, où ma fille a gagné son procès avec tous les agréments du monde. Je pensais avoir le plaisir de me reposer ici quelque temps ; cependant je serai obligé de faire à la fin de cette semaine un nouveau petit voyage, à Forléans. Tout ce qui m'en console, c'est que je ne serai pas longtemps sans aller vous embrasser. Notre ami La Rivière, qui nous quitte, se promet bien aussi le plaisir de vous aller voir. »

La Rivière s'est en effet séparé de ses amis, en arrivant en Bourgogne, pour s'en retourner chez lui, c'est-à-dire chez sa demi-sœur. Un de ses parents doit faire juger également un procès d'argent, auquel il est intéressé ; il espère y gagner quelque chose qu'on lui doit et dont il court le risque sans cela de n'être jamais payé.

Il a été tout remué, dit-il, par les choses affreuses insinuées à Riom contre Louise et son père. Son laquais aurait confirmé, en secret et avec chagrin, que beaucoup de gens croyaient en effet Bussy l'amant de sa fille *à des titres épouvantables*.

— Pour ne pas entendre ces infamies, soupire-t-il, j'aurais voulu pour tout au monde ne point avoir accompagné Mme de Coligny dans ce voyage.

16

Londres a brûlé ; maintenant c'est la foudre qui tombe sur l'Escurial. Elle a frappé aussi la Bourgogne. De six personnes qui étaient réfugiées sous un noyer, le tonnerre en a tué trois et blessé fort les trois autres, rendant les hommes dignes de rentrer dans le sérail et de brûler leur femme en pareil endroit qu'ils avaient été blessés. Voilà un effet bien bizarre du courroux céleste.

A Paris, ce sont huit jours de fièvre continue qui sont venus à bout du cardinal de Retz. Il était d'un commerce aisé plus que personne au monde, et Mme de Sévigné se dit touchée jusqu'au fond du cœur de la perte de son illustre ami. Dieu n'a pas voulu qu'il se servît du remède de ce médecin anglais qui a si bien ressuscité le bon abbé Coulanges, quoiqu'il le demandât sans cesse. L'heure de sa mort était marquée, soutient la marquise, et cela ne se dérange point.

Mme de Furstemberg est partie pour l'Allemagne.

Mme de Scudéry souffre de la rate. Mme d'Elbeuf a été fort malade. Mme de Valois aussi, mais on ne sait de quel mal, car elle a fermé sa porte ; c'est la grande interrogation du moment.

Les voyages ont ceci de bon qu'ils vous permettent d'évaluer au retour, par le nombre de lettres qui vous attendent, combien d'amis sincères tiennent à vous. On lit les nouvelles qu'ils mandent, on les communique, on les commente, on y répond. Le commerce recommence ; son interruption a fait sentir combien on y tenait.

Mlle d'Aspremont vient d'épouser le comte de Mansfeld ; sa grossesse a fait déclarer le mariage.

Souvent les lettres se complètent, il suffit de les ouvrir dans l'ordre. De quel mal souffre Mlle de Valois ? Jeannin de Castille donne la réponse : eh bien, Mlle de Valois a la vérole. Les pustules séchées sont devenues vertes et la fièvre est redoublée.

Les lettres de Mme de Sévigné l'emportent en général sur les autres, par la longueur, par la vivacité du style, par cette liberté d'esprit qui est la marque d'un vrai Rabutin. Elle est tellement libertine quand elle écrit, dit-elle, que le premier tour qu'elle prend règne tout au long de sa lettre. « Il serait à souhaiter que ma pauvre plume, galopant comme elle fait, galopât au moins sur le bon pied. Vous en seriez moins ennuyé. » A quoi Bussy répond que cette aisance lui plaît bien davantage que la régularité des messieurs de l'Académie. A-t-elle la coquetterie de lui demander de corriger ses lettres, qu'il veut inclure dans les *Mémoires* qu'il prépare, il s'écrie qu'il n'en aura garde : on ne retouche pas un ouvrage du Titien.

Toujours un petit mot pour Louise. Dans toutes ces correspondances, le père et la fille fidèlement associés.

D'autres nouvelles encore :

Ici sont exposés les progrès de la guerre. Là, ceux que Mlle de Fontanges fait dans le cœur du roi. Elle n'est point grosse comme on l'avait cru. Sa Majesté ne l'aime que plus éperdument, ce dont Mme de Montespan enrage. On a donné des gardes à la jeune sultane, comme aux deux autres qui l'ont précédée. Là où les choses diffèrent, c'est que jamais amours de monarque n'ont été menées plus secrètement. On ne sait même pas avec certitude où loge la nouvelle favorite — peut-être au-dessus de la chambre du roi ? « Tous les commencements de passion font ce même effet, explique Bussy. Si le roi a de tels empressements pour la Fontanges, c'est qu'il veut trouver du plaisir dans le mystère. Il a raison, il n'y aura que cela qui puisse faire durer la galanterie ; je crains un feu de paille. »

Et le comte de demander son avis à Louise, à qui il lit

tout ce qu'il reçoit et écrit, et qui lit et écrit pour lui quand il sent ses yeux faiblir.

La Montespan n'est point tout à fait évincée ; Sa Majesté et elle sont comme des amis qui ne s'aiment guère, et qui tiennent seulement par une longue habitude.

— Elle demeurera où elle est, si elle se conduit sagement ; mais si elle faisait du bruit et ne laissait pas l'infidèle en repos sur l'amour, elle tomberait plus bas qu'elle n'a fait ; car enfin on ne fait pas revenir les inconstants par des plaintes et des tracas.

Louise écoute, opine, avive d'un mot les réflexions de son père. Elle a appris déjà à lui opposer un front placide ; non seulement elle ne se trouble plus chaque fois que revient le sujet des passions amoureuses, mais encore elle réussit à en faire son profit. Que cela s'acquiert vite !

Ce progrès l'emplit alors d'une sorte d'appréhension, qui lui donne des sueurs. Il lui faut chasser de son esprit M. de La Rivière. N'y plus penser. Elle s'en fait la promesse.

Il y a maintenant neuf jours que le chevalier les a quittés.

A l'heure où son père fait sa sieste, Louise se promène seule dans la longue allée de grands arbres qu'elle connaît par cœur. Sol plat, route droite. Cela la divertirait de couper une fois à travers les hautes herbes. Elle voit des gamines dépoitraillées par la chaleur s'enfoncer au milieu des champs de blé, pour y jouer les épouvantails. Tous ces chemins de traverse : plaisirs de gens de ferme : à elle interdits.

Henri de La Rivière doit les retrouver à Semur, le 12, chez le marquis de Trichâteau. Trois jours encore. Puis on verra...

Le soir : on a reçu un volume de *Fables* de La Fontaine, dont il faut se distraire.

Et de nouvelles lettres :

M. de La Feuillade, courtisan passant tous les courtisans passés, a fait venir chez lui un bloc de marbre si gros qu'il tenait toute la rue Saint-Honoré. Il veut ressusciter Phidias pour y faire tailler la figure du roi à cheval ; la statue coûtera plus de trente mille écus.

— Cet argent ne sera pas perdu, dit Louise. Le roi, qui aime d'être aimé, le lui rendra avec usure.

La phrase enchante Bussy ; il la note aussitôt, pour l'inclure dans sa réponse à sa cousine de Sévigné.

17

Semur-en-Auxois : une sévérité tempérée de rondeurs. On découvre de la route, dominant les bocages, sur un méandre de l'Armançon où elle se reflète, la ville fortifiée avec ses grosses tours que des courtines lient en guirlande. Nulle rudesse dans l'étagement des murailles par-dessus la falaise, comme si elles étaient moins destinées à intimider qu'à rassurer. L'ensemble dégage une impression d'opulence sereine. Granit rosé, tuiles luisantes — Louise songe à une poêlée d'escargots sur un lit de verdure.

La voiture s'engage dans le colimaçon des ruelles qui montent vers la maison du gouverneur. M. de Trichâteau les reçoit sur le pas de sa porte : le comte de Bussy et sa fille arrivent juste à temps pour aller écouter l'abbé Honoré de Cannes. Sermon à cinq heures, à l'église Notre-Dame dont un reliquaire conserve l'anneau nuptial de la Vierge, ramené autrefois de Terre Sainte. Mme de Trichâteau et M. de La Rivière en grande impatience. C'est comme aller à Saint-Jacques de la Boucherie entendre tonner le père Bourdaloue : la presse et les carrosses font une telle confusion que le commerce de tout le quartier en est interrompu.

Savez-vous à ce propos que les Parisiens ont inventé l'expression *aller en Bourdaloue* ?

On se perd, on se cherche, on se rejoint sur le parvis. Louise sous un long voile noir : il lui a fallu se changer à la hâte. Mme de Trichâteau a donné en revanche beaucoup de soin à sa toilette, comme toutes les dames de Semur. À l'intérieur de l'église, tandis que les hommes n'ont d'yeux que pour le prédicateur dont le renom semble les avoir aimantés, la plupart d'entre elles sont occupées à prendre des poses et à s'entr'épier sans grande retenue. Leur impudence fait honte à Louise de la médiocrité de ses propres pensées toutes entières guidées par la proximité d'Henri de La Rivière. Elle s'oblige à ignorer la marquise de Trichâteau qu'elle ne se rappelait pas si jolie ; elle tente d'évacuer de son esprit l'idée que le chevalier puisse la courtiser ; l'effort est déjà bien louable.

Le père Honoré de Cannes se révèle puissant orateur. Du feu, de véritables éclats, nul ordre dans ce qu'il dit, peu de rigueur dans les développements, mais il prêche avec un tel zèle qu'il finit par persuader, parce qu'on ne peut douter qu'il ne soit persuadé lui-même. Souvent il ferme les yeux et frappe comme un sourd, le visage mortifié, répétant inlassablement les mêmes mots, pour mieux les imprimer dans l'esprit de ses auditeurs ; il pleure alors des larmes très communicatives, et touche si bien le cœur que Bussy se promet de retourner l'entendre. De fait, il l'entend trois fois en deux jours. Deviendrait-il dévot ?

— Je ne sais pourquoi je ne le suis pas, dit-il. Car je n'ai plus ni amour ni ambition. J'ai assurément peu de vices ; mais je n'ai pas encore assez de vertu : c'est à quoi il faut que je travaille.

Sourires caressants d'Henri de La Rivière, petits regards à la dérobée. Louise ne peut s'empêcher de les accepter ; mais s'il fait un pas en avant, elle en fait aussitôt un en arrière, s'affolant quand il insiste. Pour les personnes alentour, le manège est invisible. Au chevalier, il paraît très encourageant. Lorsqu'il lui a tendu le missel qu'elle avait oublié derrière elle à l'église, et que leurs doigts se sont frôlés, elle a eu un mouvement de sursaut, indice sûr. Une femme ne s'applique à marquer de la distance que lorsqu'elle craint de trop désirer la réduire.

Durant les deux jours qu'ils sont ensemble à Semur-en-Auxois, ils se voient beaucoup, presque à chaque heure du jour, mais toujours en compagnie, aucun aparté possible.

C'est la belle saison, époque obligée des visites. La maison du gouverneur ne désemplit pas. Entre deux portes, Henri de La Rivière trouve cependant le moyen de dire à Louise combien il la trouve belle. Elle en reste sans voix jusqu'au soir ; l'interroge-t-on, *elle mange des pois chauds*, comme dit M. de La Rochefoucauld quand quelqu'un ne sait que répondre. — Arrive trop vite l'instant des adieux. Le chevalier viendra-t-il bientôt à Bussy ?

Dans la voiture qui les emporte, Louise songe beaucoup à Mme de Trichâteau, quoiqu'elle n'ait pourtant rien remarqué dans son attitude, ni dans celle d'Henri, dont elle pût s'alarmer. S'il a été question entre eux d'un échange de vers, c'était sûrement innocente galanterie. Le mari semble partager cette opinion ; aucune manifestation de jalousie. D'un autre côté, tout le monde peut dissimuler, se dit Louise, puisqu'elle y parvient elle-même.

Elizabeth de Trichâteau : petite personne dodue, le teint clair, le flanc robuste, assez fière, fort riche, plus si jeune, déjà veuve du comte d'Origny, le précédent gouverneur de Semur-en-Auxois, peut-être cinq, six ans de plus que le chevalier. Mais l'âge ne constitue sans doute pas un obstacle ; Mme de Polaillon, qui a failli faire impliquer Henri dans l'affaire des poisons, était plus vieille que lui également, de quelques années.

Elizabeth de Trichâteau, Henri de La Rivière...

Le chevalier a dit qu'il demeurerait encore un peu à Semur, avant de prendre le chemin de Bussy-le-Grand. Un différend l'opposerait à M. de Menecœur, qu'il voudrait régler. Serait-ce un prétexte pour s'attarder auprès de sa maîtresse, pour donner le change au mari ? Pourquoi alors a-t-il dit à Louise qu'il la trouvait belle ?

Elizabeth de Trichâteau, Henri de La Rivière... Comment savoir ?

18

Bussy pensait le procès de sa fille de Coligny bel et bien gagné. Un billet le détrompe. Apparemment Mme de Coligny n'a encore fait que la moitié du chemin. Le comte de Dalet veut qu'elle aille à Paris cet hiver ; il vient de faire appel de la sentence. Il dit même qu'il empêchera par voies de fait toute inspection qu'on ferait des terres en litige. Bussy ne le croit pas ; il ne le tient pas assez vigoureux.

La contrariété paraît en même temps le réjouir :

— Nous partirons pour Paris, annonce-t-il, à la Saint-Martin prochaine.

Le roi lui accordera une nouvelle permission de sortir d'exil, il n'en doute pas. Il a déjà écrit à Mme de Bussy de chercher une maison à louer, de préférence dans le faubourg où sont les Scudéry, les Chantilly, Liancourt et autres.

— Saint-Aignan s'y trouve aussi, qui voisine un peu plus qu'autrefois. Il se prépare un hiver agréable pour une troupe de gens comme nous sommes.

L'affaire des poisons n'est point close. Henri de La Rivière pourra-t-il les accompagner ? La perspective de ce voyage, dont elle se serait enchantée il y a trois mois, désole Louise au point que cela se voit.

— Ne vous inquiétez pas, madame, lui dit le comte pour la rasséréner ; on nous convie à un procès de pacotille.

Dans son lit, sous la croix éclairée d'une veilleuse, Louise songe qu'en décidant de l'éloigner, le ciel lui signifie qu'elle ne doit former aucune espérance. Preuve lui est donnée qu'il lui faut détacher ses pensées d'Henri, on ne saurait forcer ce qui n'est pas...

Étrange propension du désir à se ménager des sorties. Dans une parcelle de l'âme, il cède le pas à la renonciation. C'est une carafe d'eau qu'un fond de prudence conserve au bord du brasier.

Le chevalier arrive au petit trot, le surlendemain, allègre, empressé. Ses affaires d'argent seraient en bonne voie, il a résolu le différend qui l'opposait à M. de Menecœur. Sa présence ranime la maison d'un air de fête. Les domestiques même semblent tirés de la torpeur de l'été. Il a un petit mot gentil pour les femmes de chambre, il caresse le museau des chiens. Le voilà discutant avec Bussy sous les tilleuls ; il paraît reprendre une conversation de la veille et lui donne le bras comme à un père.

Louise à la traîne, de l'autre côté, le cœur en tempête. Henri de La Rivière n'est pas là depuis une heure qu'il a su déjà, d'un geste prévenant, d'un regard appuyé, au milieu d'un grand étalage de respectueuses civilités, lui exprimer toutes les choses qu'elle rêverait de lui entendre dire s'ils se pouvaient parler.

A l'Académie, l'abbé Dangeau et le sieur Verjus se disputent la place de feu le père Cassagne. Tous deux ont écrit à Bussy pour obtenir sa voix. Lequel soutenir ? La Rivière pencherait pour l'abbé, inventeur d'un tableau de la chronologie, monté sur une sorte de dévidoir perpétuel formé de deux rouleaux, ainsi que d'un ingénieux jeu de l'oie dont les cases figurent toute la série des rois de France. Philologue émérite, ne tient-il pas enfin à la cour la charge de Premier Lecteur ?

Le comte secoue la tête. Cette charge précisément le chagrine. Elle vaut à l'abbé de présenter à Louis XIV le journal des grâces annuelles accordées aux gens de lettres. Si Bussy votait pour lui, on pourrait penser qu'il sollicite. Ce candidat paraît d'autre part si profondément noyé dans ses études qu'il se serait exclamé, un jour qu'on lui annonçait une grave défaite de nos armées : « Il arrivera ce qui pourra ; mais j'ai là, dans mon portefeuille, deux mille verbes bien conjugués. » Son rival ne maîtrise peut-être pas aussi bien l'art de la grammaire, il n'a sans doute inventé aucun jeu amusant, mais il s'est habilement tiré de toutes les missions diplomatiques qu'on lui a voulu confier : ne vient-il pas d'être nommé ministre plénipotentiaire à la diète de Ratisbonne ?

— De sorte que mon abbé de plume...

— Conserve auprès de moi toutes ses chances, poursuit Bussy. Parce que le sieur Verjus, que j'estime fort par ailleurs, n'a pas toujours eu à mon sujet les meilleurs égards.

— Je ne puis croire, monsieur, s'écrie le chevalier, que quelqu'un ait oser vous manquer.

— M. Verjus, que l'on gratifie du titre de comte de Créci, a des manières d'administrateur. Il m'a écrit une fois, à propos d'un de mes cousins du Wurtemberg, pour une commission dont celui-ci l'avait chargé, sans y mettre d'autre forme. J'eusse apprécié que la missive eût été accompagnée d'un mot d'amitié de sa part. Nous autres malheureux exilés sommes fort délicats et tout prêts de marcher du pied gauche ; nous jugeons les moindres négligences comme un oubli. Mes amis doivent prendre leurs mesures là-dessus.

— Si je pouvais me flatter de ce titre...

— Vous pouvez, mon cher. Mais je ne parlais pas pour vous, dont je n'ai jamais eu à déplorer le manque d'attentions. Jusqu'à présent votre conduite m'a toujours paru celle du plus parfait galant homme.

— Vous me faites trop d'honneur.

— Et vous, madame ma fille, quel est votre sentiment ? Vous ne dites rien. Nous vous trouvons une fois encore dans vos nuages.

Louise ne sait que partir à rire en invoquant la douceur du temps qui ne pousse guère aux idées sérieuses ; seraitelle de l'Académie, sous ce soleil elle voterait assurément pour le jeu de l'oie.

Le « jusqu'à présent » de son père contenait-il quelque

menace ? Pourquoi cette diatribe qui ressemblait fort à un avertissement ?

Dans tous les propos du chevalier, Louise cherche des messages d'intelligence ; dans tous ceux de son père, elle redoute désormais des intentions.

Le comte continue à s'appuyer familièrement sur le bras d'un La Rivière désinvolte. La causerie se poursuit avec entrain. Se ferait-elle des idées ?

Mais alors ne s'en ferait-elle pas de la même façon sur les sentiments du chevalier ? Au fond, il ne lui a encore rien dit de concret, et toutes les douceurs dont il a pu la flatter à la dérobée ne sont peut-être que sa manière ordinaire de se comporter avec les femmes. Sa cour serait-elle de pure politesse ?

Dieu, que vous êtes belle, madame — cela ne veut rien dire.

Quel ridicule s'est-elle donné en paraissant répondre à des avances qui n'en sont pas ! Car enfin, quelque application qu'elle ait eu à n'en rien montrer, il lui a échappé assurément de certaines choses qui ont dû faire juger au chevalier qu'il ne lui était pas indifférent. Un homme aussi pénétrant que lui, aussi rompu que lui au commerce des femmes, n'a pu manquer de s'en aviser ; il a déjà été aimé tant de fois qu'il est difficile qu'il ne devine pas quand on l'aime. Comme il doit se moquer ! Sotte, facile, petite dinde, provinciale... Elle en est là de sa détresse quand elle s'aperçoit que les yeux d'Henri de La Rivière, sautant par-dessus l'épaule du comte, cherchent les siens. Ces yeux portent le message d'une prière tendre, quasi implorante. Cela ne dure qu'une seconde, mais Louise sent d'un coup fondre ses craintes ; et elle ne peut s'empêcher, tandis que Bussy soliloque sur les principes et devoirs de l'Académie, de répondre des lèvres à ces yeux, par un petit sourire qui en s'arrondissant figure presque un baiser.

Elle ne s'est pas trompée sur Henri... L'attitude, le geste, l'air. C'est donc qu'elle a eu raison également au sujet de son père, et qu'il y avait de l'avertissement dans ses paroles. Forcément. Quelle faiblesse de sourire ainsi ! Quelle folie ne sont-ils pas en train de commettre ?

Prudence, pudeur, coquetterie, elle se retire chez elle et s'y cloître en grande confusion le restant du jour.

Quand s'achève l'après-midi, elle n'y peut tenir. Ses habits sont dans une haute armoire garnie de plaques de cuivre, à la ruelle de son lit. Elle en sort sa robe bleue, sa robe blanche. Le chevalier l'a trop souvent vue dans celle-ci ; celle-là, taillée dans un brocart à cinq louis l'aune, conviendrait pour un bal à la cour ; avec sa taille ample, la suivante lui fait la silhouette d'une nonne dans la bourrasque. Aucune ne va. Dire qu'elle croyait ne manquer de rien. Se rappeler d'écrire à Paris pour qu'on lui envoie de l'étoffe ; la faille et les ramages brodés sont à la mode. Et des gants ; ceux qui lui restent sont tout flapis. Et de la dentelle de Valenciennes pour de nouvelles chemises. Mais passer la commande en plusieurs fois, en parant au plus urgent, afin de ne pas donner d'étonnement à son père.

Elle s'est échauffée. L'amour ébranle l'équilibre des liquides du corps. Une soudaine rougeur, découvre-t-elle dans le miroir, lui gâte le teint, qu'elle a fragile. Se montrer ainsi ? Plutôt conserver la chambre ! Il est probable que la lumière du couchant qui embrase la fenêtre dissimule l'ampleur des dégâts. Comment les réparer sans user du fard espagnol, dont on sait les irritations durables qu'il cause ?

— Voyez-vous cela ?

Les dames de compagnie entendent bien des choses à demi mot. Mlle Poussy propose d'appliquer une crème apaisante, à la racine de guimauve.

— La chair va absorber les humeurs. Si madame veut bien aider la médecine par une prière à sainte Pétronille, je puis l'assurer qu'il n'y paraîtra plus.

Elle a les doigts très doux. Reconnaissante, Louise aimerait lui conter par le menu les pensées qui bondissent dans sa tête. Se confier, questionner, demander conseil... Elle se sent si peu de chose. Tout le temps que la Poussy la masse, elle garde les yeux mi-clos.

Cette demoiselle lui a été donnée par son père. Facile et ronde, elle vient de leur terre de Forléans. On murmure que le comte l'a honorée un temps, et qu'il l'a placée ensuite à son service, à titre de dédommagement, selon certains, pour la garder à portée de main, selon d'autres. Mlle Poussy lui est-elle loyale, ou bien l'est-elle à son père ?

Beaucoup d'enjouement. Une bonhomie suspecte, somme toute. Qu'a-t-elle deviné jusqu'ici ?

Peut-on compter sur Mlle Poussy ?

Louise se désole : pas d'amie véritable, et ses sœurs sont au loin. Ecrire à Diane chez les Visitandines. — Mon aînée a toujours été bonne pour moi, se dit-elle, et ma paresse me l'a fait trop longtemps négliger.

Quand leur mère est morte d'une de ces fièvres qui suivent les accouchements, Louise n'avait que quelques semaines ; Charlotte et Diane, deux et trois ans à peine. On a placé les petites filles sous la garde de Mme de Toulongeon, leur grand-mère maternelle, excellente femme dont la piété, la rigueur et l'avarice font encore l'admiration de la province. La petite chambre glaciale, la solitude de ces années-là. Jamais une caresse. Un père toujours absent, occupé de sa gloire à la guerre, de ses plaisirs en tout lieu, et sur qui la bonne société d'Autun n'avait guère de paroles aimables. L'idée que s'en formait Louise : héros en armure, libertin irréductible. Et les amours affichées du comte, après qu'il eut convolé en secondes noces. Là-dessus la duplicité de Mazarin, la haine du maréchal de Turenne, le courroux du roi, les dettes et les humiliations, la prison où le comte a manqué mourir, jusqu'à l'exil — lequel les a enfin réunis.

Cette boîte de poudre où puise à présent Mlle Poussy à l'aide d'une houppette, c'est son père qui l'a offerte à Louise. Cette brosse et ce peigne en buis incrusté d'argent, avec quoi Mlle Poussy la coiffe : un des cadeaux dont il l'a comblée. Sa grand-mère de Toulongeon, fille de la très sainte Jeanne de Rabutin-Chantal, ne l'avait accoutumée qu'aux jeûnes et aux mortifications, en vue de la faire entrer dans les ordres, où elle serait comme ses sœurs si son père n'en avait décidé autrement.

Le ressentiment royal lui a rendu un père, qu'elle s'est appliquée à conquérir, à garder pour elle. Attachement — liberté.

Rétifs à se dissoudre, ses souvenirs l'entourent de toute part. Le nid des secrets, ultime refuge. Et se mêlant aux ombres de ce sanctuaire où il n'est jamais entré, l'image d'Henri de La Rivière. Dans les soins que lui prodigue Mlle Poussy ; dans l'odeur du parfum avec lequel elle la frictionne ; dans la chanson dont la demoiselle de compagnie fredonne l'air maintenant, comme si elle avait reçu mission de l'envoûter ; dans la chaleur de cette chair épaisse dont elle sent par instant le contact dans son dos, frôlements qui d'ordinaire l'oppressent, l'incommodent ; une sorte de délectation : ce pourraient être les doigts du chevalier, ce pourrait être sa voix, son souffle ; cette haleine de fille à son oreille, ce pourrait être l'haleine du chevalier.

19

C'est le propre de la femme de se laisser tromper, dit saint Jérôme, et de tromper les autres. Si la femme ne se fût mise du parti du diable, le diable se fût désespéré de venir à bout d'Adam. Aussi suit-il encore son premier train, dont il s'était bien trouvé. Tu es la porte du diable, dit Tertullien à sa femme. La première qui a mis la main au fruit défendu, la première qui a abandonné Dieu, et avec si peu de peine a fait perdre l'homme, qui l'est l'image de Dieu, que le diable n'avait osé aborder ; etc.

Comment nier, chez les personnes du sexe, le pouvoir funeste de l'imagination ?

Une lettre du duc de Saint-Aignan colporte la nouvelle que Lulli et Quinault préparent pour cet hiver un opéra en cinq actes, avec un prologue, qui se nommera le *Ravissement de Proserpine*. La fille du roi des dieux, enlevée par le maître de l'Enfer. Louise connaît sa mythologie ; elle voit une clairière fleurie, le char surgi du sol, elle perçoit les cris éplorés, le rugissement vainqueur, elle éprouve l'abandon entre des bras puissants, le mystérieux voyage jusqu'au royaume souterrain. Ce sont des choses sur lesquelles on s'emballe aisément. Le chevalier parcourt-il le même chemin ? Louise fixe la marque qu'Henri de La Rivière a dans le blanc du cou jusqu'à ce que, sensible à cet appel, il tourne vers elle un visage en rapport.

Ils s'inclinent alors l'un vers l'autre, furtivement.

— Serez-vous des nôtres à Paris ? lui demande-t-elle. Nous pourrions décider ensemble des mérites de cet opéra.

La réponse de La Rivière vient lentement et s'adresse au père autant qu'à la fille. Rien au monde ne lui ferait plus plaisir, dit-il, s'il pouvait quitter la Bourgogne.

Bussy ne fait pas de commentaire, ni ne pose de question. Il serait inconvenant pour Louise d'insister.

Ils marchent jusqu'à la lisière de la forêt, tous les trois. Au jeu, ils tiennent la banque tous les trois, à tour de rôle. Ils descendent ensemble jusqu'au village assister à la noce d'un métayer, et La Rivière joint sa pièce au cadeau que le comte et sa fille font aux époux. M. de Ch. et les siens, en route vers Dijon, restent un soir à coucher ; comme s'il était chez lui, le chevalier les reçoit aussi bien.

Sur la pelouse, on a planté des arceaux pour jouer au mail. La Rivière passe en tête tous les obstacles, puis il pousse sa boule si loin qu'il lui faut trois tours pour se remettre en course ; son adresse galamment envolée, il laisse la victoire à ses hôtes.

Bussy :

— C'est donc vrai qu'on peut se sentir rajeunir jusqu'à l'enfance.

L'attitude, le geste, l'air.

A table, à la promenade, dès que le comte a les yeux ailleurs, toutes les marques d'une dévotion passionnée.

— Notre maître a bien dressé sa fille, dit Cuzin au valet de La Rivière. Si le tien sait s'y prendre, il ne doit point s'embêter.

Bien dressée... Cuzin ne sait pourquoi, l'idée que Mme de Coligny ait subi les assauts de son père, pendant longtemps, et sans doute de bonne grâce, l'idée de ces amours coupables à discrétion l'émoustille mieux que s'il voyait la marquise en chemise, par le trou d'une serrure.

Après le père, l'ami du père. Chacun à son tour ; et peut-être en même temps, ça ne l'étonnerait pas.

A une femme de chambre, il demande, en lui pinçant l'épaule :

— Est-ce que madame t'a fait laver son drap ?

Et de nouveau à Dupré, le valet de La Rivière, quand ils prennent le frais, sur le seuil de l'écurie :

— Si ça se trouve, monsieur le comte a encore engrossé sa Louise, dit le cocher, et il veut qu'un bon bougre porte le chapeau.

— Crois-tu ? dit Dupré.

Lequel se gratte ensuite le front. Et que la chose travaille. Le soupçon n'est-il pas assez grave pour qu'il doive en faire rapport au chevalier ?

Les cartes succèdent aux dès ; le trictrac, au jeu de reversis. On fait de la musique. On reçoit et rend des visites. On va se faire montrer dans une foire une pie, une linotte, une louve apprivoisées.

Avec Bussy, La Rivière parle politique, histoire, vie mondaine, littérature ancienne et moderne. A Louise, dans les instants d'intimité qu'ils parviennent à voler au comte, il relate des épisodes de sa vie. Il a perdu très tôt ses parents et ignore jusqu'à la date exacte de sa naissance. Ses malheurs d'orphelin touchent beaucoup la jeune femme.

Un soir, le chevalier prévient qu'il doit s'absenter tout le lendemain, pour aller à la rencontre d'un gentilhomme de ses amis de passage dans les environs.

Ce lendemain, qui tombe un jeudi, se déroule pour le père comme pour la fille dans la plus grande morosité. Louise ouvre un livre, étale son ouvrage, soupire à la fenêtre, passe et repasse devant la chambre vide du chevalier. Le comte arpente les salons silencieux et finit par s'endormir dans un fauteuil à oreillettes. Ce grand loisir succédant tout à coup au remuement continuel que suscitait La Rivière forme un vide aussi malaisé à supporter que difficile à remplir. L'ennui irrite, l'application dégoûte. — Enfin on entend le pas de la jument truitée.

Louise se précipite. Reniflement du comte, sourcils froncés. Vite, trouver une excuse, un mot, une contenance.

Un peu plus tard, alors qu'au sortir du jeu le chevalier va fumer sa pipe sous les étoiles, et que Louise éprouve une soudaine envie de prendre l'air : la voix du comte, qu'on croyait assoupi, comme un rappel à l'ordre.

Le lendemain, à l'heure de la sieste, tandis qu'ils ont réussi à s'isoler derrière les murettes où poussent pommes et poires en espalier, c'est un sifflotement (un jardinier ?) à quelques coudées de leur retraite, qui glace le sang de Louise.

Ces alarmes continuelles mettent dans un état d'agitation qui exalte si bien qu'il finit par s'apparenter au bonheur. Qui a dit que celui-ci vient de l'assouvissement des désirs ? Leur exaspération transporte bien davantage qu'une satisfaction toujours mêlée de regrets, de lassitude et autres résidus impurs. A force d'espérer, de craindre, de sentir le froid après le chaud, de vivre dans les secousses, les transes, de combattre, de céder par paliers, de retarder encore l'instant, Louise ne se reconnaît plus elle-même ; et dans le tourbillon de cette dépossession elle apprend à se connaître mieux qu'elle n'a jamais fait. Ses journées ont désormais un sens ; ses pensées, un but. Il lui semble qu'une main inconnue lui ôte ses œillères, la délivre de ses entraves, ouvre la barrière de son enclos, quand elle n'avait jamais suspecté qu'elle eût encore une prison. Sa personne entière se délie. Elle se perd, pour parler comme son confesseur ; mais cette perte rend tout léger et facile, comme si l'on débarrassait ses épaules du carcan d'un manteau d'hiver. Se perdre, serait-ce se subtiliser jusqu'à l'essentiel ? — Il ne faut pas essayer de voir plus loin, sous peine de tout gâcher. — Différer les sacrements. S'en tenir à l'ivresse.

On lit beaucoup, à haute voix. Un après-midi, alors que le mois d'août touche à sa fin, on invente de se donner la comédie. Les amateurs de théâtre ne manquent pas dans les environs. Puisqu'on dispose d'un bon artisan à demeure, on voit les choses en grand ; ce sera le bouquet de la saison. La Mèche reçoit commande de l'estrade, des décors. Deux toiles peintes, des plaques garnies de bougies pour former une rampe sur le devant des planches, des lampions, un porte-flambeau à quatre branches, à suspendre à un câble, nous n'aurons rien à envier à l'hôtel de Bourgogne ni aux Italiens.

Racine ? Bussy conteste les capacités de l'historien, mais applaudit à ses tragédies — du moins à la plupart d'entre elles. *Phèdre* paraît s'imposer. Distribution des rôles : on les propose aux familiers de la maison. Œnone convient à Mme de Montjeu ; Aricie, à Mlle de Marcilly ; M. d'Épinac serait assez bien en Théramène, il a la voix sévère. Le chevalier se fait prier pour accepter de jouer Hippolyte ; il n'y consent que lorsque Louise souffre d'être Phèdre. Thésée ? Bussy ne fait aucune manière, lui, pour se coiffer de la couronne du roi d'Athènes.

Voilà les invitations lancées ; souper dans le jardin ; la récureuse se met à polir les cuivres et l'argenterie.

Trois répétitions sont prévues, qui sont les trois quarts du plaisir. Les domestiques servent sur la terrasse du chocolat et de ces gros gâteaux au sucre qu'on appelle *cuissots de nymphe.*

Bussy règle l'action en plus de tenir sa partie. Tandis qu'il ordonne le triangle amoureux de la pièce, il devient assez évident aux esprits avisés que ce triangle-là reflète celui qui s'est formé dans la réalité. Voyez la jolie veuve donner la réplique au chevalier. Écoutez-la ; il est des intonations qui ne trompent pas. Des pieds à la tête elle irradie quelque chose de nouveau. Les plus critiques jugeaient sa beauté un peu sèche ; les angles de son corps semblent s'être adoucis. Brillance, ampleur, moelleux, humidité ; la transfiguration de la chair par la grâce de l'amour : belle jusqu'au prodige.

Ce n'est plus une ardeur dans mes veines cachée :
C'est Vénus tout entière à sa proie attachée.

M. de T. a essayé de filer quelques métaphores sur le thème de la chrysalide et du papillon. Vous savez les mauvais vers qu'il fait. Notre ami Rouargues a tourné la chose de façon plus *piquante* : la volaille, a-t-il dit, n'est véritablement appétissante qu'après être passée à la broche.

Contre tout le monde, M. de Ch. n'y croit pas. Selon lui la chair ne saurait avoir été consommée. On resterait sur un plan platonique, et cela pour trois raisons, puisque nous avons trois protagonistes :

Ombrageux et jaloux, Bussy n'aurait pas introduit un suborneur sous son toit ;

Un gentilhomme ne se permettrait jamais d'abuser de la confiance de son hôte ;

Entièrement soumise à son père, Mme de Coligny préférerait mourir que lui déplaire.

Nous avons trouvé M. de Ch. bien enfant. Sans doute Bussy ferait bâtonner l'intrépide qui oserait toucher sa fille ; encore faudrait-il qu'il le voie : son amitié pour le chevalier l'aveugle au point que les amants se bécoteraient sous son nez qu'il les dirait plongés dans un traité de Descartes. Sans doute un gentilhomme doit-il respecter la maison de son hôte ; encore faudrait-il que La Rivière le soit. Que sait-on de cet intrigant ? D'où vient-il ? Qui sont ses ancêtres ? Sans doute Mlle de Coligny a-t-elle de la dévotion pour son père ; mais c'est une femme, créature lascive, même s'il n'y paraît pas, et une femme oisive et seule, bien jeune et vivante encore. Serait-elle enfermée derrière vingt verrous solides, comme dit le poète, Cupidon les crochèterait tous et finirait par entrer.

Comment voulez-vous que deux personnes en bonne santé, de mérite équivalent, puissent cohabiter dans une grande demeure où l'on vit bien, où elles mangent à satiété, où elles sont merveilleusement libres, où elles n'ont aucune autre occupation plus sérieuse à laquelle se livrer, sans finir par s'éprendre l'une de l'autre ? Hippolyte lui-même y devient un Priape.

L'attitude, le geste, l'air. Regardez-les... Envieux du chevalier, M. de Ch. nous a traités de langues du diable et a haussé les épaules, tandis que Louise récitait, en y mettant le ton :

Les dieux m'en sont témoins, ces dieux qui dans mon flanc
Ont allumé le feu fatal à tout mon sang ;
Ces dieux qui se sont fait une gloire cruelle
De séduire le cœur d'une faible mortelle.

Les mots de la tragédie sont souvent outrés. Effrois et noirceurs poussent parfois à rire, quelque beauté qu'ils renferment, lorsqu'on les prononce devant un cercle d'amis qui boivent du chocolat.

Je le vois comme un monstre effroyable à mes yeux,

dit Phèdre de l'objet de sa passion. Louise ne vient pas à bout de la phrase, elle se mord les lèvres pour s'empêcher de glousser, s'étrangle, détourne la tête ; le *monstre* ne passe pas. Au troisième essai, les nerfs lâchent, l'hilarité générale force la pause.

C'est ensuite Mlle de Marcilly qui s'embrouille dans son texte ; elle joue la fille et la sœur des ennemis mortels de Thésée ; petit rôle, mais qu'elle ne réussit pas à apprendre. Elle voudrait tronquer un peu le dialogue avec Ismène. Elle n'entend pas toujours ce qu'il signifie et dit qu'elle ne saurait mémoriser une chose qui lui échappe. Vous connaissez cette jeune personne ; on a toujours vanté sa dot plus que ses appâts, et ses appâts davantage que son jugement.

— Ah, mademoiselle, la rabroue gentiment Bussy, c'est que, là où Racine écrit *l'injuste Thésée, dont l'heureuse rigueur secondait mes mépris*, vous dites *l'injuste Thésée, dont l'heureuse vigueur secouait au même prix.* Etc.

Ces répétitions de *Phèdre*, dans la douce chaleur de l'été, laisseront à tout le monde de jolis souvenirs. Épinac a dit au comte :

— Vous avez beau ne plus faire de chansons contre personne, on s'ennuie toujours aussi peu dans vos châteaux.

Nul ne voulait partir. Il était déjà tard quand on a fait avancer les voitures. M. de Marcilly continuait de plaisanter, à califourchon sur le timon de son carrosse ; il y serait encore si sa femme ne lui avait rappelé combien elle avait peur de rouler pendant la nuit.

Les domestiques débarrassaient quand Bussy s'est retiré dans ses appartements. Il se sentait patraque, et désirait d'être saigné.

Figurez-vous la déception de la marquise de Coligny et

du chevalier de La Rivière quand ils ont appris qu'ils devaient se résigner à souper en tête à tête...

Le Grec Lucien dit que le désir charnel s'étage sur cinq niveaux. Il commence par la vue, qui le fait naître ; puis se développe dans la conversation ; et croît dans la compagnie ; les baisers le décuplent ; enfin les attouchements le portent à son paroxysme.

Dans la conversation, comme à tous les stades suivants, la vue ne cesse en vérité d'agir, de même que l'odorat, sens que beaucoup de philosophes ont tendance à négliger.

Louise de Coligny a la particularité de se faire frictionner la gorge et les bras, du coude jusqu'au bout des ongles, presque chaque jour, avec des eaux parfumées. On ne sait d'où lui vient cette frivolité. Certainement pas de son austère grand-mère de Toulongeon ; il paraît que sa mère en usait ainsi, et peut-être imite-t-elle ce qu'on lui a raconté.

C'est un parfum de géranium, assez entêtant, qui double celui des fards gras, commun à toutes les dames. Il met au supplice le chevalier de La Rivière, très sensible de ce côté-là ; car Louise lui refuse avec une constante vigueur ce qu'elle paraît par ailleurs désirer énormément. Cette incohérence des femmes (de certaines femmes) l'a toujours amusé — intrigué serait plus juste. On est passé au niveau troisième du désir, l'attraction est quasi déclarée ; on se recherche à chaque instant, on invente mille occasions de se retrouver, en cachette du père, à l'écart du monde entier, voilà la solitude idéale, l'obscurité même du temple de l'amour ; et ce sont des occasions gâchées : on n'a pas fait un pas, le niveau quatrième demeure interdit. Le jour n'était-il pas propice ? Doit-on mâcher des grains d'anis pour s'adoucir l'haleine ? Y aurait-il quelque nouveau progrès à accomplir ? On en fait encore, au point que cette fois la chose paraît acquise par avance. On se croit tout permis, mieux : encouragé. Avance-t-on les lèvres, la femme se rétracte aussitôt, détourne son visage, fait la nuque raide ; ou alors intercale la main entre les bouches, avec un petit rire désarmant, qui est un seau d'eau glacée. Seuls les doigts sont bons à baiser — précieux cadeau ! L'interroge-t-on, la pousse-t-on dans ses retranchements, elle se tait, ou rougit, ou balbutie de piètres excuses. Combien de temps le désir peut-il être tenu ainsi en suspens ? Il semble qu'on soit même redescendu d'un degré, et qu'il faille tout reprendre à la base.

La dernière fois que La Rivière a tenté de lui ravir un baiser, Louise a paru proche des larmes, comme s'il l'avait priée d'étrangler son fils ou de se jeter au fond d'un puits. Les attouchements ? Inutile d'y songer. Un morceau de bois ; tout cela ne doit guère remuer dans un lit. Et toujours ce sourire d'impuissance, sans colère ni reproche. Tempêter ? Supplier ? A quoi bon ? C'est humiliant à la fin, ces échecs continus. Convenons d'une autre stratégie. Que lit-on dans les *Idylles* de Théocrite ? *Elles fuient quand on les suit ; elles suivent quand on les fuit.* Repoussez une femme, elle viendra à vous avec empressement ; éloignez-vous, elle vous collera comme une ombre ; n'osez plus rien, elle se livrera à genoux.

Il faut dire que Louise s'entête au niveau troisième du désir depuis près d'un mois. A ce stade de fréquentation quotidienne, quand l'entente paraît parfaite, le refus réitéré touche à l'inexplicable. Le comte de Bussy n'en jugerait pas différemment, lui qui se gaussait à Riom des absurdes scrupules de la princesse de Clèves. Dans ses *Maximes d'amour*, il conseillait bien aux dames de se faire valoir par la difficulté :

Car ce qui fait durer nos feux pour nos maîtresses,
C'est la peine et le temps qu'elles nous ont coûtés.

Mais à condition que leurs complaisances soient ensuite en rapport, et qu'elles n'aient point trop tardé.

La vue, pimentée par l'odorat, jour après jour.

A la belle saison, les robes laissent entrevoir divers quartiers de chair. Le vent y aide. Pour ceux dont les regards savent percer les voiles, d'autres attraits se laissent en partie deviner. De là, l'homme d'expérience peut se figurer l'intimité des corps par déduction. Prenez les avant-bras ; ceux de Louise sont longs, un peu grêles, d'un blanc d'ivoire, quasi dépourvus de pilosité ou alors tapissés d'un duvet si fin qu'il se décèle à la loupe. La loi d'homogénéité qu'a fixée la nature fait que les jambes ont sûrement une même configuration, une semblable texture. Observez les mains, vous saurez les pieds. Ce doux renflement au poignet doit se retrouver à l'aine. Et ce qui est vrai pour les membres l'est évidemment pour le reste, dont on ne parle pas. Lèvres, joues, oreilles, paupières donnent des indications de couleur, de consistance et de volume sur les caractéristiques les plus secrètes ; de sorte que sans les avoir jamais approchées, chacun peut en posséder des notions.

Ces notions que le chevalier s'est formées peu à peu, non sans ratures et *pentimenti*, ainsi sur la poitrine de Louise, qu'il a déjà envisagée de six façons différentes, la voyant d'abord petite, juvénile, fleur pâle, assez insignifiante, et à quoi il a accordé ensuite davantage d'importance, plus de maturité, la faisant en même temps moins ferme, flottante, émouvante et même, en poussant l'examen, couronnée de larges pastilles grenues, ces notions, donc, toujours présentes à ses yeux, le mettent sans cesse en état de brûler sur l'heure les étapes ; comment résister à l'envie de mordre dans le fruit qu'on a déjà dévoré en pensée ? Un autre n'y pourrait tenir.

Que dit encore Bussy ? *Pour obtenir la victoire, il faut entreprendre.*

Soit. Mais en usant d'expédients — en passant par l'artifice (assez pénible) des procédés.

Une lame au fourreau ; La Rivière figure soudain le compagnon le plus désintéressé du monde. Il y trouve des ressources d'ingéniosité : il conte à ravir ; ses portraits, peints en deux coups de langue ineffaçables, peuvent rivaliser avec ceux qui ont fait la gloire de Bussy ; il excelle dans l'art de contrefaire : quand il imite Mme de Ch., c'est la baronne en personne.

Tendre également ; comme on l'est avec sa sœur, avec sa fille, sans rien demander.

Et fort attentif.

Le chevalier a la patience d'un chasseur aux aguets. Il croyait sonner l'hallali ; il apprend à connaître sa proie.

Louise à la promenade ; Louise en gaieté ; Louise fort grande dame, dans la société de M. d'Autun ; Louise riant trop fort pour cacher sa déconvenue d'avoir perdu au jeu de l'hombre ou du reversis.

Louise toujours très active, sans cesse occupée de la marche de sa maison, de l'éducation de son fils, qu'elle ne veut confier à personne, quoi qu'on lui en dise. Et toute cette effervescence pour rien, car reposant sur un grand fond de langueur, qu'elle a pour mission de dissimuler. La maison tourne aussi bien sans elle ; le petit bonhomme est une poupée à son image qu'elle se contente d'étouffer de caresses. Incapable d'aller jusqu'au bout. Elle s'invente des obligations pour donner le change ; mais sur dix ouvrages commencés avec zèle, elle en abandonne neuf en chemin.

Irrégulière en tout.

Des goûts de fillette. Voire aucun goût en propre : elle s'amuse de ce qui amuse le chevalier, comme elle s'est toujours amusée des amusements de son père, sans que rien ne la transporte vraiment.

Lorsqu'il lui propose de faire quelques pas sous la tonnelle :

— Si vous en avez le souhait.

Lui dit-il que les eaux parfumées dont elle use lui montent à la tête :

— Désirez-vous que je m'en passe ?

Elle change sa coiffure parce qu'il a fait une réflexion sur l'abus des frisures qu'il a remarqué à Paris.

Là-dessus, supérieurement droite, fine, fière. D'un maintien grave, majestueux, plein de cette modestie qu'on doit faire paraître.

Rectifions un peu : aussi orgueilleuse que son père, mais sans vanité de détail. La vertu solide. Trop de cervelle. Se défiant d'elle-même, se dénigrant sans cesse. Soupirant beaucoup.

Dans un souffle si ténu que l'on pourrait croire que c'est le murmure de l'eau des bassins :

— De grâce, monsieur, n'espérez rien de moi.

C'est un comble ! N'a-t-elle pas manifesté son intérêt la première ?

— Vous regretterez d'avoir obtenu les complaisances que vous me demandez, dit-elle encore, et je me repentirai infailliblement de vous les avoir accordées.

Le regard noyé dans une sorte d'extase.

La bouche entrouverte — sur des dents fort serrées.

La bouche sage, cette bouche charnue de fillette de trente ans, qu'il rêve de profaner de la langue, des doigts, du...

L'attitude, le geste, l'air.

Depuis que le chevalier garde ses distances, l'espace semble s'être dilaté autour d'elle ; et parce que la matière tient le vide en horreur, Louise a des mouvements amples, ses membres s'agitent telles des ailes de moulin, elle se balance, frétille sur son siège, comme si des fourmis la chatouillaient.

Le fruit paraît mûr. Crainte d'une nouvelle déception, lassitude, habileté — La Rivière se retient encore de le cueillir.

Dans la pénombre du soir, après souper, la tête toute pleine des répliques de *Phèdre*, ils se laissent aller enfin à cette sorte d'engourdissement où la fatigue touche au bien-être. On entend les petits bruits de la nuit. Les domestiques ont disparu, à l'exception d'un laquais qui somnole entre deux portes. La conversation languit ; plus de piques ni de saillies, comme si toutes les cibles étaient à terre. On se contente de savourer l'écho de la journée ; il suffit maintenant de nommer une chose pour qu'elle fasse sourire.

La promenade au clair de lune, avant de se séparer ; ils gagnent le jardin à pas de loup. Déjà des habitudes.

Ces pas conduisent jusqu'à un banc de pierre, à l'abri d'un massif, loin de toute lumière, mais dont ils pourraient alléguer, s'ils y étaient surpris, qu'il constitue un arrêt honnête. Ils ne s'y sont pas assis que Louise se fait lourde pour se pendre à la manche du chevalier. Les doigts s'attirent, on connaît cela ; ils s'entremêlent, s'étreignent avec une fièvre soudaine ; et quand il tend les lèvres cette fois, Louise ne le repousse plus, le pont-levis s'abaisse, la herse des dents se lève un peu ; voilà enfin franchi le niveau quatrième du désir ; un bout de langue timide répond aux assauts de la sienne.

Louise, alanguie, la tête renversée sur son épaule, toute entière à la découverte de ce plaisir qu'elle semble inaugurer. Elle a l'intérieur de la bouche fort étroit ; c'est une tendre cavité où l'on entre sans obstacle, mais dont on a vite fait le tour, car elle ne connaît aucun des mouvements ordinaires qui en varient les attraits. Le nez toujours dans le chemin, quoi qu'elle l'ait tout petit. Quelle sorte d'homme était donc monsieur son époux ?

Le chevalier lui enseigne deux ou trois choses nécessaires, et il profite de ce qu'elle est pantelante et si bien occupée, pour lui caresser les flancs, pour essayer de glisser une main sous le mouchoir de gorge. Il ne va pas bien loin. La jeune femme se redresse vivement, en secouant ses boucles :

— Marchons, lui dit-elle.

Ils s'enfoncent dans le sous-bois, les doigts toujours enlacés.

Pour leur second baiser, il l'adosse au tronc d'un chêne. Le troisième, il le prend débout aussi, au milieu du chemin, pressant ses cuisses contre les siennes, et il le fait durer. C'est un échange d'âmes, dit Aulu-Gelle, lesquelles se glissent entre les lèvres lorsqu'elles se mordillent comme des colombes. Les baisers laissent couler l'amour goutte à goutte. Horace ne dit-il pas que *Vénus les imprégna de la quintessence de son nectar* ? Quand les lèvres se séparent, celles du chevalier murmurent à l'oreille de Louise des mots enivrants, tout en lui affolant la nuque dans les intervalles : qu'elle est sa vie et son cœur ; qu'il ne saura plus se passer d'elle ; qu'il mourra si elle ne le prend pas en pitié.

Muette d'abord, et comme anéantie, Louise finit peu à peu par tenir un langage identique, mais qui va dans le sens opposé, de sorte que La Rivière ne récolte aucune faveur nouvelle. On en reste au *prologue à la collation*.

— C'est donc que tu ne m'aimes pas, se lamente-t-il.

— Je vous aime à en avoir peur, gémit-elle.

Elle lui fait mille serments, qu'il refuse de croire, puisqu'elle le laisse sur sa faim en ne lui accordant pas la liberté des attouchements, niveau cinquième du désir. Les promesses redoublent, les protestations aussi. Ils se disent tous deux dans un état de douleur extrême ; Louise d'avoir sacrifié son honneur en avouant complètement qu'elle aime — « Quelle opinion aurez-vous désormais de moi ? » ; Henri de La Rivière en affirmant adorer sans retour une idole bien cruelle — « Si tu m'aimais, tu serais toute entière à moi. »

Maladresse extrême, il lui reproche de trop céder à la jalousie de son père ; elle fait aussitôt un grand pas de côté.

Le lendemain, comme s'il ne s'était rien passé, elle ne lui concède pas un battement de cil ; il n'est plus question de rien, pas même de conversation ; elle a revêtu son masque de froideur. D'ailleurs la voilà partie avec ses femmes pour la messe.

20

Louise de Coligny, à Henri de La Rivière — lettre écrite nuitamment, puis glissée peu avant l'aube sous la porte du chevalier :

« Monsieur,

« J'ai si mal ménagé la première faiblesse de ma vie, que je craindrais votre mépris, si je n'espérais que ma conduite passée, et celle que je tiendrai à l'avenir, vous laisseront de l'estime pour moi. J'aurais mieux réglé mes sentiments, si je n'avais écouté mon cœur avant ma raison ; car enfin, toute abandonnée que je suis à vous aimer, j'ai de cruels remords sur ce que je sais de vous. Vous avez aimé toute votre vie. Vos passions, vos amourettes me font trembler également. Il me semble que celles-ci usent le goût, et que les autres affaiblissent la tendresse. Si vous avez aimé longtemps, j'en suis jalouse ; et si vous avez été léger, je crains que vous ne le soyez pour moi. D'ailleurs, quand je me regarde, je trouve sur mon chemin un père que j'aime tendrement ; que je ne puis quitter ; qu'il est dangereux et facile de fâcher. Je ne puis vous parler, ni vous entendre, et je meurs d'envie de faire tous les deux. Il ne faut qu'un regard mal placé pour détruire la réputation que j'ai, Dieu merci, méritée. Voilà tout ce que je pense. Pour ce que je sens, je vous l'ai assez montré, et je ne m'en dédirai jamais. Trop heureuse si en vous donnant un cœur, qui n'a jamais rien aimé que vous, je puis arrêter le vôtre pour le reste de ma vie. »

21

On pensait l'affaire des poisons tout aplatie ; rien de nouveau n'en sortait. C'était compter sans la Voisin, personne de ressources extraordinaires.

Pendant des semaines, des mois, elle a fort bien esquivé les questions des juges, niant les crimes dont ils l'accusaient, réfutant les preuves, ne citant aucun nom en complicité. Soudain la mémoire lui revient ; elle parle, un peu. Ce peu-là suffit à mettre la Chambre ardente *sur des charbons*. Elle dit : Racine. Et confirme : Jean Racine, l'homme de lettres, le poète, l'historiographe, l'ami du roi. — Vraiment, M. de Bussy été inspiré de nous donner chez lui le spectacle de sa *Phèdre* !

Qu'impute la Voisin à ce pauvre Racine ? D'avoir empoisonné son ancienne maîtresse, l'actrice Thérèse Du Parc, qu'il avait épousée clandestinement. Jalousie dévorante, passion maladive, laquelle tourne au vinaigre, c'est-à-dire à la rancœur, la haine, l'exécration ; les motifs qu'a chacun d'envoyer sa chacune au paradis. Et puis il voulait faire la place nette à l'illustre Champmeslé, diplômée ès galanteries, qui prêtait désormais aux héroïnes de ses tragédies une voix dont on assure qu'elle allait droit au cœur.

Quand cela se passait-il ? Il y a dix ou onze ans. La Voisin aurait pu nous servir un pain moins rassis. On s'en satisfait toutefois, car elle affirme que Racine a versé deux fois le jour le poison à la Du Parc ; qu'il montait la garde au chevet de son lit quand elle est tombée malade ; qu'il lui a tiré du doigt un diamant de prix ; qu'il a détourné ses bijoux et principaux effets, car elle ne manquait pas d'argent. Cela fait beaucoup de salissures, qui embarrassent fort les juges.

Racine vient de se marier bourgeoisement, il a abandonné le théâtre pour se consacrer à la louange du roi, qu'il suit en campagne, la plume à la main, crotté jusqu'aux oreilles, en Allemagne, dans les Pays-Bas. Pas de courtisan plus empressé ; cela se comprend mieux : personne n'a meilleure raison de ramper sous le trône.

Louvois a envoyé les ordres pour le faire arrêter au conseiller d'État Bazin de Besons, lequel ne veut prendre aucune décision pour l'instant, par respect pour Sa Majesté et peut-être aussi par amitié pour l'accusé, son confrère à l'Académie.

Avouez que c'était un peu gros. La baudruche s'est dégonflée avant que d'exploser. L'opinion veut aujourd'hui que le seul lien existant entre le poète et l'empoisonneuse fût qu'elle était aussi faiseuse d'anges. Quelqu'un s'est souvenu d'une grossesse de la Du Parc, avant sa maladie. Racine l'aurait-il fait avorter ? L'actrice y aurait-elle gagné la fièvre maligne qui l'a emportée ? Serait-ce par là que l'écrivain est coupable de sa mort ? On ne débat plus que pour savoir de combien ce crime-là est moins affreux que l'autre.

In dubio pro reo : il est à parier que la justice humaine accordera à Racine le bénéfice du doute. Après tout ce temps, en l'absence de preuve formelle, ce sera à Dieu de trancher et de punir.

Il se murmure également, dans certains cercles de la capitale, que le nom de Racine n'était qu'un leurre, de la poudre aux yeux. La Voisin n'aurait pas qu'un peu parlé. Elle aurait versé son fiel en abondance. Il y aurait dans ses déclarations beaucoup d'autres noms, plus importants, qu'on voudrait masquer. Celui de M. le maréchal de Luxembourg — dont la plume de Racine a souvent poli les factums — serait du nombre ; il aurait prié la donneuse de consolation de faire disparaître Mme la maréchale son épouse, personne très riche, et si laide qu'il la contraignait à ne jamais mettre le pied hors de son château. En voulez-vous d'autres ? L'empoisonneuse aurait désigné M. le marquis de Feuquières ; Mme la comtesse de Soissons, la propre nièce de feu M. le cardinal de Mazarin, autrefois rivale de la jolie Mlle de la Vallière ; et Mme la duchesse de Bouillon ; et Mmes du Roure, de Polignac, de Thianges, de Vivonne... Les mieux informés laissent même entendre, en baissant la voix le plus possible, que cette grande fille brune en masque, vêtue d'une robe à double queue, que de nombreux témoins disent avoir aperçue souvent entre les rues Saint-Martin et Saint-Denis, dans le quartier des empoisonneurs où elle venait chercher des fioles, eh bien, que cette fille ne peut être que Mlle Des Œillets, dont telle est l'exacte description. Qui est Mlle Des Œillets ? Mais une des femmes de chambre de Mme de Montespan. Bien entendu, nous ne sommes encore que dans le chaos de la rumeur ; et n'allez pas croire qu'il y ait rien de certain là-dedans, sinon que l'affaire va finir par monter jusqu'au firmament.

Autre grande nouvelle, quoique moins salée, après le mariage de la fille de Monsieur avec le roi d'Espagne, celui de Monseigneur avec la princesse de Bavière semble assuré. Le père Verjus qui la connaît fort en dit des merveilles ; elle a le nez mal fait, du reste elle est bien faite, et très dévote : passez le premier regard, et vous en serez content. Le président Colbert, frère du ministre, l'ira demander à Munich. On est un peu étonné que cet honneur-là soit donné à un homme de robe.

Bussy s'est cru en position d'écrire à leurs altesses royales pour leur dire le plaisir qu'il avait à voir entrer des couronnes dans leurs maisons, et combien il espérait que l'Europe entière serait un jour partagée entre le roi et les siens.

Le comte et sa fille de Coligny sont partis pour Chaseu. Ils étaient chez la douairière de Toulongeon, à Alone, le 14 septembre ; ils y sont demeurés jusqu'au 17, puis s'en sont retournés chez eux.

La Rivière, qui aurait emprunté à ses hôtes certaine somme dont il avait besoin, n'avait pas plus tôt rejoint sa sœur à Berberey, qu'il envoyait au comte ce billet de remerciement :

« Pendant que j'étais dans votre maison, monsieur, vous me comblâtes d'amitié ; vous m'en accablâtes en me quittant, mais si bien que je ne puis que les sentir ; vous me continuez vos bontés, et ma reconnaissance les suit de près. Mais de moi à vous peut-on parler de reconnaissance ; ce n'est pas l'affaire d'une lettre de vous remercier, c'est celle de toute ma vie. Je serais ravi que vous eussiez senti un moment que je vous manquais : quand vous vous en plaindrez, ce sera toujours votre faute. On ne sort point d'auprès de vous que plus éclairé et plus honnête homme, mais on en sort bien gâté pour tout ce qui n'est point vous. Cela embarrasse un peu mon vœu de retraite ; ce n'était pas aussi à faire à moi de passer un mois auprès de vous : j'en suis bien puni par votre absence, et je trouve que mon plus grand mal est de vous avoir vu et de ne vous voir plus. »

Quelques lignes, dans le milieu, concernent Mme de Coligny.

Au moment des adieux, La Ravière avait promis à Louise de lui offrir en souvenir de lui une chienne courante, en âge d'être dressée. « Ce sera votre servante, » lui disait-il. Las ! « La petite servante a été tuée par *my bad luck*. Je ne me croyais pas né à soupirer pour une chienne ; cependant j'ai soupiré pour celle-là ; je n'ai plus de vaillant que la mère, que j'offre d'aussi bon cœur qu'on fît jamais rôtir faucon, comme dit la Fontaine dans la fable que nous avons apprise ensemble. »

Enfin les fioritures usuelles :

« Je vous supplie, monsieur, de vous souvenir que vous m'avez promis l'honneur de votre amitié et que vous ne me sauriez plus ôter ce bien-là sans que je me croie ruiné, et que personne en France n'est avec plus de respect que moi votre... » Etc.

Le comte a lu la lettre du chevalier à haute voix ; puis il

l'a enfouie dans un tiroir de son bureau. Louise a attendu la nuit pour la relire seule, à la lueur d'une chandelle, six, sept fois, pour bien tirer le suc de tout ce qui s'adresse à elle ouvertement et à couvert. *Je ne me croyais pas né à soupirer*, ces mots sont un charmant aveu. La fable de La Fontaine fait allusion au jour où, après sa récitation en commun, Louise et Henri se sont égarés sur un sentier serpentant parmi les noisetiers et les mûriers sauvages, tandis que Bussy négociait des baux avec un métayer ; ils y ont échangé des gages, un ruban noir contre un jonc d'or, instant béni. *My bad luck*, n'est-ce pas elle qui lui a appris ces mots ? Et le *je suis bien puni par votre absence...* Toutes les protestations d'amitié au comte, dont est tissée la lettre, Louise les entend en vérité comme d'obliques déclarations à elle destinées.

Le masque de froideur n'a tenu qu'un tour de cadran. *Tu mi aduli, ma tu mi piace.* Comment exprimer cela au chevalier, qu'elle ne saurait mettre en post-scriptum dans la réponse que fera son père ?

Tant qu'il demeurait chez eux, ils avaient le loisir des petits mots glissés à la dérobée sous la porte ou de main en main. Mais à présent que des dizaines de lieues les séparent, par quel canal correspondre ?

Louise de Coligny ne saurait se présenter en personne au relais de poste ; sous quel prétexte ? Il lui faudrait pouvoir compter sur un intermédiaire sûr. Vingt domestiques servent au château de Bussy-le-Grand ; un nombre égal, à Chaseu. Louise en a quelques-uns en propre. La gouvernante de son fils, Mlle Poussy, et Mlle Basilly, parmi ses femmes. Laquelle acheter ? Laquelle osera s'exposer à la vindicte du comte ? Elle passe les noms en revue, sans apercevoir la lueur d'une solution.

Elle trempe néanmoins sa plume dans l'encre pour tromper les souffrances de l'éloignement, et parle au chevalier, qu'elle a appris à tutoyer, comme on se parle à soi-même :

« Je suis épouvantée de mes discours et de ma conduite. Est-ce moi, mon Dieu ? Mais n'es-tu pas effrayé aussi ? J'en ai peur, mon cher enfant. Je te connais depuis peu, et je t'aime éperdument ; et je te l'écris. Je n'ai pas ressemblé depuis plus d'un mois à ce que je suis, c'est-à-dire à ce que j'ai été jusque-là. Quelle opinion peux-tu avoir de moi ? Voudrais-tu, quand j'y songe, te charger d'une conduite qui paraît aussi folle que la mienne ? »

Un portefeuille de cuir, enfermé dans une cassette, contient ses trésors. Elle les en tire, pour les étaler autour d'elle, et s'en repaît sans s'en rassasier : entourés du ruban qu'il a offert, sous une serviette de table à laquelle il a essuyé ses lèvres, auprès d'un épi de blé dont il a mâchonné la tige, les billets d'Henri. Elle les relit, quoiqu'elle les sache par cœur ; celui-ci l'assure avec bonté de toute la tendresse, la compréhension et le respect imaginables, jusque dans l'abîme de désespoir qu'ont creusé ses refus ; celui-là, se rendant à ses craintes, s'évertue à décourager son amour, en faisant valoir l'obstacle du père comme pourrait le faire un tiers désintéressé ; tel autre, à l'écriture fantasque, se lamente plus avant sur les conséquences d'une passion impossible, qu'ils n'empêcheront qu'en se mettant en retraite. Que de délicatesses, constate-t-elle une fois encore, dans l'âme du bouillant chevalier !

Trois noms alimentaient les alarmes de Louise : Mme de Trichâteau, Mme de Polaillon qui voulait se rendre veuve pour pouvoir épouser Henri, et cette Mme de Castellet qui l'avait précédée. Le chevalier a nié le premier, mais en a confessé quelques autres, pour mieux lui dire qu'aucune de ces femmes n'avait compté véritablement, sinon dans la mesure où elles l'avaient indirectement mené jusqu'à elle. — Il n'a pas eu la vie facile, beaucoup d'égarements ; il en fallait pour qu'il vînt chercher la quiétude en Bourgogne, où la Providence les a fait se rencontrer. Est-il, Dieu, sincère ? Quand se reverront-ils ? Sera-ce à Semur ? La rejoindra-t-il à Chaseu ?

Mais cette façon dont il a immolé ses précédentes maîtresses... Maintenant que l'affaire est jugée, la rumeur a appris à Louise de nouvelles choses sur Mme de Polaillon : que cette dame n'a jamais prononcé une parole qui pût nuire à son amant ; qu'elle a voulu expier seule le crime qui l'avait conduite au donjon de Vincennes ; que sur sa propre demande sa peine de bannissement a été aggravée par lettre de cachet en une détention perpétuelle au couvent des Pénitentes d'Angers ; qu'elle laisse à Paris le souvenir unanime d'une âme pure et noble.

« Qui m'assurera de votre cœur ? Vous vous défiez si fort du mien, sans savoir pourquoi ; moi je doute sur des exemples. Si le malheur de la femme du monde qui a, dit-on, le plus de mérite et qui vous aime ou qui vous a aimé le plus éperdument ne vous touche plus, pourquoi me flatterais-je de vous garder toujours ? »

Elle écrit ; elle brûle les brouillons, en éparpille les cendres par la fenêtre, puis enferme ses reliques dans une nouvelle cachette, qui lui paraît plus avisée. Le sommeil ne vient pas. Alternance de frayeurs et de ravissements. Elle allume à nouveau, griffonne encore quelques mots ; et consume de la sorte une demi-livre de cire — Ne va-t-on pas découvrir que plusieurs chandelles manquent à la réserve ?

Au matin, Mlle Poussy n'en dit rien. Louise se trahit par la bouffissure de ses yeux et l'encre sur ses doigts. Et sans doute la demoiselle est-elle fine, car elle en arrive à poser le problème qui tourmente sa maîtresse, et à fournir la solution appropriée.

De tous les domestiques, affirme-t-elle, La Mèche lui est le plus dévoué, et c'est celui qui circule le plus librement.

— Si j'avais une lettre à porter...

Louise hausse les épaules, avec un frémissement. Elle aurait déjà renvoyé le drôle, si ce n'était sa répugnance à se donner l'embarras d'une telle extrémité.

Mlle Poussy se permet de la reprendre. L'altercation avec Cuzin ? Tout le contraire de ce qui a été dit. Cuzin est un méchant qui rôtira en enfer ; La Mèche, un innocent sans autre défaut que l'impétuosité de son âge. La serviabilité, la gentillesse même. — Et puis il met déjà à la poste de Sainte-Reine, le premier dimanche de chaque mois, une lettre pour un ami couvreur qu'il a à Autun, et qu'elle l'aide à écrire, parce qu'il ne sait pas bien et qu'elle a de l'affection pour lui, de sorte que... — Médire de Mme la marquise ? Mais il s'est battu pour elle, il aime Mme la marquise, trois personnes en témoigneront ! — D'ailleurs il brosse dans l'obscurité de sa remise, en économisant sur les couleurs, un portrait très ressemblant de...

Louise n'écoute pas, n'écoute plus ; d'être l'objet de querelles de cuisine l'humilie ; il lui déplaît d'avoir été défendue par ce garçon, même s'il faisait bien.

Mais elle fléchit à moitié. Elle retient que Mlle Poussy se porte garante du commissionnaire ; et surtout qu'elle peut avoir confiance en Mlle Poussy. Pour lui témoigner sa reconnaissance, elle lui offre deux de ses chemises et des bas de sept ou huit francs, si peu usés qu'ils sauront durer encore longtemps.

Et comme elle est bonne, elle va dès le soir dire à La Mèche quelques mots gentils, et lui donne pour prix de ses services à venir un demi-écu qu'il a le front — inexplicablement — de paraître refuser.

Et elle note alors ce qu'elle n'avait pas remarqué, ou qu'elle avait oublié, quoiqu'elle ait vu souvent le garçon à l'ouvrage : il lui manque deux phalanges à l'index droit : voilà donc la main qui va se charger de son amour pour Henri de La Rivière.

22

Le chevalier s'est résigné à ce commerce. Que dit Bussy dans ses *Maximes d'amour* ?

> *L'équipage nécessaire à un amant :*
> *Ecritoire, plume et cire, bon encre et bon papier,*
> *Ecrivez la nuit et le jour,*
> *Les lettres font vivre l'amour.*

Puisqu'il faut en passer par là... D'ailleurs il répond sans déplaisir. Louise de Coligny a hérité du joli style de son père, agrémenté d'une nuance de candeur qui le fait moins raboteux.

Lui aussi serre leur correspondance dans un portefeuille, mais à la différence de Louise il laisse le sien en évidence sur la table de sa chambre, parmi d'autres affaires. L'indiscret qui s'y risquerait ?

Quand il a achevé l'exercice, il s'en va à la promenade, ou bien tirer des lièvres, ou alors il se met dans son fauteuil, le vêtement ouvert, les bottes souillées de la bave de ses chiens, et contemple l'arrondi des collines en compagnie d'une bonne bouteille. Nous sommes en pays de vignoble, et sa demi-sœur n'est pas une personne bien despote. Elle ne s'offusque ni de sa barbe d'une semaine, ni du tapis brûlé par le tabac, ni d'aucune des mauvaises manières qu'il prend chez elle, où il aime à jouer au maître, au sauvage barbaresque, mangeant quand il lui plaît, ignorant les visiteurs, plumant les domestiques aux dés, crachant, bâillant, rotant, se vautrant dans l'herbe ; qu'il accroche des fleurs à ses oreilles, si ça lui chante ! Elle le voit heureux comme il n'a jamais été, et elle n'a nul besoin d'autre raison pour le laisser agir à sa fantaisie. Cela le repose du monde. Très bien. C'est son petit frère. Elle l'admire énormément.

Un matin, elle le voit paraître dans la grand-salle rasé de frais, brossé, sanglé, chapeauté pour le voyage. Un autre homme. On l'attend à Semur. Elle l'embrasse timidement.

Semur-en-Auxois, dans un air qui tremble. L'arrière-saison est à la canicule.

Une femme de la maison du marquis de Trichâteau montre des tumescences pourpres peut-être contagieuses. Le foie lui sort par le visage. Personne n'entre dans sa chambre et deux femmes la gardent. Mme de Coligny avait préparé de faire une visite au gouverneur ; il lui écrit que sa demeure n'est pas d'assez bon air pour lui être un séjour agréable, et qu'il aurait bien du malheur si, sans être lui-même malade, il serait cause qu'elle le devînt.

« J'en suis en peine, lui répond Bussy, pour votre santé et celle de vos dames. »

La maison de M. de Trichâteau en quarantaine, il a fallu changer ses plans à la dernière minute ; Louise rejoint son père chez leurs amis d'Ambierre. De là, ils iront ensemble à Lucenay, avant de rentrer chez eux, où ils seront très honorés d'accueillir le chevalier de La Rivière, dans les premiers jours d'octobre.

Le contretemps est d'autant plus fâcheux qu'il fait cette chaleur horrible sur les routes. Seul le muscat y gagne.

Lettre du chevalier de La Rivière au comte de Bussy :

« On ne s'accoutume, monsieur, ni à vous voir ni à vous perdre ; tout ce que vous faites sentir est toujours nouveau. Vous m'avez fait essayer d'une vie bien plus agréable que celle de la cour ; et votre absence me décontenance tellement que je ne vois plus ce que je peux faire de moi. J'enverrai d'Aubigny les harnais de chevaux que j'ai promis à Mme de Coligny. Elle se moque de moi de me parler de troc. Je la supplie de croire que si elle avait besoin d'un septième cheval je suis tout prêt à lui en servir. Permettez-moi de vous assurer que je n'ai jamais vu le mérite des deux sexes poussé si loin que cela se voit chez vous, et qu'il n'est pas possible d'avoir un attachement plus fidèle ni plus respectueux que celui que j'aurai toute ma vie pour vous et pour Mme de Coligny. »

23

Homme d'épée, non de plume, il le répète à l'envi. C'est vrai qu'il a conduit la charge avec beaucoup de bravoure, et fait tuer plus d'un cheval sous lui ; mais M. de Bussy a désormais posé les armes, dont plus personne ne voulait, et c'est aujourd'hui de sa plume qu'il se sert uniquement, la faisant aussi souple que celle du dernier des littérateurs, pour tenter de plaire au roi.

Son maître l'a chassé ; il lui lèche la main, l'accable d'épîtres en prose et en vers, en court et en long. Vanité et servilité y font un odieux ménage. Il encense, quémande, fanfaronne, se pose en martyr, jure ne suivre que son cœur, espère qu'au moins on se souviendra de lui. Un littérateur, vous dis-je.

Notre ami Rouargues a eu l'avantage de dîner chez le comte il y a quelques jours. Il n'était question que de ça. M. de Pomponne venait d'avertir Bussy que le roi lui accordait la grâce qu'il lui avait demandée de pouvoir passer six mois à Paris pour ses affaires, c'est-à-dire pour celles de sa fille de Coligny. Le comte voyait dans cette permission, la troisième qu'on lui fait, la preuve de la très grande estime dans laquelle le tenait Sa Majesté. Aucun autre exilé, disait-il, n'a jamais bénéficié de semblables faveurs. Le plus grand prince du monde reconnaissait ses mérites. Il s'imaginait déjà aux petits levers du roi.

Bussy n'a pas désappris la passion de la gloire. Louise de Coligny en était quasi gênée, paraît-il. Il n'y avait que le chevalier de La Rivière pour surabonder dans le sens de son hôte, qu'il semblait avoir définitivement pris pour modèle, jusque dans la façon de se vêtir, l'ostentation en moins.

La marquise de Sévigné a eu la sottise (ou bien est-ce la malice) d'imaginer que Mme de Coligny irait sans son père à Paris, pour plaider son procès en appel. Elle lui a offert le logement de Mme de Grignan à l'hôtel de Carnavalet. Bussy lui a répondu vivement : « Comment avez-vous pu croire que je demeurasse seul dans mes châteaux ? »

Se séparer de sa fille, lui ? N'y songez pas !

Ils devaient partir en novembre. La date a été repoussée. Bussy a des comptes à régler avec ses paysans. De nouvelles obligations lui arrivent chaque jour, dont il s'acquitte tant bien que mal. Il surveille ses terres, ses coupes. Dame, la grande ville coûte cher ! Ces soucis lui ont ramené une colique dont il se pensait quitte ; le voilà alité.

La Rivière et l'aimable veuve ne sont pas trop de deux pour le soigner. Le malade tourne despote.

Dès qu'il va mieux, le comte s'installe au salon en robe de chambre de satin prune, dans une chaise longue d'où il peut régenter sa maison. Les métayers lui apportent son dû, dans de petits sacs, au milieu des visites. Une planchette sur les genoux, il écrit en même temps comme un forcené, se délectant par avance des délices qu'il donnera au roi. Depuis qu'on lui a dit que Sa Majesté écoutait ses lettres sans déplaisir, et qu'elle ne trouvait pas mal qu'il contât l'histoire de son règne sous forme de *Mémoires*, le comte se donne corps et âme à la tâche. Comme si cela ne suffisait pas, il a inventé d'embellir un corridor, dont la vue s'offre à ses yeux, d'un décor de mascarons peints entre des palmettes et des guirlandes disposées en auréoles. Le motif se nomme *queue de paon* : rien de plus indiqué.

On vous aura parlé de ce petit artisan que Bussy a pris à son service. C'est un garçon qu'on peut atteler à toutes les tâches. Le comte lui fait changer de livrée selon son humeur : un jour ferblantier, maçon le suivant. Sans qu'on lui ait rien demandé, le drôle a peint un portrait de Mme de

Coligny, capable de rivaliser, dit-on, avec un Lebrun ou un Nanteuil. Le miracle paraît d'autant plus grand que l'œuvre a été conçue d'imagination, sans aide ni conseil d'aucun maître. Nous n'avons pas eu encore le loisir d'aller admirer le tableau ; mais Bussy l'a jugé digne d'orner les lambris de sa Tour Dorée, où il a fait placer ses belles amies et ses maîtresses.

Les nouvelles sinon se font rares. La province se dépeuple. Tout le monde s'en va aux états. M. de Tavannes vient de quitter Saulieu. A en croire son bailli, M. d'Autun devrait être déjà à Moulins.

La chaleur atteignait de tels sommets qu'elle ne pouvait durer ; nous sommes entrés brusquement dans les premières pluies d'automne.

M. et Mme de Serres sont partis à leur tour, pour les eaux de Bourbon-Lancy, et M. et Mme de Montjeu pour prendre celles de Vichy ; tous dans l'intention de la postérité.

24

Col patenzia e la supa si chiavarebbe una mosca.

Louise de Coligny n'est pas seule à entendre l'italien. Henri de La Rivière sait également en faire son profit. Il ne cherche plus à brusquer la victoire. C'est un siège de longue haleine. La place cédera peu à peu. Et puis, entre les niveaux quatrième et cinquième du désir, des compensations s'échelonnent qui nourrissent la patience.

La Rivière, à M. de S., demeurant rue du Cimetière-Saint-André, dans la capitale :

« Nous nous regardons dès qu'on ne nous regarde pas, et sitôt qu'on nous oublie, nos yeux sont jaloux des plaisirs que leur volent nos bouches. M. de Bussy donne chaque jour une heure à sa santé ; et lorsqu'il prend son remède, notre amour prend le sien. Le soir, nous nous écrivons de grosses lettres pour nous délasser de la contrainte du jour et nous consoler de celle du lendemain. Enfin, s'il n'y avait pas de père au monde, notre félicité serait parfaite. »

Ils se sont réglés sur ce train.

Quelques ruses et la complicité de Mlle Poussy permettent certains jours de doubler l'instant des douceurs. Parviendra-t-on à Cythère avant le départ pour Paris ? Le chevalier a pu effleurer un peu les cuisses de Louise, et on l'a laissé recommencer et s'aventurer sur la gorge par-dessus la robe, parce qu'il n'aggravait pas la caresse et semblait n'y attacher aucun prix particulier. — L'échéance effraie. Réussira-t-il à en tirer parti ?

Après les rubans, ils ont échangé des mouchoirs. Il a taillé aussi leurs chiffres entrelacés dans l'écorce d'un platane, et elle les a gravés à son tour dans le verre de sa fenêtre, à l'aide d'un petit diamant, qu'elle lui a offert ensuite. On touche au sérieux.

Le parc ne lui offre plus de mystère, dit-il encore ; il a déjà fait le tour des bosquets et des statues les mieux disposés.

Louise en ressort alanguie et le pourtour des lèvres fort irrité. Comment se peut-il que le comte ne se doute toujours de rien ?

Figurez-vous l'existence au château. On ne se quitte pas. Le mauvais temps prive de la chasse et les heures s'égrènent en commun. Bussy se met à sa table de travail sitôt qu'il est habillé ; mais il lui faut vite sa fille dans son dos, à ses côtés, tout contre lui, dont il a sans cesse besoin pour tailler ses plumes, sabler son encre, juger du tour de ses phrases, répondre à un importun. De son côté, La Rivière trompe l'oisiveté en reconstituant quelque bataille sur une grande carte avec des coques de noix pour représenter les escadrons. Bussy dîne à midi, mangeant précipitamment et sans application, sa fille à sa droite, son ami à sa gauche ; après quoi ils tiennent cercle à trois ; et l'on se divertit de la sorte jusqu'à l'instant où le comte s'occupe de sa santé. Intermède trop court ; le souper répète bientôt le dîner. Enfin il y a le jeu, où il faut tempérer sa chance ; et chacun se retire de son côté, au même étage, vers les dix heures.

Vous croyez alors le château endormi. Bussy, dans ses insomnies, réfléchit aux soucis du jour, calé sur un gros coussin. Un peu plus loin, Mlle Poussy a tout juste refermé sa porte que Louise déballe son écritoire. Le chevalier occupe une chambre de l'autre côté de la muraille. On l'entend tousser, tirer sa chaise ; maintenant il écrit à son tour. Ecrire est devenu la grande affaire du château. Et puis il y a La Mèche qui rôde sous les fenêtres ; et Cuzin qui épie La Mèche depuis les fourrés : le cocher rumine le moyen d'écraser sous son talon le bâtard revenu en grâce.

A quelle hauteur plane donc le comte, qu'il n'ait point buté encore contre l'un ou l'autre de ces secrets ?

Louise mouche sa chandelle en dernier.

Elle était couchée, elle bat à nouveau le briquet. Ce soir, la Poussy ne voulait pas sortir de sa chambre ; cette fille est gentille, mais parfois bien bavarde.

Trop de café. « Le café que j'ai pris me réveille. » Louise en a vidé un pot, alors qu'elle ne boit pas de vin, ou si peu, et aucune liqueur — au détriment de leur amour, dit le chevalier, car elle ne perd jamais la tête, sinon en paroles ; l'alcool aiderait grandement. Toujours maîtresse d'elle-même. Raisonnable, affreusement raisonnable — jusqu'à en perdre la raison, répond-elle. « Déchirée entre mon inclination et mes craintes, je sens d'abord, mon cher ange, par où je puis te perdre. » Ils en ont parlé cet après-midi encore, sans mieux profiter de l'heure des médecines. Cette lettre du soir prolonge la discussion. « Quand je ne te verrai plus, que deviendrai-je ? Et si je te voyais comme je veux, que ne dirait-on pas ? » Sa condition de fille, sa position de mère, tout ce qu'elle ne peut nier qu'elle est, et que sa famille et que la société veulent qu'elle soit, lui imposent des devoirs très opposés aux penchants naturels de l'amour. La marquise de Coligny ne peut aimer à sa guise ; l'ivresse de son cœur ne saurait s'étendre à ses actions. Que leur reste-t-il alors ? De s'enfuir ensemble, au loin, où elle serait une autre. Elle en a eu l'idée, qu'il a balayée d'un geste. Où iraient-ils, en subsistant de quelle façon ? Se donner à lui, elle n'a pas de souhait plus cher : « Je t'assure et te réponds d'une éternité d'adoration. » Mais succomber à une faiblesse dont ils pourraient rougir un jour... Leur passion ne se satisfera pas d'expédients déshonnêtes, qui se retourneraient fatalement contre eux. — Comme il demeurait maussade : « Ayez seulement le plaisir, monsieur, d'aimer une personne qui n'aurait jamais aimé si elle ne vous avez pas vu. Vous en obtiendrez plus de récompenses que vous n'en demandez. » Il lui a fait la réflexion qu'elle puisait ses résolutions de vertu dans certain passage de *La*

Princesse de Clèves, et lui a rappelé ce qu'en disait le comte de Bussy, à Riom, qu'une jeune veuve dont la réputation n'est plus à faire n'a aucun motif qui tienne de se priver de la face matérielle du bonheur. Henri citait les propres mots de son père. — Comme il le connaît mal ! — Comment lui dire sans l'offenser qu'il leur faudra beaucoup d'efforts, de souplesse et d'habileté pour parvenir au mariage auquel elle aspire autant que lui. On ne donne pas sa fille comme on concède son amitié... « Le chagrin que j'ai peur que tu n'aies par ma faute, écrit-elle encore, me tient en peine. Si tu avais voulu me montrer ton bon visage, en me disant bonsoir, il y a une heure que je dormirais, et il en est deux... » Il dira qu'elle le paye de mots, six pages de fumée, quand elle ne fait rien pour avancer leurs affaires. Ne tremble-t-il donc pas à la perspective des épreuves qui les guettent ? Ne sent-il pas combien elle l'aime ? Cette lettre-ci serait Dieu sait combien plus longue, si elle n'avait épuisé la chandelle : « J'ai encore de l'encre, du papier et de l'amour pour en remplir des cahiers. Mais je n'ai plus de lumière que pour resserrer mon écritoire après t'avoir donné mille bonsoirs aussi tendres que si tu les avais mérités... »

Les soucis du comte ont pris corps ce matin. Amé-Nicolas, son fils, est arrivé au château en coup de vent, tout dépité d'avoir été réformé.

Il avait été mis à la tête d'une compagnie de chevau-légers. La paix signée pour toute l'Europe par les traités de Saint-Germain, de Fontainebleau, de Lunden, lesquels augmentaient celui de Nimègue, il paraît qu'on n'a plus besoin de lui.

— J'ai été cassé, a-t-il dit.

Il a embrassé sa sœur ; a salué le chevalier de La Rivière, son ancien camarade de l'armée de Flandre, à peine étonné de le trouver là ; et s'est entretenu avec Bussy dans le petit salon attenant à la galerie des rois.

Le comte suivait au rythme du courrier le ballet des ambassades et le pas à pas des négociations, non sans appréhender les conséquences que la soumission des nations pouvait avoir sur la carrière de son fils. Amé-Nicolas, découvre-t-on, était de toutes ses pensées. Bussy notait chaque bivouac qu'il faisait. Le jeune homme campait près de Brême, sur les frontières de ce comté. On le savait à Aix-la-Chapelle le 17 août ; on n'ignorait pas qu'il avait marché ensuite durant deux semaines ; que ses ordres étaient d'arriver à Sedan le 2 septembre ; que toutes les troupes filaient de ce côté-là ou par Dinan : l'infanterie était passée déjà, la cavalerie s'ébranlait, à raison de deux mille chevaux par jour, il ne restait dans le comté de la Marche que trois régiments de dragons.

La réforme s'est faite où étaient les rendez-vous. Il y a eu des colonels cassés et beaucoup de majors réformés à deux mille francs de pension. Rien qu'à Sarre, M. de Bissy a cassé cent trente compagnies de cavalerie du corps qu'il commandait ; il a laissé à ces licenciés les chevaux et les armes, et leur a donné logement et étape seulement jusqu'à Montargis.

Au-delà de cette ville, plus de consigne, dispersion.

Après les fureurs de la guerre,
Chantons, chantons les douceurs de la paix !

Ces douceurs présentent toujours quelques inconvénients pour les gens d'épée.

M. le maréchal de Créqui, dont la blessure à la jambe s'est rouverte, bien qu'il voyage en litière, attend à Sedan les ordres pour se retirer à la cour.

— Dans la cavalerie, ces sortes de choses se règlent par l'ancienneté, vous le savez mieux que quiconque, monsieur mon père. C'est ce manque d'ancienneté de ma part qui est cause que je n'ai plus ma compagnie.

— Je vais écrire, promet Bussy.

Le comte devait pressentir le renvoi, il a pris déjà quelques dispositions. Louvois laissait espérer une protection. Il lui adresse un petit mot. Ainsi qu'au maréchal de Créqui, sous le prétexte de s'enquérir de sa santé. Et à

Pomponne. Et à Saint-Pouange, neveu par sa mère du chancelier le Tellier et secrétaire des commandements de la reine :

« Le marquis de Bussy, mon fils, va demander au roi ce qu'il plaît à Sa Majesté de faire de lui ; je vous supplie très humblement de l'assister à recevoir les grâces que peut espérer un réformé, et de joindre à son petit mérite la considération qu'on peut avoir pour mes services. En faisant une espèce de justice, vous m'obligerez infiniment et je serai toute ma vie votre », etc.

Il ne cache pas que l'énorme Mme de Bussy ferait bien de s'entremettre également.

« Pour moi, écrit-il, je veux tout ce qu'il plaira à Dieu ; et je ne demanderai plus rien au roi que du bien pour mes enfants ; peut-être serai-je plus heureux en leurs personnes qu'en la mienne. »

Louise a trouvé son frère changé. Amé-Nicolas lui a retourné le compliment. La Rivière et lui s'accordaient à merveille. Ils ont évoqué des souvenirs de campagne, par où il est apparu toutefois qu'ils se connaissaient moins qu'on ne pensait.

Ils ont tiré des faisans, fumé des pipes. Et le lundi, neuvième jour d'octobre, soit quatre jours après son arrivée, Amé-Nicolas s'en est retourné à la cour en grande impatience.

Ciel d'ardoise. Il pleut chaque matin.

Bussy :

— Si je n'avais pas d'enfant, je serais bien plus philosophe que je ne suis.

Le père Rapin lui a envoyé un livre de dévotions, plein de sens et de droiture : « Vous y apprendrez à avoir la foi et à être chrétien, vous qui savez si bien tout le reste. »

De sa résidence de Bretagne, Mme de Sévigné lui vantait pendant ce temps le charme des feuilles qui roussissent, car là-bas il faisait encore soleil :

« Je vous trouve de très bon goût, madame, lui répond

Bussy, de préférer les différentes aurores de l'automne au vert du printemps, mais je remarque un peu d'amour-propre dans ce jugement : c'est adroitement dire que vous avez plus de mérite que la jeunesse ; et ma foi vous avez raison, car la jeunesse n'a que du vert, et nous autres gens d'arrière-saison, nous sommes de cent mille couleurs, les unes plus belles que les autres. »

On attendait la visite de M. de Roquette, l'évêque d'Autun, avec qui Bussy était à l'armée de Catalogne dans l'équipage du prince de Conti ; le prélat se dit surchargé d'affaires, comme il arrive quand on a été longtemps absent d'un grand diocèse comme le sien. Peut-être viendra-t-il assurer le comte de son humble service, et rendre ses respects à Mme de Coligny, dimanche en quinze, s'ils sont encore en Bourgogne.

Ce matin, le chevalier est rentré de la chasse bredouille, trempé jusqu'aux os. Au salon, M. de Rouzac faisait sa cour à Louise, tandis que le marquis et la marquise de F.-R. s'annonçaient à leur tour.

Voilà beaucoup de monde. Le chevalier s'en montre affligé, grognon. Properce dit que les yeux sont les guides de l'amour. Ils donnent aussi l'inquiétude et la peine. La Rivière fuit le regard de Louise, ou bien la regarde de façon à lui manifester l'étendue de sa mauvaise humeur. Elle griffonne un billet, qu'elle lui passe entre les doigts : « Quand j'aurais manqué à te marquer ma passion et que j'aurais pu te la marquer, je te permets d'être triste et accablé de douleur ; car je sais bien que je serais pire que cela en pareille occasion. Mais que, sans aucune raison de te plaindre de moi, je te voie un air grondeur ou pour le moins abattu jusqu'à l'excès, je ne puis m'y accoutumer. » Le mot ne produit pas l'effet escompté. On se recherche durant l'après-midi pour une explication en particulier. Par mimiques, La Rivière finit par désigner le lieu, un cabinet obscur, attenant au petit salon, et l'instant : quand l'horloge sonnera quatre heures.

Ils s'y retrouvent. Les lèvres réussissent bientôt où les mots ont échoué. La main d'Henri froisse le sein de la jeune femme lorsque des pas nombreux se font entendre. L'endroit ne compte qu'une issue. Le chevalier a tout juste le temps de se précipiter hors de leur cachette que la porte de la galerie s'ouvre bruyamment sur Bussy, accompagné de ses hôtes : le comte a sauté ses médecines pour exhiber les prouesses accomplies par le pinceau de son jeune ouvrier.

La Rivière leur sert un conte incohérent ; il cherchait un livre, et s'est trompé sur le chemin de la bibliothèque. On lui demande s'il va bien. Il paraît égaré. L'observant de travers :

— Cela me fait souvenir de ce pauvre Rohan, dit Bussy, qui ayant rencontré un soir bien tard, à Fontainebleau, Mme d'Heudicourt seule qui passait dans une galerie, lui demanda ce qu'elle cherchait : *Rien*, dit-elle. — *Ma foi, madame*, lui répondit-il, *je ne voudrais pas avoir perdu ce que vous cherchez.*

Rouzac et les F.-R. trouvent l'anecdote excellente ; le chevalier se remet. Dans son réduit, Louise croit défaillir. Elle respire à peine tandis que les autres s'extasient devant les travaux de décoration ; et n'abandonne l'ombre de son abri que lorsqu'elle entend la petite troupe marcher à l'étage où l'on est monté découvrir son portrait par La Mèche.

Il s'est fait là-dessus beaucoup de bruit pour peu de chose. En s'appliquant de son mieux, le petit ouvrier n'a réussi à produire qu'une impression de la manière des tableaux dont s'est entouré le comte, un simulacre de mauvais suiveur de Lefèvre ou de Mignard, guère plus. Il y a là de l'éclat, une apparence d'onctuosité dans les chairs, d'harmonie dans la pose. S'approche-t-on, tout se défait : la tête s'emmanche mal au corps, qui est d'une personne différente, vue sous un autre angle ; les yeux sont charbonneux, les joues pâteuses, les cheveux comme des tortillons de fer. Le portrait ferait une très bonne enseigne d'auberge. Tout son mérite tient dans le fait que le peintre n'a que trois poils au menton, et qu'il a appris son métier tout seul, comme on le répète à la ronde. Bussy le mettrait en apprentissage à Paris s'il voulait son bien.

25

Louise :

— Je suis au désespoir de t'avoir donné des espérances, non pas que je ne sois point disposée à les remplir, mais le plaisir aurait été plus grand pour toi dans l'exécution et ne serait pas affaibli dans l'attente ; et puis je me serais laissé plus de repos sur les preuves de ton attachement. Mon pauvre cher, tu ne sais pas encore comme j'ai le cœur fait. Je ne tiens que par lui ; et c'est lui qui mérite toute ton estime et toute l'ardeur du tien.

La divine Mme des J. occupe les esprits de différents messieurs à cinquante lieues alentour. C'est une veuve cauteleuse de beaucoup de loisirs. Blonde, l'haleine douce, un peu de ventre, moitié plus de tétons qu'il ne faut, mais très blancs et très durs ; ils ne s'en cachent que moins.

Son mari disait qu'il eût été plus sage de l'ensevelir que de l'épouser. Elle ne l'a pas démenti ; le pauvre n'est pas mort à la guerre.

Cette divine Mme des J. revient volontiers dans la conversation de Bussy lorsqu'il est entre hommes. Il s'amuse beaucoup de ses robes extravagantes. On ne sait jusqu'à quel point il les a fréquentées ; mais il n'en parle pas sans qu'une nuance d'affection ne colore la raillerie.

— Tandis que nous travaillons à domestiquer nos passions, dit-il, la chère s'évertue à les ramener à l'état sauvage.

— Vous avez mille fois raison, monsieur, lui répond La Rivière après avoir été présenté ; le père Bourdaloue n'a pas sur terre de plus grand ennemi.

La dame possède une maison sur les bords de la Chignes. Le chevalier lui rend visite, comme pour poursuivre la plaisanterie. Il remercie, on surenchérit. Le comte s'exclame :

— La divine appelle notre ami extrêmement ; cela va jusqu'à la concupiscence !

À Louise, La Rivière explique qu'après la surprise du réduit, il lui faut détourner les soupçons qui semblent avoir traversé Bussy ; le stratagème devrait les dissiper entièrement.

Louise le laisse donc faire sa cour, quoique cela lui coûte. Aucune objection. Elle écrit plutôt :

« J'ai été ravie de voir l'air tendre que mon père a eu toute la soirée pour toi. Tu as fait merveille à son égard ; je t'en remercie mille fois, mon enfant, rien ne saurait me donner plus de plaisir. »

Cela n'empêche pas le chevalier de faire dès le lendemain une nouvelle scène, à propos cette fois de Mlle Poussy et de La Mèche, dont la complicité indiscrète l'agace. Il parle de repartir au plus tôt, et dit négligemment que des affaires le réclament ailleurs.

Louise n'avait sans doute pas bien mesuré l'abaissement de la température au-dehors. Elle ne portait qu'un gros châle sur sa robe. Ces yeux rougis, ces tremblements, cette pâleur, elle a sûrement pris froid. On appelle, il faut la transporter au lit. Bussy allait justement se faire saigner ; il demande qu'on saigne sa fille d'abord. Il la mettra ensuite au petit-lait.

Louise ne sent pas l'incision, à peine une sorte de picotement lorsque le sang s'écoule. On lui a dit de détourner la tête ; elle regarde avec vigilance le liquide qui jaillit de sa veine pour emplir la cuvette ; et se sent peu à peu devenir aussi faible que légère.

Elle s'est assoupie. Le barbier lui a fait un pansement avant de disparaître. Sur son tabouret, Mlle Poussy la veille avec une face de reproche.

A l'insouciante exaltation des débuts a succédé, comme

par excès de remous, un trouble pesant, qu'on dirait tiré de quelque marécage intérieur. Des lueurs inquiétantes traversent les sentiments les plus doux. Le sommeil s'en est allé, et avec lui l'appétit. — Si cela continue, elle ne conservera pas suffisamment de vigueur, ni de formes, pour plaire au chevalier.

Henri la presse de prendre une décision, qu'elle lui dit avoir prise déjà. On règlerait les détails du mariage si l'heure s'y prêtait. Louise ne réclame qu'un surcroît de patience : son propre procès, le départ pour Paris, les soucis que donne Amé-Nicolas au comte, une situation généralement confuse, tout cela rend pour l'instant la demande importune, c'est-à-dire vouée à l'échec.

Il est libre de l'épouser sur-le-champ, elle ne l'est pas.

Toute la difficulté est de son côté, elle le comprend bien ; la faute lui incombe, elle l'admet ; Henri est en droit de gronder, de se fâcher, de s'exaspérer contre elle : les hommes sont ainsi. — Mais la quitter, l'oublier, comme il a chassé de son cœur ses précédentes maîtresses... Elle ne le supporterait pas.

Alors elle rassemble ses forces et écrit d'une écriture très claire, pour lui prouver combien elle est sincère et qu'il faut qu'il la croie, trempant la plume dans la cuvette que le barbier a laissé auprès d'elle :

« Je, Louise Françoise de Rabutin, promets et jure devant Dieu, à Henri François de La Rivière, de l'épouser quand il lui plaira. En foi de quoi j'ai signé ceci du plus beau et du plus pur de mon sang. Fait ce dix-huit octobre, mil six cent soixante et dix-neuf. »

Où a-t-elle lu qu'Anne de Gonzague et Henri de Guise s'étaient jurés leur amour de pareille manière ?

Comme si cette promesse ne suffisait pas, elle l'accompagne d'une longue lettre, mi-brûlante mi-explicative, à celui qu'elle appelle désormais son *cher et adorable mari* : dès que son père sera délivré des soucis qui le rongent, elle s'ouvrira à lui.

26

On a établi le jeu chez Mme de Montespan pour cet hiver, et pourvu qu'elle puisse se passer d'amour, elle aura de la considération du roi, comme mère de six de ses enfants. C'est tout ce que peut faire un honnête homme quand il n'aime plus.

Mme de Montespan aurait eu la faiblesse de provoquer le monarque. Ils ont eu une grande conversation dans l'Orangerie de Versailles ; ils étaient seuls, mais on a ouï des paroles d'aigreur ; et entre autres le roi disait qu'on le tracassait beaucoup et qu'il était las. Il y aurait eu d'autres rencontres sur le même air. Tout le monde croit que cela finira par une séparation complète.

Le roi continue d'être amoureux de Mlle de Fontanges. Rien n'est plus magnifique que la maison qu'on prépare pour cette belle. Les ouvriers y travaillent nuit et jour, avec grands soins.

Le chevalier de La Rivière dit qu'il serait bien trompé si Mme de Montespan demeurait encore longtemps à la cour. Soit jalousie, soit façon, elle tourmentera encore le roi ; mais quand cela ne serait pas, Sa Majesté aura comme tout le monde de la peine à souffrir la vue d'une personne qu'il a offensée.

De son côté, Bussy ne comprend pas la chaleur avec laquelle Sa Majesté prend tout ce qui regarde Mlle de Fontanges ; est-il possible, dit-il, que si près de la rupture d'avec la Montespan, le roi ne voie pas que sa nouvelle passion finira de même, faute de contre-pied, et que cela ne va toujours que du plus au moins ?

Pas toujours, selon Mme de Coligny ; les amants, dit-elle timidement, se fortifient parfois dans la paix.

Enfin, à Paris, on reprend tout de nouveau des empoisonneurs. M. de La Reynie prétend avoir fait de grandes découvertes, mais il n'en laisse rien transpirer pour l'instant.

Bussy a repoussé encore une fois son départ.

— A mesure que je règle des affaires, dit-il, il m'en revient d'autres, et je ne veux rien laisser d'imparfait, ne sachant quand je reviendrai.

Il était à Montjeu, pour la Saint-Hubert, avec les Marcilly, les Toulongeon, et MM. des Marets, d'Épinac, de Roussillon, de Bretagne, de Menecœur, de Choiseul et de La Rivière, sans compter Jeannin de Castille et son fils. Mme de Coligny semblait tout à fait remise de son refroidissement.

Les messieurs ont fait une chasse agréable. Ils ont pris un grand vieux cerf en quatre heures. Etant aux abois l'animal a tué un chien et en a blessé fort un autre, tout rendu qu'il était. Jeannin l'a abattu d'un coup de pistolet. La Rivière, nous dit-on, s'est signalé par sa science, car il lisait à livre ouvert les abattures et les foulées, et par sa vigueur, car il a fait comme les autres, quoiqu'il n'eût point de cheval à relayer.

Bussy n'a jamais eu grand goût pour la sonnerie des trompes. Il était en carrosse avec les dames, où l'on ne voyait rien.

Arrivé le jeudi au soir à Monjeu, il y a séjourné le vendredi et en est reparti avec sa fille le lendemain matin. Les autres membres de la compagnie ont passé encore le samedi au château, et quelques-uns le dimanche.

Une lettre du ministre des Armées attendait Bussy à son retour. Par le froncement de sourcil qu'elle a suscité, Louise a compris que M. Louvois n'accordait aucune faveur particulière à Amé-Nicolas.

La disgrâce de M. de Pomponne, dont la nouvelle vient

de nous parvenir, n'a pas été pour éclaircir l'humeur du comte. C'était un de ses meilleurs intercesseurs auprès du roi. M. de Pomponne revenait de ses terres quand il a reçu ordre de se défaire de sa charge des affaires étrangères, des mains de M. Colbert, lequel n'était sûrement pas étranger au renvoi. Il a demandé s'il ne pouvait pas avoir l'honneur de parler à Sa Majesté, pour savoir de sa bouche quelle faute avait attiré ce coup de tonnerre ; on lui a répondu qu'il ne pouvait point parler au roi. Il a été écarté, sans considération pour le rôle qu'il a joué dans la conclusion de la paix, où il a joint les pays étrangers à nos desseins et à ceux de nos alliés ; et il a été démis de tous ses bénéfices d'un claquement de doigts, sans égard pour ses huit enfants.

Cette chute n'aurait pour cause qu'une missive arrivée un peu en retard.

Bussy s'est désolé, a écrit ses condoléances, et ne s'est pas privé de faire ensuite ses réflexions familières que dans le malheur où il est de n'avoir ni les honneurs qu'il devrait avoir, ni même les espérances, il a au moins le repos que les courtisans n'ont pas, et peut-être est-ce là ce qu'il y a de meilleur en ce monde.

Sa fille de Coligny paraissait spécialement bouleversée par toutes ces nouvelles. Son père et elle sont partis enfin pour Paris le 1er décembre, avec une étape à Semur-en-Auxois, chez M. de Trichâteau, où M. de La Rivière les a retrouvés pour leur faire ses adieux.

Le chevalier a assuré tout le monde qu'il passera la semaine de Noël en retraite chez les Chartreux de Dijon. Il affichait un visage sombre jusqu'à la mauvaiseté.

1680

1

Janvier 1680.

Leurs lettres se sont croisées. Le comte de Bussy se faisait une joie de revoir sa cousine de Sévigné ; elle est aux Rochers, dans sa Bretagne, où il neige. La Providence, dit-elle, range les gens comme il lui plaît, et bien fou qui ne se soumet pas à ses décisions. On doit s'en accommoder ; le chrétien en tire même des leçons, pas seulement pour son bien dans l'autre monde, mais encore pour son repos en celui-ci.

Pour moi, ajoute Mme de Sévigné, la vie m'a accoutumée à aimer de deux cents lieues de distance.

Sa nièce de Coligny soupire en retour qu'il est bien rude d'être séparé des personnes que l'on aime, d'autant que les meilleures lettres doivent compter avec les extravagances de la poste.

Il neige aussi sur Paris, et Bussy s'est mis au coin du feu, incommodé d'un rhumatisme à la hanche. Il peine à se réchauffer. Il ne se souvenait pas que les cheminées de la ville fussent si mesquines : elles n'auraient d'autre excuse que d'être à la proportion des appartements.

La pièce dont il a fait son séjour ordinaire est une chambre à deux fenêtres, garnie d'une grosse tapisserie à la façon de Bergame. Il y a placé un miroir neuf en glace de la manufacture de Reuilly, le portrait du roi, des gravures de batailles, une paire de flambeaux et une autre de bras servant de chandeliers en argent vermeil doré. Elle demeure imparfaite à ses yeux ; il s'en plaint. Les fauteuils en bois de noyer sont d'une autre époque, les pliants ploient plus que nécessaire, le tapis montre sa trame ; rien ne va, pour parler vrai. Des deux laquais de location dont on a complété son train, l'un semble dormir sur pieds, dit-il, et l'autre sur le point de vous trancher la gorge. Que penser enfin des vingt-cinq livres de graisse supplémentaire dont s'est accrue Mme de Bussy durant ces trois ou quatre années qu'ils étaient séparés ? S'ils ne font plus lit commun, c'est qu'ils n'y tiendraient plus ensemble sans crouler à terre.

Bussy critique son logis, mais il en sort peu, et pas seulement parce qu'il gèle au-dehors. Paris lui demande une période d'adaptation chaque fois qu'il y revient.

La grande ville l'étourdit, il ne s'y reconnaît pas. Des travaux partout. Des arcs de triomphe se bâtissent aux portes. On ouvre des rues, on en élargit d'anciennes. Les appels des marchands ambulants — *Allumettes ! Biscuits de Hollande ! Bon vinaigre ! Quatre maquereaux pour six sols !* — lui rompent les oreilles. La promenade au cours la Reine, le long de la Seine, où les carrosses vont branlants, portières contre portières, lui a paru un calvaire.

— Je n'ai encore vu personne et ne verrai qui que ce soit de quinze jours, dit-il. Il n'y a que le roi et moi qui sachions que je suis ici.

Il est encore *rabutin* en façade, mais quelque chose au fond a dû commencer à se lézarder. Ses amis s'en inquiètent. Il n'a fait qu'une visite d'après dîner à Mme de Scudéry, et un petit souper chez le duc de Grammont, en tiers avec Mme de Tonnelle, tranquille, gentil, lointain, fort différent en un mot du Bussy d'autrefois.

On lui donne des nouvelles de la Ligue, on l'entretient du mariage du Dauphin avec la princesse de Bavière que M. de Créqui est allé quérir en Allemagne, il demande qu'on lui répète plutôt les circonstances du décès de M. de Verdun : comment le pauvre homme se promenait dans sa chambre la veille de sa mort, ne la croyant pas si proche, et comment la médecine qu'il prit le tua alors qu'il avait la tête encore claire. Cela l'intéresse au plus haut point. Il dit bien ensuite que s'affliger ne sert de rien ; qu'il s'effraie lui-même à se consoler très vite de la disparition de ses amis ; que sans doute la longue expérience qu'il a des regrets lui en fait venir à bout aisément ; il n'est pourtant touché que par cela, et il finira, si nul n'y remédie, par ne plus parler que vapeurs et ennui, catarrhes et fluxions, tocsin et mise en bière.

Il faut dire qu'il a des dépits. Il souhaitait rencontrer M. Louvois afin de faire avancer la carrière de son fils. Le ministre lui a répondu qu'il valait mieux qu'il lui écrivît, parce que, lorsqu'il quittait la cour pour la ville, c'était à seule fin de travailler et qu'il ne rencontrait personne.

Bussy connaîtrait aussi des difficultés d'argent, les terres qu'il afferme rapportant moins que par le passé. Sa Majesté refuse toujours de payer le reliquat du prix de sa charge de mestre de camp. Selon M. de T., très au fait de ces calculs, Mme de Coligny serait devenue deux à trois fois plus riche que son père, par cumul d'héritages, c'est-à-dire en comptant pour gagné le procès contre M. de Dalet qu'elle est venue plaider en appel.

Tandis que le comte se débat dans ses problèmes, l'aimable veuve se fait tailler des robes pour toutes les saisons. Mme de Noailles l'a adressée à une couturière de la barrière du Roule, une Mme Gantois sur qui les dames ne tarissent pas d'éloges. Mme de Coligny ne sort pourtant pas davantage que son père. On l'a aperçue à la messe à Saint-Jacques, voilà tout, et elle y avait l'allure fort modeste. Les bals ne semblent plus de son goût. Ses nombreux prétendants, qui s'étaient monté la tête sur son retour à Paris et sur cette grande commande de robes, en sont pour leurs illusions. Elle ne reçoit pas non plus. Sa seule distraction serait les longues visites qu'elle fait régulièrement à sa sœur Diane, son aînée, au couvent de la Visitation Sainte-Marie.

Louise dit qu'elle souffre des yeux ; un vent coulis lui a donné des paupières couleur de homard, si bien qu'elle porte double voile au-dehors.

Beaucoup de choses que l'on ne sait pas, que l'on découvrira plus tard.

Le couvent des Visitandines s'élève près de la Bastille, rue Saint-Antoine, à côté de l'hôtel de Mayenne. On aperçoit de loin la grosse rotonde de sa chapelle. Les bâtiments ne manquent ni d'ampleur ni d'harmonie ; cloître, réfectoire, dortoir, dispensaire, communs, tout cela s'étend fort loin, selon les justes règles de rigueur et de symétrie qu'a perfectionnées notre siècle. C'est un fief Rabutin d'origine. Vous n'ignorez pas que Jeanne de Rabutin-Chantal, qu'on surnommait la Bienheureuse Mère, a été la première directrice de l'ordre fondé par l'archevêque de Genève, François de Sales, à qui elle était fort liée. La mère de Mme de Sévigné est enterrée ici, ainsi que l'époux de la marquise, plusieurs de leurs parents Coulanges et de leurs amis Fouquet. Diane s'y trouve de la sorte un peu en famille. On l'y a mise à l'âge de six ans, elle y a pris l'habit de novice à seize, y a fait profession à vingt. Quand elle quitte ses dévotions, et qu'elle ne donne pas de soins aux malades, elle s'occupe de l'éducation des petites nouvelles. Cela lui laisse assez de loisirs. Nous ne sommes plus à l'époque où Hortense Mancini, la nièce du cardinal de Mazarin, vidait son encrier dans le bénitier de la chapelle pour le plaisir de faire se barbouiller les religieuses. La Visitation Sainte-Marie est un établissement raisonnable que Diane n'appelle pas autrement que *ma maison*.

Elle pourrait en sortir quand elle veut, mais elle ne le veut guère, parce qu'elle a principalement dans la tête d'aller en paradis.

Elle ressemble à sa sœur. Plus brune sans doute, moins élancée ; mais pleine de cette même vivacité juvénile sur quoi l'âge paraît n'avoir pas de prise. La voici au parloir, le bandeau noir au front par-dessus le voile d'étamine, et la croix d'argent se balançant sur la robe noire. On lui a annoncé la visite de Louise. C'est la deuxième de la semaine.

De petites choses que l'on ne sait pas, que l'on apprendra par bribes.

La douleur à la hanche qui incommodait Bussy s'est

étendue à sa jambe gauche. Cela a débuté à la façon d'une crampe au mollet, comme en causent parfois les joutes amoureuses ; puis les muscles de la cuisse se sont contractés à leur tour, et la rouille s'est mise dans les articulations. Maintenant le moindre pas lui coûte, il boite, le seul fait de poser le pied sur le sol le fait geindre, et l'aine le tourmente jusque quand il est assis. C'est un mal pénible, sans repos, sans sommeil, dont il ne démêle pas bien la cause, car la racine semble se déplacer d'une heure sur l'autre, mais sans doute plus désagréable que dangereux. On l'a purgé, on l'a saigné à la cheville, on le couvre de cataplasmes ; ajoutez à cela l'abstinence et beaucoup de chaleur et de repos dans la petite alcôve où il s'est serré : le médecin lui fait espérer qu'il pourra courir à ses affaires dans trois jours — *O che spero !*

Curieusement, Bussy ne veut point que la chose s'ébruite. Il fait donner d'autres excuses aux visiteurs à qui il ferme sa porte. L'état de son corps semble le blesser comme un affront. Louise en a été saisie ; il lui a demandé avec modestie de cacher ses misères à sa fille de la Visitation. Cette retenue, à quoi il n'a pas accoutumé, a empli la jeune femme d'une sorte de pressentiment funeste : elle a serré les mains de son père et les a baisées à plusieurs reprises, d'émotion.

La ville entière semble pourtant tousser, avoir le corps gourd, grelotter de fièvre. Le premier président de la cour d'appel, qui doit juger le procès de Louise, vient de prendre le lit, repoussant sans date toutes les audiences. N'a-t-elle pas elle-même cette fluxion sur les yeux, qui ne finit point ? Le froid est un fléau abominable. Il paraît que l'on meurt beaucoup dans les quartiers pauvres, faute de bois de chauffage.

Le médecin ne les a guère éclairés quant à la nature de l'affection dont souffre son père. Sont-ce les nerfs ? Ou bien une vilaine réplétion d'humeurs ? Bussy dit que ses orteils ont perdu de leur sensibilité et qu'il a les muscles durs, gonflés, comme sous le coup d'un empoisonnement. Serait-ce une noirceur de son sang qui cause ces désordres ?

Elle voudrait entrer sous la courtepointe, et se coller contre lui afin de lui assouplir les membres en les réchauffant. En même temps, lorsqu'elle se penche pour arranger l'édredon, elle sent l'haleine, elle perçoit la moiteur aigre du malade ; les poils mangent ses joues, des miettes de brioche y restent accrochées ; et l'élan de tendresse se métamorphose en un mouvement inverse, très déplaisant.

Cette vision, inspirée d'une gravure pieuse : l'étreinte d'un gisant terrible, déjà à moitié squelette, l'abdomen crevé de pustules et de plaies par lesquelles se glissent hors des viscères des vers longs comme des serpents.

— Je dois sortir, dit-elle.

Louise s'enfuit de la chambre, de la maison, dans des sentiments de répugnance, de crainte et quasi de haine.

La tyrannie du corps. Ces impulsions contre quoi on ne peut lutter. L'image du crâne à nu et des dents de son père... Sa sœur de la Visitation lui rappelle inévitablement de faire l'aveu de ses péchés dans le sacrement de la pénitence. — Pardonnez-moi, mon Dieu... — Mais il y a ces incongruités qu'on ne dit pas, qui hantent les cauchemars, et dont personne, semble-t-il, ne s'inquiète.

La Rivière, du couvent de Dijon où il s'est retiré :

« Je suis venu ici passer les fêtes de Noël. Quand on a un peu vécu, on apprend à n'être étonné de rien. Tout change dans ce monde, les rois comme les hommes, et l'on croit, au lieu où je suis à présent, qu'il n'y a que Dieu qui ne change point. »

Dès leur première conversation, laquelle a duré trois heures entières, Louise a brossé à sa sœur de la Visitation le portrait d'Henri de La Rivière, gentilhomme de petit nom mais de jolie tournure et de grand mérite.

L'idée première, que le chevalier jugeait meilleure, était d'obtenir l'aide de Diane en la plaçant devant un fait accompli, c'est-à-dire en lui faisant croire qu'ils étaient déjà époux et femme. Louise a préféré suivre son cœur, lequel lui indiquait qu'elle toucherait plus sûrement celui de sa sœur si elle parlait avec honnêteté. Elle a donc dit la vérité de tout, sans ambages : le projet de mariage et les difficultés qu'elle craignait que ne fît le comte de Bussy.

Elle a même montré les billets de son amoureux qu'elle porte comme un talisman sous son corsage, dans un petit sac en soie noué par un cordon.

— Henri n'écrit-il pas avec un style délicieux ?

La bonne foi permet d'exprimer entièrement ce que l'on pense, et pousse souvent à aller au-delà, en formulant des choses que l'on n'ose examiner, que l'on se tait, dont on pense n'avoir pas même connaissance.

Quelques questions de Diane ont aidé à cette mise en lumière. Dans un pays comme la Bourgogne où les langues ne sont jamais en repos, comment serait-il possible que Bussy n'ait pas découvert encore l'attachement de Louise pour le chevalier ? Assurément leur père s'en doute, et il le tolère, du moins dans les bornes de la morale, puisqu'il n'y a pas mis fin et que son amitié pour La Rivière demeure intacte. Il doit se contenter de soupçonner l'inclination réciproque, sans avoir l'envie d'en prévenir les conséquences, se reposant sur la confiance qu'on lui inspire. Bussy craint d'abord d'être quitté. Tant qu'on ne fera pas mine de lui ôter sa fille, il fera mine de ne rien voir : sa jalousie n'éclatera que le jour où il se sentira menacé d'abandon. Son courroux pourrait alors mener fort loin. Louise a des devoirs envers lui. Le destin les a attachés l'un à l'autre trop longtemps pour que leurs liens se laissent rompre sans résister, et qu'ils cèdent sans faire gros bruit. Pourra-t-elle satisfaire aux obligations qu'elle doit à son père, et n'y rien retrancher, tout en ménageant celles qu'elle devra à son mari ? La solution tient vraisemblablement dans l'invention d'un certain équilibre...

Cette sorte de dialogue progresse à la façon d'une spirale. Diane et Louise le poursuivent à chacune de leur rencontre, à l'abri des indiscrétions, dans le corridor qui mène au jardin, ou bien dans le préau attenant, désert par ce temps. L'aînée écoute, interroge, donne un avis toujours utile, quand ce n'est pas son plein assentiment. Les deux sœurs s'estimaient ; leur complicité ajoute une tendresse nouvelle : Henri avait bien tort de se méfier de la religieuse, on ne saurait avoir meilleure amie. Louise ressort très contente de ces entretiens, d'une part parce qu'elle se sent comprise d'une personne de qualité, dont elle respecte la sagesse ; d'autre part parce que ceux-ci roulent presque exclusivement sur le sujet du chevalier, lequel lui manque plus qu'on ne saurait dire ; enfin, et surtout — c'était l'objet de la démarche initiale —, parce que Diane a vite consenti à recevoir des lettres en son nom.

Le courrier arrive de Bourgogne deux fois la semaine. La Rivière écrit moins copieusement que Louise, et il assaisonne toujours les démonstrations de sa passion d'une pointe d'amertume qui laisse un arrière-goût de reproche ; Louise ne peut s'en passer, c'est au sens propre son unique nourriture. D'ailleurs, au physique, elle dépérit depuis son arrivée.

Deux lettres la semaine ; et il y en a encore une troisième chaque quinzaine, celle-là adressée par la voie normale au comte de Bussy, dont Louise profite également.

Dans les intervalles ? Elle pense à Henri ; et comme elle n'a guère de distractions, elle se trouve bien des pensées. Certaines peuvent tourner au sombre. A toutes les inquiétudes de l'absence s'ajoutent les doutes que l'on se donne à soi-même. Les jours de la poste, Louise n'en court qu'avec plus de précipitation au couvent de la Visitation Sainte-Marie.

C'est devenu une sorte de rituel. D'après le sourire de sa sœur, dès qu'elle franchit la grille du parloir, Louise sait qu'une lettre est bien arrivée. Diane la tire de sa manche avec des effets de bateleur, puis va s'asseoir un peu en retrait et dévide son rosaire durant tout le temps de la lecture. Moment de grâce : dans ce couvent de blanc et de noir, avec la neige sur les arbres au-dehors, le murmure pieux des religieuses, une impression de protection divine, les mots et l'amour d'Henri quasi sanctifiés.

Les commentaires viennent ensuite. Diane aime les détails et désire tout savoir. Très droite, engoncée dans son habit sévère, un air de générosité immuable répandu sur le visage, elle se montre fort à l'aise dans ces sujets où l'on ne l'attendait pas. Elle s'est fait conter par le menu la première rencontre, le premier regard, le premier aveu. Manifestant peu ses réactions ; seule la vitesse à laquelle les grains de son chapelet courent entre ses doigts indique la vivacité de l'intérêt qu'elle prend à la confidence. Henri de La Rivière, selon Louise, chante de façon divine : la plus belle voix du monde ; le chapelet se ralentit jusqu'au repos. Avant le départ pour Paris, le chevalier s'est montré fort exigeant sur les marques de tendresse qu'il attendait ; le chapelet va bon train. Le dernier soir, à la veille de se quitter, Louise voulait offrir son portrait à Henri, comme Bussy a offert le sien en miniature ; elle n'a pas osé et lui a laissé à la place un bracelet d'or qu'il aura aimé bien autant, en lui recommandant de le porter en lieu que personne ne l'aperçoive, car on le connaît sur elle ; ils s'enlaçaient alors, épouvantés d'être découverts, et ne se prescrivaient rien d'autre sur leur absence qu'une éternité d'adoration : sous le pouce, le chapelet file comme l'eau d'un moulin.

Diane paraît trouver beaucoup d'agrément à ces amours clandestines qui ont l'obligeance de ne pas offenser la religion.

Louise surenchérit :

— Quelle douceur de pouvoir aimer ardemment comme je fais, sans déplaire à Dieu !

Tout de même — certaines choses font tiquer la visitandine.

Dans une de ses lettres, le chevalier parle d'un scrupule dont on l'a guéri. De quoi s'agit-il ? Question éludée. Et dans une autre, d'un *grand présent* qu'il n'espérait plus et qu'il voudrait bien que sa maîtresse lui fasse *tous les jours de sa vie* ; clairement il n'avait pas de bijou en tête lorsqu'il a tracé ces mots. Ailleurs il évoque, en passant, le souvenir du *plaisir sensible* qui illumine l'obscurité de sa solitude. Bien sûr, cela peut signifier mille bêtises innocentes — les bagatelles de la galanterie, quelque secret futile pour tout le monde sauf pour ceux qui le partagent, et qu'on ne saurait expliquer à autrui sans verser dans le ridicule. Cela laisse pourtant une impression étrange. L'histoire ne paraît pas aussi limpide qu'on le soutient. Est-il bien vrai que l'honneur de Louise n'a permis aucun vacillement ?

Qu'y a-t-il encore pour soulever le doute ? De petits riens ; des regards flottants, l'impatience à certaines demandes ; une franchise contenue, quelques impasses dans les aveux ; certaines inadéquations entre ce qui se dit et l'objet du propos ; de ces choses impalpables enfin, que l'honnêteté conseille d'écarter sans appel, mais sur lesquelles on ne peut se défendre de revenir, et qu'on interprète toujours en noir dès qu'on s'y arrête... Diane dévide son chapelet à toute allure. Quel gage substantiel n'accorderait-on pas dans le désarroi que forme l'imminence d'une longue séparation ? Jusqu'à quel point Louise a-t-elle tout dit ? Sa sincérité s'arrêterait-elle au seuil d'une faiblesse de femme ?

Une fois encore la visitandine recommande à sa sœur de s'en remettre à son confesseur, c'est-à-dire à Dieu.

— Pour moi, lui dit-elle en la baisant au front, je ne t'oublie dans aucune de mes prières.

2

Le vieux prince de Guémené paraissait inconsolable de la mort de sa femme. Il s'est lamenté durant six mois, et le premier jour du septième il a annoncé qu'il épousait Mlle de Vauvineux.

Tout le monde, dit Bussy, ne peut pas être Artémise,

Et peu de gens vont à l'école
De la veuve du roi Mausole.

Ses rhumatismes sont en passe de guérir et son humeur s'améliore d'autant. On a vu à nouveau le comte chez Mme de Scudéry. Il nous a dit que son ami La Rivière lui a écrit de Bourgogne qu'on ne sent qu'à proportion de ce qu'on connaît : pour regretter comme il faut, le prince de Guéméné désirait comparer sans doute, afin de mieux savoir ce qu'il avait perdu.

C'était un peu alambiqué, mais on a ri. Bussy ne cesse de chanter la louange de ce La Rivière, qui serait avec sa fille de Coligny son meilleur atout contre l'ennui en province.

Le chevalier, dit-il, a épousé à merveille l'esprit *rabutin.* A cette réflexion, Mme de Coligny a souri comme si elle agréait un compliment.

Elle donnait le bras à son père, lequel s'appuyait de l'autre côté sur une canne, car il souffre encore d'élancements dans le jarret. Bussy paraît doué du pouvoir de résurrection. Il se consumait il y a une semaine ; ce phœnix retrouve son allant. Il va à la comédie ; on l'aperçoit au jeu, chez M. de T., où il se permet de perdre. Il doit souper ce soir chez le duc de Montausier qui aurait introduit Amé-Nicolas dans l'entourage de monseigneur le Dauphin ; le duc de Noailles en sera aussi.

Lettre de Louise de Coligny à Henri de La Rivière :

« Mon amitié pour mon père a redoublé par celle que je lui vois pour toi. Cela va jusqu'à la tendresse. Ménage-le bien ; notre amour t'en conjure. Tous les obstacles ne peuvent venir que de mon père, mais par la bonté de son cœur ils seront tous aplanis quand il t'aimera toujours comme il fait. »

On revient de la cour. Mlle de Fontanges aurait perdu aujourd'hui un enfant qu'elle portait. La passion du roi pour elle serait en berne. Bussy dit qu'il n'en est guère surpris. La nouvelle favorite n'a à son crédit qu'une beauté singulière, alors qu'il faut de l'esprit, et du mordant, pour faire durer un amour dont on jouit. Un honnête homme peut s'engager par les yeux, mais seul le mérite le retient. Amuser le roi pour le fixer, tel est en vérité le secret de la longévité de Mme de Montespan.

On veut les gens qu'on aime en corps et en âme, écrit La Rivière par retour de courrier ; parce qu'on veut tout ; mais l'esprit est d'un plus grand commerce ; il occupe dans tous les temps, tandis que le corps ne sert que par intervalle. Il faut s'imaginer que le roi, las de sa passion, voltigera désormais.

Mlle de Fontanges a donné pour vingt mille écus d'étrennes, fort mal répartis. A Mme de Montespan elle a offert un grand agenda couvert de pierreries ; pensez-vous que cette dépense attirera son amitié ? L'étoile de la jeune sultane est assez plaisante sur tout ; les choses les plus aisées à comprendre deviennent inconcevables avec elle. Le roi porte le gris de ses couleurs pour danser le samedi ; le lendemain, à la messe, il paraît en habit de même étoffe que celui de Mme de Montespan, avec des rubans flamboyants à tous deux. Comment le vent a-t-il tourné ? Nul ne le sait, Mlle de Fontanges moins que quiconque.

La vieille favorite, explique-t-on, a sur sa rivale le triple avantage de la hauteur, de l'expérience et de la méchanceté. Adroite à faire du mal, elle assène des railleries à ne jamais les oublier, qui n'épargnent personne, ni la reine ni même Sa Majesté. Comment lutter ? Les courtisans n'osent plus passer sous ses fenêtres ; ils disent que c'est passer par les armes, et le mot commence de passer en proverbe. Mlle de Fontanges est sans doute la plus aimable personne de la cour ; sa blondeur de paille ne résistera pas aux traits ardents qu'on lui décoche.

Plaire ou terroriser, c'est un bon sujet de thèse, et l'on disserterait avec plaisir sur ces choses, s'il ne s'en présentait soudain de plus importantes : l'affaire des poisons se développe de la pire manière.

Des rumeurs circulaient sous le manteau ; depuis hier elles ont acquis une fâcheuse consistance. Mme de Soissons, Mme de Polignac, Mme d'Alluye, M. le duc de Luxembourg, maréchal de France, déclarés de prise de corps ! D'abord personne n'y croit. Vous voulez rire ? On envoie aux nouvelles. Qu'apprend-on ? Des assignations à comparaître ont été signées en outre contre la duchesse de Bouillon, la maréchale de La Ferté, la princesse de Tingry, la comtesse du Roure. Tant de personnes de la première qualité mises entre les griffes de la justice, à cause des racontars d'une horde d'empoisonneuses ! On crie à la calomnie, à la machination. Là-dessus, un de ses familiers s'en revient de chez Mme de Soissons : la comtesse est partie nuitamment pour Liège, ou pour n'importe quel endroit hors de nos frontières, en emportant le plus possible de son or. La Voisin l'a extrêmement chargée, et l'on pense que Sa Majesté a charitablement donné à son ancienne maîtresse le temps de prendre le large. C'est un aveu, c'est la consternation. Le maréchal de Luxembourg ? Il s'est mis volontairement à la Bastille, affirment les uns, et se croit assez innocent pour prendre ce ton. Les autres disent qu'il s'est jeté plutôt aux pieds de Sa Majesté quand on l'a averti qu'il y avait un décret contre lui ; et que le roi lui a répondu qu'il n'avait qu'à se mettre en prison s'il ne voulait pas qu'on l'y mène, et qu'il avait nommé de si bons juges pour examiner cette sorte d'affaires qu'il leur en laissait toute la conduite. La tête tournait au pauvre maréchal. Il s'est arrêté à l'église des Jésuites, où le père Maimbourg lui a signifié qu'il voyait bien qu'ayant abandonné Dieu, Dieu l'abandonnait aux hommes ; il pleurait ; puis il est entré à la Bastille. Pendant une heure il a cru qu'on lui accordait une assez bonne chambre, mais on l'a placé ensuite — lui qui a conduit nos armées — dans une cellule grillée des tours, d'où l'on voit à peine le ciel, avec défense de parler à qui que ce soit. M. de La Rochefoucauld pense qu'il n'y a pas beaucoup de poison dans son affaire, mais qu'il lui sera difficile de reparaître dans le monde après un tel malheur, et que sa charge lui sera ôtée, et qu'il faudrait songer déjà, à tout hasard, à faire les approches nécessaires pour que cette charge tombe entre des mains parentes ou amies. Quant à Mme de Polignac, il semble qu'elle se soit réfugiée en Auvergne, où elle est introuvable.

M. de La Reynie a commencé ses interrogatoires, par tranches de quatre heures, assisté de M. de Bezons.

Mmes de Bouillon et de Tingry se sont rendues à la Chambre de l'Arsenal accompagnées de leur noble famille au complet. Quand on leur a dit les accusations portées contre elles, elles ont répondu qu'il était scandaleux de leur infliger la honte d'être confrontées à des gueuses et des coquines. Elles n'auront jamais à avouer que de pures sottises, ont-elles ajouté, de ces choses sans conséquence qu'on fait chez les devineresses, et le tribunal se repentira de donner à toute l'Europe le spectacle d'une pareille infamie ; cela ne s'est jamais rencontré, dans aucune cour chrétienne.

Mme de Sévigné :

« La suite nous fera voir de quelle couleur sont les crimes ; jusqu'ici ils paraissent gris-brun seulement. »

Tout le monde loue hautement Mme de Soissons d'avoir, en s'enfuyant, *porté son innocence au grand air*.

M. de G. faisait remarquer cependant que les empoisonneuses existaient d'abord par la faute de leurs commanditaires, et que les tarifs pratiqués annonçaient clairement qu'on s'assassinait dans le beau monde.

— A quoi voulez-vous en venir ?

— A ceci, que nos accusés ne peuvent être tous aussi innocents qu'ils le prétendent.

M. de G. a été fort rabroué. Il faut dire que tout ce qui porte un nom dans le royaume a eu tôt fait de passer de la stupeur à l'accablement, et de là, à l'indignation. Mais M. de G. n'a pas entièrement tort, sans doute. Orgueilleuse jusqu'à la mégalomanie, la Voisin vivait sur un pied proprement princier, inconciliable avec des pratiques communes. Savez-vous que cette criminelle faisait de grandes fêtes, avec huit violons, trompettes et hautbois, et liqueurs à volonté, dans sa maison de la Villeneuve-sur-Gravois, de l'autre côté des remparts ? Sa servante Margot dit que la meilleure société s'y pressait. La donneuse de consolation recevait là sur une sorte de trône très orné, en robe et manteau de velours cramoisi, l'une semée d'aigles brodés à l'or fin, l'autre doublé de fourrure, d'un prix total de quinze mille livres. M. de La Reynie parle aussi d'une jupe vert d'eau au point de France, dont l'étoffe avait été tissée spécialement ; il a produit devant la Chambre de l'Arsenal les comptes des fournisseurs.

On ne nie pas cela ; les accusés admettent volontiers s'être rendus quelques fois chez la Voisin. Mais dans quel but ? C'était pour lui demander de faire revenir un amant qui l'avait quittée, assure une de nos belles dames ; pour apprendre la formule qui fait gagner au jeu, dit une autre ; pour savoir si son époux la trompait, prétend une troisième, veuve depuis un an ; par amusement, pour mettre à l'épreuve les pouvoirs de la sorcière, soutient une dernière. Vous connaissez ce qu'a écrit La Fontaine sur la Voisin : *Une femme à Paris faisait la pythonisse...* Où est le crime ?

Mme la duchesse de Bouillon s'est rendue à la convocation des juges par le respect qu'elle avait pour l'ordre du roi, et nullement pour la Chambre, qu'elle ne reconnaît point. Elle y est entrée comme une petite reine, et au lieu de répondre à la première question, a exigé qu'on écrivît ce qu'elle voulait dire. Elle prétendait ne point déroger aux privilèges des ducs. Elle a ôté son gant et montré une main charmante. Pas un mot n'est sorti de sa bouche qui ne fût mis sur le papier :

— Pourquoi vouliez-vous vous défaire de votre mari ?

— Moi, m'en défaire ? Vous n'avez qu'à lui demander s'il le croit ; il m'a escortée jusqu'à cette porte.

— Pourquoi alors aller si souvent chez la Voisin ?

— Je voulais voir les sibylles qu'elle m'avait promises ; cette compagnie méritait bien qu'on fît tous les pas.

— N'avez-vous pas proposé à cette femme un plein sac d'argent ?

— Pourquoi l'aurais-je fait ?

— Et le diable ? Avez-vous vu le diable ?

Se tournant alors vers le juge qui avait fait cette question :

— Je le vois en ce moment, a dit Mme de Bouillon ; il est fort laid et déguisé en magistrat. Eh bien ! messieurs, est-ce là tout ce que vous avez à me dire ?

Là-dessus, elle s'est levée pour partir, et au moment de sortir a lancé assez haut pour être entendue :

— Vraiment, je n'eusse jamais cru que des hommes sages pussent demander tant de sottises.

Elle a soutenu tout son interrogatoire comme une grande dame innocente et spirituelle. La foule de ses amis l'attendait au-dehors : ils l'ont accueillie avec adoration. En vérité, on crierait à l'injustice, si M. de La Reynie ne semblait aussi sûr de son affaire. Nous ne serions plus seulement dans les sacrilèges et les avortements ; il y aurait même davantage que le poison : aux accusations de la Voisin s'ajoutent désormais les révélations de son compère Lesage, et celles-ci dépassent en horreur ce qu'on suspectait jusque-là.

Ce Lesage est un petit homme mal bâti, à la perruque roussâtre, tout gris, vêtu de gris, en manteau de bouracan au moment de son arrestation. On le croit originaire de Venoix, près de Caen. Allez savoir : il a changé de nom aussi souvent que d'état. Il se dit prêtre ; par ailleurs, escamoteur de talent ; il trompait jusqu'aux sorcières. Il paraît qu'il faisait écrire des billets aux gens qui le consultaient ; il les enveloppait de cire, les jetait au feu, et trois jours plus tard disait en les produisant que Satan les lui avait rendus, ce qui signifiait que les vœux qu'on y avait inscrits étaient exaucés.

Il a commencé par avouer qu'une Mme de Brizy, assez jeune, amoureuse du marquis de Mondétour, lieutenant général du régiment des gardes, lui avait demandé les secrets pour se faire aimer, et que le moyen infaillible était pour une dame de se faire dire la messe sur le ventre, toute nue ; qu'elle y avait consenti ; que quinze jours après, elle était venue se plaindre que l'objet de sa passion n'était pas plus échauffé ; qu'il lui avait dit alors qu'il fallait ajouter quelque chose au sacrifice, et que s'il couchait avec elle à la dernière évangile, le marquis aurait pour elle une passion démesurée ; et que la dame avait accepté de faire toutes ces cérémonies.

On se souvient de l'abbé Davot, prêtre de Notre-Dame de Bonne-Nouvelle ; il célébrait déjà, il n'y a pas si longtemps, de ces messes avec compagnie charnelle.

La nouveauté serait ailleurs. Il semble que Lesage ait inventé d'utiliser du sang de nouveau-né en guise de vin d'autel. Il ne l'a pas encore formellement admis, mais c'est ce qu'aurait indiqué une de ses comparses, car ces monstres misérables se chargent à présent l'un l'autre, espérant sans doute qu'on leur accordera la vie sauve, ou du moins un adoucissement de leur peine, en échange de la vérité.

On ne se fût pas risqué à mettre sur la sellette la fine fleur de la cour, c'est certain, s'il n'y avait eu des indices bien forts. Il se dit à nouveau que M. de La Reynie n'a pas vidé le tiers de son sac, et qu'il procède finement, eu égard à la qualité des personnes mises en cause ; et qu'avec mille détours et précautions il finira, si Sa Majesté le laisse faire, par ajuster les morceaux ; et que les noirceurs des sorcières et des empoisonneuses, dont l'affaire est d'ores et déjà entendue, s'abouteront bientôt à celles des hauteurs d'où tombaient les ordres.

3

Lettre du comte de Bussy au chevalier de La Rivière :

« Le roi a rendu un billet à la duchesse de Foix qu'elle avait écrit à la Voisin, où se lisaient entre autres ces mots : *Plus je frotte et moins ils poussent.* Sa Majesté lui en demandant l'explication, la duchesse avoua qu'elle désirait une recette pour se faire venir la gorge, et que celle qu'on lui avait donné ne valait rien. »

Réponse d'Henri de La Rivière :

« Mme Voisin a de grands vices, mais elle est toute pleine de ces petits secrets pour les femmes, dont les hommes savent gré ; en plus de grossir les tétons, et de rajuster les honnêtes filles à qui il était arrivé accident, elle rapetissait aussi les bouches, et je ne doute pas que ce fut à elle que Mme de Hombourg dût cette délicatesse dont j'eus la bonne fortune. »

Louise frémit un peu de cette bonne fortune qu'elle ignorait, et de tous ces procédés ; puis elle y reconnaît l'habileté d'Henri à réjouir et à charmer son père.

Les deux hommes correspondent toujours très régulièrement ; certaines lettres du chevalier à Bussy passent même en longueur celles qu'il envoie à Louise par le biais du couvent de la Visitation Sainte-Marie. Le procès des poisons y a la plus grosse place. Le comte mande à son ami les dernières rumeurs qui circulent à Paris ; sur quoi La Rivière exerce son esprit, en faisant des mots très propres à être répétés dans les meilleurs salons, et il enrichit la glose de précisions de son cru.

La comtesse de Soissons est-elle soupçonnée d'avoir fait périr son mari, La Rivière juge le crime aussi déraisonnable qu'il est grand, car pourquoi faire mourir un homme qui la laissait vivre en liberté avec tous les autres ?

La marquise d'Alluye s'est montrée bien pressée de la succession de son beau-père : celui-ci était pourtant fort empoisonné déjà par son grand âge.

La princesse de Tingri aurait fait disparaître des enfants dont elle était secrètement accouchée. Incrédulité de La Rivière : « Sa figure me semblait garantir sa réputation ; si j'avais eu une maîtresse comme elle, je n'aurais jamais craint pour rivaux que les aveugles ; pour moi je crois que le diable qui lui a fait tuer ses enfants en était le père, ou qu'elle ne s'en est défait que pour sauver l'honneur de son amant. »

Et de la duchesse de La Ferté : « Je la justifie sur le poison puisque je suis encore en vie, car elle ne hait que moi au monde, avec aussi peu de raison que quelques autres méchantes femmes à qui je n'ai jamais rien fait que de ne leur rien faire. »

Voilà qui est mieux.

On a encore arrêté ces jours-ci une Mme de Ronville, maîtresse d'un M. Le Sec, ainsi que deux de ses cuisiniers. « C'est le signe que la poursuite des poisons s'échauffe, dit Bussy, puisqu'on en est à faire la guerre à des gens de cuisine. » Et La Rivière d'expliquer, depuis la Bourgogne : « Cette Mme de Ronville est une servante de Paris, qui est devenue coureuse de remparts, et ensuite une femme de qualité ; elle a ruiné des gens d'affaires, et en a si bien fait les siennes qu'elle faisait la dépense d'une grande dame. »

Comment Henri connaît-il aussi bien tous ces gens ?

Ce sont là des choses dont Louise ne parle pas à sa sœur de la Visitation ; elles ne l'amusent elle-même qu'à moitié. Il lui semble remarquer par ailleurs une sorte de tiédeur dans l'amitié dont l'entoure Diane. Comme un fond de défiance, dont elle n'aperçoit pas la cause ; une subite impression de gêne : Diane redouterait-elle de mécontenter leur père ?

La promenade dans le préau prend un tour un peu forcé. On déambule à petits pas, dans des silences. Quand on desserre les lèvres, c'est pour parler du thermomètre qui est remonté. Petits regards en biais. La religieuse n'a pas la peau si pure, ni le nez si droit qu'il paraissait.

Louise saluerait sa sœur et couperait là sans rancune, si Diane ne passait enfin un bras sous le sien, et ne lui prouvait, comme après une longue réflexion, qu'elle n'avait pas déserté son parti. Il lui fallait le nom d'un homme de loi qui fût aussi avisé que discret : en voici un qu'ont recommandé plusieurs personnes de l'ordre de la Visitation.

C'est un M. Draguet, de la rue de la Montagne-Sainte-Geneviève.

Louise se fait conduire chez lui sitôt qu'elle quitte le couvent. Elle doit gravir un escalier fort raide, buter contre l'arrogance d'un commis et patienter près d'une heure avant d'être introduite auprès du notaire. Chevelure poivre et sel, silhouette massive, carré de figure comme de manières, maître Draguet a vite fait cependant de la mettre à l'aise. Son cabinet respire une calme autorité. Un crucifix en chêne, une Bible vénérable y donnent le ton. Nul dossier autour de lui, point de ces gros traités de droit à la reliure trop dorée ni de ces liasses de documents élevées en colonnes dont aiment à s'encombrer ses confrères. Sa table est vide, sa plume demeure au râtelier. Il ne prend aucune note ; rien de ce qu'on lui confie, semble-t-il dire, n'ira s'égarer hors des coffres de sa mémoire.

Louise en oublie le préambule qu'elle a préparé pendant qu'elle attendait dans l'antichambre. Il s'agit, dit-elle, assez intimidée, de dresser l'état de sa fortune en vue d'établir un contrat de mariage. Cela serait aisé, si ses affaires ne se trouvaient fort imbriquées avec celles de son père, lequel ignore pour l'heure ce projet d'union ; or, en fille docile, elle entend éviter tout sujet de discorde.

Des actes, des titres, non, elle n'a rien apporté de la sorte. La plupart de ses papiers sont sous la garde de son père ; il gère l'ensemble de ses biens. Oui, il les administre à sa guise, le plus sagement possible, n'est-ce pas naturel ?

De quelle façon au juste en dispose-t-il ?

— Mon père ne m'a jamais rien refusé, explique Louise. Et il ne manque pas de me consulter s'il doit faire quelque dépense sur mes revenus... Je lui ai signé deux ou trois procurations, en effet ; mais je ne voudrais pas que vous preniez là-dessus une fausse opinion. Disons que, par arrangement, nous avons toujours fait cassette commune.

Maître Draguet hoche la tête et dit qu'il voit très bien. Et comme il la prie de poursuivre :

— Je désire seulement m'informer, dit-elle, de la meilleure façon d'aplanir le chemin.

Louise s'est servie d'une petite voiture de louage. Son voile la protège mieux qu'un masque ; nous ne sommes pas à Semur, il y a vraiment très peu de chance que quelqu'un puisse la reconnaître et qu'il se dise dans Paris qu'elle consulte les notaires. Mais si ce malheur arrivait, comment se justifierait-elle ?

Par moments le poids de ses dissimulations lui donne des aigreurs d'estomac, la bile lui remonte dans le gosier. Elle entre dans des périodes de mélancolie, dont rien, pas même la plus tendre lettre d'Henri, ne réussit à la tirer. Etrangement, cela se dissipe ensuite à son heure, par soi-même, comme si cela possédait une existence propre.

L'abattement se tourne alors en une excitation fiévreuse. Le pli est pris, Louise ne se prive plus de mener une manière d'existence clandestine, ignorée de son père, de l'épouse de son père, de leurs amis, du monde entier. Rue Saint-Honoré, impulsion subite, elle fait arrêter devant la maison *Michalon et Fils*, dont la façade s'orne d'une tête de Nègre coiffée d'un turban jaune, et entre acheter une jolie cafetière et du café, dans l'idée de les envoyer en présent à Henri. Par quel intermédiaire se fera l'envoi, elle ne sait encore. La Mèche s'en est retourné pour l'hiver chez son maître. Elle avisera. En attendant, il va falloir dissimuler l'emplette au fond d'un gros paquet anodin dont elle puisse ne pas faire mystère. Elle paye à la hâte, en lançant de petits coups d'œil de droite et de gauche. Audace et liberté ; angoisse et griserie. Elle rajuste son manchon. Mais où donc est le mal ?

Lettre de Louise de Coligny au chevalier de La Rivière :

« Tu dois écrire, mon cher amour, une lettre pleine de reconnaissance à ma sœur de la Visitation. Elle m'a fait voir un homme très habile sur la possibilité de ce que tu sais. Cela a été demandé sous des noms d'emprunt, ou pour mieux dire, sans rien nommer. Je t'assure que je n'ai rien hasardé. On m'éclairera dans quelques jours. Que ceci ne t'alarme point, et que le chagrin de ta solitude ne te fasse rien prendre à gauche de ma part. Je suis plus à toi que jamais. Je te conjure de me déshonorer comme une infâme que je serais, si je te manquais jamais de parole. Reçois mes propositions comme d'une personne qui aimerait mieux mourir que de te décevoir. Je te manderai secrètement tout ce qu'on m'aura dit qui se peut faire, et puis tu seras le maître de faire tout ce qui te plaira davantage. J'ai des égards quand tu le trouves bon ; mais je n'en aurai point quand, pour te mettre en repos, il ne faudra plus avoir de prudence. Tu sais bien, mon cher cœur, que tu es ma vie, ma fortune et mon tout, que je ne veux que toi pour être heureuse ; je t'ai cru quand tu m'as dit la même chose, pourquoi douterais-tu de mes serments ? Tu verras toujours tant de bonne foi dans ma conduite que tu ne rabattras rien de ce côté-là de l'estime que tu m'as donnée ; et, pour continuer la même sincérité avec toi, je veux t'écrire encore une chose qu'assurément tu ne soupçonnes point. Je t'ai souvent dit en gros que je ne suis pas une si bonne fortune pour le bien que tu pensais. Je m'en vais te compter le détail, mon cher enfant, car, encore une fois, je ne veux te tromper sur rien. J'ai vendu ma terre de Valfin afin de couvrir vingt-quatre mille livres de dettes de M. de Coligny, dont je suis veuve. Il me reste quatre terres en Comté, dont les marquisats de Coligny et d'Andelot, affermées dix mille neuf cents livres les quatre. Je reçois enfin trois mille deux cents livres de ma terre de Forléans, héritée de ma mère ; et voilà tout mon revenu. J'ai là-dessus plusieurs dettes en

Auvergne ; je dois une pension de deux cents livres à la seconde de mes sœurs, abbesse à Autun ; et feu mon époux m'a légué à charge un enfant bâtard, né avant notre mariage, dont je ne t'ai point parlé jusque-là, à qui je dois mille écus ; et j'en dois mille autres, de mon côté, à Dijon. Tel est l'état de mes affaires, mon cher amour. La médiocrité de mon revenu a été si bien cachée, avec un peu d'industrie, qu'ici et en province on me croit quinze à vingt mille livres de rente, sans dettes. Comme tu aurais pu croire ce que croit tout le monde, je t'ai voulu dire la vérité. Je sais bien que tu ne m'en aimeras pas moins, mon cher tout, et que tu ne m'en mépriseras pas davantage. Plût à Dieu que je fusse, pour l'amour de toi, la plus puissante reine du monde ! Pourquoi n'ai-je que moi à te donner, mon pauvre cher enfant ? N'importe, nous aurons assez pour nous deux. Ecris-moi naturellement et sans contrainte par ma sœur, je l'en ai rendue capable. Tes lettres d'amitié seulement me font trembler. Je ne songe qu'à toi, mon cher cœur, et je ne puis te le dire que deux fois la semaine ! Mon Dieu, faut-il tant souffrir, et si longtemps ! Adieu mon tout, ma chère vie. Je t'adore jusqu'à l'excès. Prie bien le bon Dieu qu'il nous assiste. Je m'en vais me confesser et me remettre entre ses mains. J'espère qu'il ne nous abandonnera pas, et qu'il nous fera trouver en mon père les facilités qui nous feraient tant de plaisir, à nous qui aimons tendrement. »

Il a été convenu avec le notaire de se revoir le mardi, en fin d'après-midi. Il doit lui présenter ce jour-là l'ébauche du contrat de mariage qu'elle l'a prié de rédiger. Par extraordinaire, c'est à n'y rien comprendre, Louise laisse passer l'heure du rendez-vous.

Elle est à un essayage de ses robes, la séance se prolonge par la faute de la couturière, la chose lui sort ensuite de la tête, inexplicablement : au lieu de se rendre à l'étude de maître Draguet sur le chemin du retour, comme elle l'avait prévu, elle s'arrête à la foire de Saint-Germain-des-Prés qui s'est ouverte au lendemain de la Chandeleur. Vous savez la cohue qu'on y rencontre, le brouhaha, les spectacles des tréteaux qui empêchent d'avancer ; et toutes les boutiques qu'on y trouve, les jolies choses apportées de fort loin, d'Italie, d'Angleterre, de la Perse, du grand Caire même. Louise est descendue de voiture. Elle s'attarde devant les nécessaires d'écaille, les plumes, les bas brodés. Ici l'on vend des yeux de cristal aux prunelles de diverses couleurs, admirablement imités ; là, des perruches et des oiseaux qui parlent. Il lui semble ne pas s'être sentie aussi légère depuis des lustres, et le plus étrange est qu'elle ne cesse de songer à Henri pendant ce temps : elle rêve au bonheur qu'elle aurait d'entrer avec lui dans la foule qui défile aux lampions, et d'aller partager avec lui une *échaudée,* cette pâtisserie triangulaire qu'on cuit par tradition jusqu'à Pâques fleuries — la nuit est bien tombée quand le souvenir de maître Draguet lui revient en mémoire.

Le lendemain, on lui apporte ses robes, elle doit partir pour la cour avec la maréchale de Humières qui va la présenter à la reine, Bussy a mille choses à lui dire : son programme est complet.

Louise sera absente de Paris une bonne dizaine. Comment prévenir le notaire ? Elle se juge impardonnable.

4

Depuis que sa jambe est rétablie, le comte de Bussy a beaucoup sollicité.

Il a fait sa cour au père de La Chaise et à M. de Harlais, l'archevêque de Paris, dans l'espoir du bénéfice ecclésiastique de son fils cadet. Il a également rencontré le maréchal de Lorges pour obtenir la charge d'un des exempts de sa compagnie à Amé-Nicolas.

Patience. Bussy ne se plaint pas. Au chevalier de La Rivière comme à sa cousine de Sévigné, il annonce qu'il a recommencé d'entrer en commerce avec le roi, par le truchement de M. Louvois, puisque M. de Pomponne est exilé dans sa campagne. Sa Majesté se dit contente de sa conduite. De l'avis général, la permission qu'elle lui a accordée d'être six mois à Paris fait espérer quelque chose de mieux. Bussy dit que ses demandes sont en de bonnes mains quant au crédit ; on ne sait pas si c'est la même chose quant aux intentions, mais il n'est pas imaginable avec quelle tranquillité il attend la réponse. Avec le zèle d'un serviteur très passionné, La Rivière lui avoue qu'il lui envie ce calme.

Mme de Sévigné :

« Vos *Mémoires* ont fait plaisir ; c'est dommage que le roi ne se donne pas encore celui de voir et de parler à l'homme du monde qui serait le plus capable de le divertir et le plus digne de le louer. Vous y perdez beaucoup, mon cher cousin, et il y perd encore davantage, dans le dessein qu'il doit avoir de faire durer sa gloire autant que l'univers. »

Figurez-vous les conseils et recommandations que le comte prodigue à sa fille de Coligny. Elle est partie pour la cour dans le carrosse de Mme la maréchale de Humières, assise à sa gauche, tandis que Mme de T., également du voyage, se contentait d'un strapontin.

Dans l'idée de Bussy, une jolie femme plaidera mieux sa cause qu'il ne le saurait faire. Mme de Coligny sera introduite chez la reine dès son arrivée, elle verra ensuite la dauphine et, après avoir séjourné sept ou huit jours à la cour, quand le roi sera accoutumé à son visage, elle lui dira deux mots des affaires de sa famille.

Patience, patience.

On est en plein carnaval, petits soupers particuliers entre femmes, puis la comédie et le bal ; la circonstance convient merveilleusement à l'entreprise.

A la cour, on évite autant que possible d'aborder publiquement le procès des poisons. Les nouvelles se murmurent dans la pénombre des petits escaliers, dans le silence des corridors. C'est d'un ami, c'est d'un parent qu'il est toujours question. Un murmure ; l'aparté s'achève dans les risées : on en a parlé.

Le maréchal de Luxembourg étonne. Cet homme de guerre verse des pleurs et se lamente plus qu'une demoiselle. Il est deux jours sans manger. Il a demandé plusieurs pères jésuites, qu'on lui a refusés. Il voudrait se réconcilier avec Dieu ; il a réclamé la *Vie des Saints*, ce qui fait dire qu'il ne sait plus à quel saint se vouer.

Plus que d'avoir tué sa femme et d'avoir eu des enfants de sa sœur, il serait accusé d'avoir conclu un pacte avec le diable, par l'entremise de la Voisin et de Lesage, afin de recevoir le triomphe et la gloire. Il serait aussi question de diverses concussions ; d'autres disent enfin qu'il a fait empoisonner à l'armée un intendant des contributions de Flandre, duquel il avait tiré l'argent du roi. Personne ne connaît bien le véritable état de son affaire, ni sur quoi on le pousse. On ignore même s'il est encore à la Bastille, et s'il n'a pas été mis au donjon de Vincennes. Le pauvre est bien malheureux, il n'y a que cela de sûr.

Mme de Coligny a répété à M. de Noailles ce qu'elle tient de son père, à savoir que M. de Luxembourg, qu'on interroge tous les jours, parle beaucoup plus qu'il ne faut ; que cela le pourrait bien embourber ; et que s'il y a un endroit au monde où il faille un style laconique, c'est dans les réponses criminelles.

Sortilèges, maléfices — selon Bussy, l'échafaud est dans cette maison. Sous Charles VI, n'a-t-on pas brûlé Gilles de Rais ? Le maréchal eût mieux fait de prendre le large, comme le roi lui en avait laissé l'occasion.

Il semble que sa sœur de Tingry sera enfermée dans un couvent.

L'air du menuet donne des tentations. On se demandait si Mme de Coligny entrerait dans la danse. Elle faisait *sa tour d'indifférence*, quoiqu'elle eût été deux heures à se faire coiffer. Eh, quoi ! pas une seule agitation dans les jambes ? pas un petit mouvement dans les épaules ? rien du tout ? Cela paraissait quasi malséant. Elle s'y est mise comme tout le monde, donnant la main à M. de Noailles, voyant bien qu'il n'est pas bon de faire ici trop de façons, et elle ne s'en est pas plus mal portée. Elle avait une fort jolie robe de couleur prune, bouffante aux manches et échancrée à la gorge, qui faisait ressortir la clarté de son teint. C'était une fête enchantée, des brasiers de feu, de fleurs, mille prodiges, un tourbillon ; on dit que notre chère veuve a fini par y prendre un vif plaisir, et que son plaisir s'est prolongé bien après minuit.

Depuis Paris, Bussy suit par le menu la carrière de sa fille à la cour — à qui elle a parlé, où elle était placée, quels compliments elle a reçus.

Suivant ses conseils, Louise a fait sa révérence au roi ce matin, avant la promenade, l'a remercié de ce qu'il avait fait dire à son père, et a demandé une abbaye pour son petit frère, sur laquelle Sa Majesté ferait mettre une pension pour l'aîné. Le roi l'a écoutée favorablement et lui a répondu : *Je verrai*, avec un air et un ton fort gracieux.

Commentaire de Bussy :

— Le roi ne m'a point refusé en manière d'exclusion, mais comme ceux de qui le tour n'est pas encore venu.

Ce n'est pas tout. Le soir, au souper de Sa Majesté, le maréchal de Bellefonds qui était derrière la chaise du roi a désigné Louise au comte de Grammont et a demandé assez bas qui elle était. L'ayant entendu, le roi s'est retourné : *C'est une fille de Bussy-Rabutin*, a-t-il dit, *veuve d'un Coligny.*

Bussy :

— M. de Montal qui m'a conté la chose m'a assuré qu'on avait remarqué que le roi me nommait comme si j'eusse été de la cour.

Rien ne vient, mais on met toujours son nom sur la feuille. Ne point se lasser. Cette folle de Fortune finira bien par lui rendre ce qu'elle lui a ôté, et Sa Majesté par lui payer son dû.

Mme de Coligny pense rester trois ou quatre jours supplémentaires à la cour. Dix personnes ont mis leur carrosse à sa disposition.

Bussy :

— Nous verrons bien ensuite si elle pourra se raccoutumer à nous, pauvres mortels !

5

22 février.

Vêtue de la chemise des condamnés à mort, la Voisin est conduite en place de Grève, à l'aube. Le ciel est gris ; elle traverse la foule dans un tombereau semblable à ceux qui portent les boues et immondices hors de la ville, et elle monte au bûcher sans desserrer les lèvres, sinon pour refuser les secours de la confession. On l'assied, on l'attache de force au poteau, puis on la couvre de paille, qu'elle repousse de la tête avec des jurons. Certains trouvent qu'elle a l'air soulagé quand les flammes s'élèvent.

La plupart des accusés de qualité le sont certainement. Ils le sont d'autant plus qu'une épidémie de suicides soulage les prisons. Une sorcière qu'on appelait la Dodée s'est tranchée la gorge avec ses fers. Plusieurs marchandes de consolation choisissent d'échapper à la justice par des moyen similaires ; à moins qu'on ne les y aide.

La grande fille brune à double queue, en qui on a cru reconnaître la suivante de Mme de Montespan, n'a jamais été interrogée, ni même citée en audience.

Et les autres belles dames ?

Le peuple recommence de gronder dans les quartiers du Temple, de la Halle, de Saint-Claude, de Saint-Antoine. Ce grondement se répercute jusque sous les murs de l'Arsenal. Il se colporte que si l'empoisonneuse a gardé la bouche close quand on la menait au supplice, c'est qu'on lui avait mis le bâillon ; mais qu'elle a eu le temps tout de même de dire au prêtre qui lui présentait le crucifix que plusieurs personnes *d'en haut* lui avaient acheté des poisons pour des raisons de débauche, et qu'elle était chargée de tant de crimes qu'elle ne souhaitait pas prier Dieu de la sauver, *parce qu'elle ne pouvait trop souffrir pour ce qu'elle avait commis*.

On aurait aussi entendu M. de La Reynie s'indigner que la Voisin n'ait point du tout eu la question, comme il est de règle, et que certains ministres — entendez MM. Louvois et Colbert, dont les familles sont alliées à celles de certains accusés — aient jugé bon de précipiter un peu sa fin.

A-t-elle ou n'a-t-elle pas soulagé sa conscience ? Aurait-elle pu parler davantage ? Les avis sont partagés.

Maintenant que la Voisin s'en est allée, on ne se prive pas de blâmer par ailleurs, c'est-à-dire de l'autre côté du prétoire, l'inconséquence des juges qui a fait tant de bruit et a nommé scandaleusement tant de grands noms *pour si peu de choses*.

Encouragée par ses proches, entendant de toute part combien elle s'est montrée admirable de hardiesse devant les magistrats de l'Arsenal, Mme de Bouillon fait des gorges chaudes de son interrogatoire. Elle prétend en faire imprimer la minute pour l'envoyer en Italie et par toute l'Europe. Fureur du roi : quel ridicule ne donnerait-elle pas à sa chambre de justice !

La duchesse est dans ses railleries quand M. de La Reynie obtient de la confronter aux complices de la Voisin. La voilà qui court supplier Sa Majesté de lui épargner cette confusion. Qu'apprend-on ? Le roi le lui a accordé ; mais il l'a exilée en même temps à Nérac, dans les Pyrénées, où sont les terres de son mari. Elle est sur les routes par lettre de cachet, avec beaucoup de douleur.

En pleine séance, un des juges de l'Arsenal, M. de X. (il ne veut pas être nommé), a lancé cependant au lieutenant général de la police :

— Mais, monsieur, à ce que je vois, nous travaillons encore sur des sorcelleries et des diableries, alors que notre commission n'a été créée que pour les poisons. D'où vient que nous écoutons autre chose ?

Fort surpris, M. de La Reynie a rétorqué qu'il avait ses ordres.

— Alors, monsieur, faites-nous-en une loi, et nous obéirons comme vous ; mais n'ayant pas vos lumières, je crois parler selon la justice et la raison en disant que nous devons nous retirer.

Ce juge anonyme a été fort loué à Saint-Germain.

La Chambre de l'Arsenal va-t-elle être dissoute ? Il est question qu'elle interrompe ses travaux durant vingt jours, peut-être pour tâcher de se racquitter en trouvant des informations nouvelles. Ce seront des jours de repos ou de désespoir.

Mme de Sévigné :

« Il nous faut quelque chose de nouveau pour nous réveiller ; on s'endort, et le grand bruit a cessé jusqu'à la prochaine occasion. On ne dit plus rien de M. de Luxembourg. Vraiment, j'admire comme les choses passent ; c'est bien un fleuve qui emporte tout avec soi. »

De son côté, Mme de Coligny mande à son père qu'on a beaucoup aperçu le lieutenant général de la police à la cour, ces temps derniers. Les pressions qu'il subit de tous côtés semblent n'avoir pas d'effet sur lui ; elles glissent sur sa détermination ; on dirait presque qu'il en joue. Il y aurait eu des audiences devant le conseil, d'autres en privé. M. de La Reynie promet bien des confrontations à faire. Il est à prévoir que le procès de la plus grande criminelle que le monde a connu va se poursuivre malgré sa mort ; ce n'est pas parce qu'elle est partie en fumée qu'elle peut se croire quitte envers la justice des hommes. Sa fille Marguerite Voisin a beaucoup à dire maintenant qu'elle n'a plus de mère à craindre ; et il reste Lesage ; et un certain abbé Mariette qu'on vient d'appréhender ; et un autre de leurs compères, qui se fait appeler l'abbé Guibourg, prétendument ancien aumônier du comte de Montgomery, dont il serait le bâtard, et sacristain de Saint-Marcel, à Saint-Denis.

La Chambre reprendra ses séances plus tôt qu'on ne le pense. C'est une affaire à tiroirs.

M. de La Reynie :

« Sa Majesté m'a demandé que nous pénétrassions le plus avant possible dans le malheureux commerce des poisons, afin d'en couper la racine si possible. Elle nous a recommandé de faire justice exacte, sans distinction de personnes, de conditions ni de sexe, et Sa Majesté nous l'a dit en termes clairs et vifs. »

La garde a sonné les trompes à *trois briefs jours* devant l'hôtel de Mme de Soissons, toujours réfugiée dans les Flandres ; cela signifie qu'on la jugera par contumace.

6

De retour à Paris, après la quinzaine qu'elle a passée à la cour, Louise ne manque pas d'histoires à conter. Bussy ne s'en lasse pas, et ils les remâchent devant la cheminée, tous deux avec les yeux brillants.

La pénétration de sa fille, sa justesse, sa sage conduite en un lieu si plein d'embûches, la distinction de son goût, le charme dont elle a fait montre et qui a ravi, de l'avis général, les courtisans les plus blasés, lui donnent une satisfaction intérieure qui pourrait bien nourrir l'orgueil.

— Ah, ma fille, que ne fussiez-vous un garçon !

D'autres histoires encore, friandises des dîners de Paris, qu'on rapetasse ensuite dans les lettres :

Le mariage du prince de Conti et de Mlle de Blois. Festin royal. Sept cents plats à une seule table, servis à cinq services, c'est-à-dire cent quarante plats à chaque service. Cela était plus beau à voir qu'à manger. Le jeune prince s'était rasé ce jour-là, dit Bussy, et avait mis de la poudre. Voyez quelle débauche !

Commentaire de La Rivière :

« Je ne trouve rien de joli que cette union ; ce sont, à mon avis, deux petites virginités qui vont se tuer ; dans les consommations de ce siècle il est même rare d'en trouver une. »

Louise rit bien fort, puisque cela vient d'Henri. Mais elle a d'autres pensées en tête, très éloignées de l'idée de persiflage. Depuis quelque temps, le mot de mariage trouve des résonances en elle, de la même façon qu'elle s'émouvait il y a peu à celui d'amour. Elle n'envisageait pas le mariage sans frémir, elle a haï le sien ; c'était à ses yeux une espèce de sacrifice sauvage auquel il fallait consentir pour être laissée en paix, mais sans assurance que le gain fût préférable à la perte ; elle se surprend à y penser avec chaleur, à s'intéresser à celui des autres, à guetter les occasions d'en discourir, comme les petites filles se bercent des joies de leurs poupées.

Il en est un parmi les nouvelles publiques qui lui donne des raisons spéciales de s'envoler dans les rêves. L'épousée n'y a pris conseil que de l'amour. Célébré en Champagne, il y a quinze jours, c'est celui de Mlle la marquise de Praslin, enlevée par un certain Sautour, capitaine de cavalerie, fils d'une Mme de Boudarnaut, fort brave garçon à ce qu'on dit, mais à mille lieues de pouvoir prétendre à une fille de la qualité et du bien de celle qui a pris la peine de passer par-dessus une haute muraille pour le suivre.

Le père et la mère sont dans toute la douleur que vous pouvez imaginer, dit Bussy, car ils n'ont que cette fille-là. Tous les parents demandent justice au roi du ravisseur.

Sa Majesté leur a répondu que la demoiselle ayant vingt-six ans et étant descendue par une échelle, il n'y avait aucune violence dans cette action de la part du cavalier ; que tout ce que pouvait faire le marquis de Praslin, c'était de déshériter sa fille, et qu'il le ferait s'il était à sa place.

Louise a la malignité d'en discuter longuement avec son père, qui conte la chose par le premier courrier à La Rivière, lequel a tôt fait d'en apercevoir à son tour le côté édifiant.

« Je connaissais ce Louis de Boudarnaut qui a enlevé Mlle de Praslin, et qu'on appelait Sautour dans les troupes, écrit-il au comte. Je ne sais par où il a pu donner de l'amour, mais il ne faut jamais chercher raison de cela. Je suis persuadé que toute la maison du marquis est fort chagrine de cette aventure ; mais si le roi est dans un sentiment contraire, j'ai aussi mauvaise opinion de leur poursuite que d'un procès. »

Une passion d'amour, une jeune femme en âge de choisir par elle-même, la majorité commençant à vingt-cinq ans, Sa Majesté baissant les bras et ne prescrivant aucune sanction que pécuniaire, voilà bien un modèle à souligner en rouge.

Le couple coulerait des jours agréables en Lorraine.

Après un silence, Bussy rétorque qu'il conçoit fort bien l'impuissance de la justice royale dans cette sorte d'affaire ; et que, quand il vous arrive pareil malheur, il vous faut avoir le courage de ne compter que sur votre propre justice.

Louise en a des tremblements, elle se heurte à un mur. On était parti du meilleur pied. Son père se monte la tête, comme s'il avait flairé l'intention. Vite, détourner l'orage, avant qu'il ne se déchaîne en furie. M. de Bussy est décidément un caractère bien salé. Cet homme-là fera-t-il jamais aucune composition ?

Et cette noce avortée, dont on prend connaissance par Mme de Scudéry :

Deux jeunes gens aimables, grande maison, sur le point de s'épouser ; mais à force de courir, de veiller, de masquer, de danser, de suer, de boire à la glace, le fiancé tombe violemment malade le mardi gras, et il meurt à la veille de la cérémonie. Comme Henri se plaignait dans sa dernière lettre d'une mauvaise toux, Louise se laisse entraîner dans les délires du désespoir romanesque dont doit souffrir l'esseulée. Les larmes lui montent aux paupières. Cela fait plus de deux mois qu'elle a quitté la Bourgogne, plus de soixante jours qu'elle n'a pas approché le chevalier ; et s'ils allaient ne plus se revoir ?

Pauvre vie, que de manques cruels, et quelle médiocrité dans les consolations !

Elle aperçoit cela d'un coup, à vif. Elle aimerait tant donner à Henri ce qu'il veut, et puis elle se demande parfois : mais ensuite ? De l'amertume partout, jusque dans la moindre joie, souvent par prémonition. Chaque chose semble porter en soi un résidu de sa propre perte.

Il reste heureusement le train-train des petites récréations, les incommodités et les accommodements ordinaires.

On passe le temps. C'est bien assez, chaque jour donne beaucoup à faire.

Louise se redresse, se renferme. Marche-t-on contre sa nature ?

Ce mariage qu'elle a promis à Henri : elle reprend langue avec le notaire, malgré son embarras de lui avoir fait faux bond l'autre fois. Maître Draguet tient son brouillon tout prêt. Bien calé dans son fauteuil, il lui montre en quoi, si elle suit son conseil, le contrat qu'il a échafaudé ne lèsera ni son père ni son mari, et comment il satisfera tout le monde. Louise s'en fait expliquer tous les points pendant une heure, demande une ou deux modifications, se rappelant soudain qu'elle dispose de certaines rentrées qu'elle voudrait garder secrètes, puis hoche la tête. Les noms sont en blanc. Le premier homme de loi venu pourra mettre le document au propre.

Elle se fait bien répéter que, selon le droit, une veuve est estimée *libre*, n'étant en puissance ni de père ni de mari.

C'est un grand pas de fait. Le courage, l'espérance. Longue lettre à Henri.

7

La Rivière :

« Je déteste naturellement les crimes parce que je suis né doux et humain. »

L'aveu devrait plaire.

Il trouve le temps fort long en Bourgogne. L'hiver auprès de sa demi-sœur de Sandricourt n'est pas la chose la plus divertissante au monde. Il y a dans le vestibule du rez-de-chaussée, au cœur de la maison, une grosse horloge allemande dont le cliquetis des rouages pousserait au désespoir un esprit moins solide. La Rivière fuit ce bruit autant que possible. Il va à Autun, à Dijon, une fois, deux fois, sortir un peu de l'état de marmotte. Qu'y trouve-t-il ? La poix des nuages ; les toits sous la neige ; les portes barricadées ; quatre lumières allumées passé huit heures du soir. En province, quand on dispose d'une maigre pension, et qu'il ne faut compter que sur sa bonne mine, les vrais plaisirs échappent, on se contente du peu que le Destin octroie.

Il s'en arrange. — Les demi-sourires qu'opposent les salons de la bonne société à un célibataire aux dents longues ; l'épinette, chez Mme de R. ; le théâtre, un soir ; quelques jouissances d'auberge, à la sauvette, sans lendemain souhaitable ; la conversation d'un bon père réduit à l'exil par la fermeture de Port-Royal ; le vin d'un coteau voisin, qui fait passer bien des choses.

Comme le dit Bussy fort justement, le repos est ici si profond qu'il vise à la léthargie, et sans les grandes nouvelles que distillent les lettres, on oublierait aisément qu'on a une âme.

Louise a reporté encore la date de son retour. Son procès n'avance pas, malgré les pressions et intercessions de Mme de Bussy. Le premier président de la cour d'appel étant toujours cloué au lit, rien ne sera jugé avant le printemps.

On a envoyé au chevalier du café, quelques livres nouveaux. Il lit et s'échauffe la moelle, tandis que le vent siffle dans les combles de grands airs de solitude et que l'horloge du rez-de-chaussée décompte les minutes de sa lourde voix allemande.

Il a un peu grossi, sa sœur étant aux petits soins.

Que désirez-vous entendre ? Les démêlés de M. de Trichâteau avec sa femme ? Notre ami Rouargues croit que cela roule sur l'argent ou sur le devoir conjugal de l'excès duquel la dame se plaindrait. Pareils sujets de brouilleries ne sont pourtant plus en usage.

Voulez-vous que l'on vous brosse un petit conte là-dessus ? Vous vous détournez ? Eh, oui ! Il n'est plus de nouvelles que de Paris.

Il est mort cette année cent quarante mille personnes de la peste, à Vienne. Ces disparus font une ligne dans les gazettes. L'Europe entière n'a de curiosité que pour les poisons. Imaginez la province ! Le spectacle de la cour empêtrée dans ses turpitudes, du soleil éclipsé par les diableries, de nos plus grandes dames, c'est-à-dire des plus grandes dames de la nation la plus puissante et la plus civilisée du monde, dans les convulsions, dans les peurs, dans les hontes, voilà de quoi mobiliser l'attention.

M. de Gravlaye dit que personne n'est si bien informé en Bourgogne que le chevalier de La Rivière, et cela grâce à l'amitié persistante de M. de Bussy.

Vous croyez que le chevalier serait embarrassé, pour parler des *événements*, par les liens qu'on l'a accusé d'avoir eus avec les empoisonneuses ? Pas du tout. Il répond à l'aise à chaque question qu'on lui pose, en spectateur averti, comme s'il descendait des premières loges.

On le boudait un peu. Il s'était trop bien approprié le

comte de Bussy et l'aimable veuve ; nous avons tous une fille, ou une femme, ou une sœur, à qui nous tenons assez. Mais un chroniqueur de cette force, cela n'a pas de prix. Notre cher Rouargues lui a porté une invitation à souper ; et le président Gravlaye lui en a envoyé une autre la semaine suivante, après l'arrivée du courrier de Paris.

Voilà La Rivière à peine étonné d'être remis à l'honneur. Pour un peu, il se ferait prier.

On lui demande s'il est vrai que M. de Luxembourg a permission de se promener sur la terrasse de la Bastille. Il répond que ce n'est pas tant une marque de son innocence reconnue que de sa mauvaise santé.

On veut savoir pourquoi Mme de la Ferté s'est présentée à l'Arsenal avec la Tingry, alors qu'on ne l'accusait de rien. Oh, dit-il, cette affaire donne à Mme de Tingry un plaisir qu'elle n'a pas ordinairement ; c'est d'entendre dire qu'elle est innocente.

On y revient, on y revient encore.

— N'oubliez pas le métier premier de la Voisin, murmure-t-il. Quand ces dames n'auraient pas toutes versé le poison, y en a-t-il une seule qui puisse jurer devant Dieu de n'avoir point alimenté le four de l'avorteuse ?

Voilà bien les mœurs de la capitale ! Mme de F. se signe. Mmes de T. et de R. font leurs effarouchées. M. de R., dont la maîtresse s'est mystérieusement raplatie, quand l'époux se mourait dans les garnisons du Nord, montre une bouche en cul de poule.

La Rivière procède par petites touches. S'il ne possède pas l'éloquence de gentilhomme de Bussy, difficile à imiter, car tenant plus d'une sorte de privilège héréditaire que de l'étude et du travail, il est aussi fort que lui pour la narration : on ne peut mieux abréger qu'il ne fait.

Il en a sans doute conscience. Lui aussi s'est mis dans la manie de conserver le double des lettres qu'il envoie, attaché à celles qu'on lui mande.

Il a confié divers écrits de sa plume à notre ami Rouargues, lequel a admis que le chevalier sait beaucoup de choses propres à donner le frisson.

— M. de La Rivière, dit-il, connaît à fond le sujet.

D'une petite bourgeoise, tout à fait convaincue d'assassinat, et dont le bourreau aurait déjà pris les mesures :

« Je la fréquentais particulièrement ; c'était une petite folle qui changeait d'amour comme de jupes, et elle se ruinait en habits. »

Les scrupules du chevalier sont à la mesure de sa délicatesse. Dire que ce sont là les honneurs qu'il se donne dans sa correspondance ! De quelle oreille Mme de Coligny les prend-elle, quand son père les lit à la ronde ? Eh ! qu'attendiez-vous d'un ancien soldat de fortune ?

Les lettres.

Elles suivent le chevalier à Semur, où il est quelque temps chez M. de Trichâteau. Il paraît qu'il y a échangé des mots avec l'exécrable Guitaud (vous connaissez ce dindon), par fidélité au comte de Bussy, prenant grand feu sur ses intérêts.

Pâques approche cependant. Quand le comte et sa fille pensent-ils rentrer ? La question agace. Trichâteau croit, comme notre ami Rouargues, que si l'exilé a reçu permission de six mois, il en profitera en entier, et qu'il ne quittera pas Paris avant le terme, de quelque façon que tourne le procès de l'aimable veuve. Pour quelle raison se hâterait-il ? Il applaudit M. Lully à l'Opéra.

Quant à sa fille de Coligny, elle est partie de nouveau pour la cour. C'est une occupation à laquelle personne n'aime à déroger. On prévoit de beaux feux d'artifice dans le parc du château de Saint-Germain.

Savez-vous, à ce sujet, qu'on a volé à la cour de la Dauphine cinq éventails garnis de diamants, lesquels étaient étalés sur une table, et il n'y avait presque dans la chambre que des gens titrés ?

Pour la première fois nous avons remarqué un mouvement d'humeur chez M. de La Rivière. L'homme ne se laisse pas aisément démonter. C'est un visage à l'italienne, taisant toujours son jeu et ne s'animant qu'en gaieté. Mais quand nous l'avons entrepris sur les distractions et les succès de l'aimable veuve, il s'est renfrogné vilainement. Il a maugréé que les abords du trône ne valaient rien à certaines personnes ; puis : « C'est une mer orageuse, a-t-il dit, où personne n'est en repos ni en sûreté. Les malheureux souffrent de leur malheur ; ceux qui ne le sont pas craignent sans cesse de le devenir ; et les plaisirs mêmes y sont des peines, par obligation et multiplicité... » Il y avait de l'amertume dans son ton. Lui qui ne s'abaisse jamais à prononcer plus de trois phrases d'affilée, il nous a régalés d'un bon discours que n'eussent pas renié les disciples de M. Jansénius. Mme de Coligny, à l'écouter, affrontait des périls mortels. Son père, par ses folles espérances, leur préparait à tous deux de fatales désillusions. L'envie, les rapports, les trahisons, a-t-il dit, sont des ennemis qui ne se voient point de jour ; le plus honnête homme du monde ne les peut vaincre, parce qu'il ne sait où les combattre ; et malheureusement on ne s'éclaircit point avec les rois. Enfin, se reprenant :

— Comme dit M. de La Bruyère, la cour ne rend pas content ; elle empêche seulement qu'on ne le soit ailleurs. Plût à Dieu que M. de Bussy ne sût cela mieux que moi !

Rouargues, le président Gravlaye, tous nos amis ont feint de se ranger à son avis. L'entêtement de Bussy ne sera payé d'aucune dignité pour lui ; quant aux bénéfices pour ses enfants, Sa Majesté saura offrir son meilleur sourire à Mme de Coligny, pour lui dire à nouveau, avec ce ton exquis qui n'appartient à nul autre : — *Il faudra voir, madame*. En vérité, nous avons sur les prétentions de Bussy une opinion absolument identique à celle de La Rivière ; seulement, dans notre esprit, elle a une saveur différente.

Le refus est une chose solide, et les douceurs sont des paroles.

Il faut avoir patience, soupire Bussy, lequel écrit dans le même temps à Trichâteau qu'on vient de lui restituer, ô miracle ! cent pistoles qu'on lui avait friponnées aux dés ou dans une loterie. Et que croyez-vous qu'il aille faire de cette somme si peu attendue ? La mettre aussitôt à profit de ménage, dit-il, c'est-à-dire *en vaisselle d'argent d'augmentation*. Il semble heureux de tout. Sa santé ne lui donne plus de souci, il est content de sa fille au dernier point. Aucune réflexion ne pourrait à cette heure le dégoûter de ses plaisirs, ni le disposer à revenir en Bourgogne.

La Rivière livré à ses tristes loisirs. Sénèque le dit : mieux vaut aller mal que mollement.

On est venu le prendre pour souper chez le père Pilon ; petite chère mais bonne compagnie ; puis chacun s'en est retourné chez soi, et il est rentré en célibataire chez sa sœur.

C'est Achille dans le camp des Grecs, le cœur rongé par son oisiveté, quand il ne peut pas se battre.

Il faut conduire sa jument à ferrer. Le valet doit y aller ; La Rivière préfère mener la bête lui-même au maréchal-ferrant.

Il lit saint Paul, Cicéron, Horace, Malebranche ; écrit ses lettres ; va à la promenade le long du mail.

Une jeune paysanne devant une haie où apparaissent les premières fleurs. Tournure de nymphe, visage baissé dans l'ombre. Il s'approche, le compliment aux lèvres ; puis songe à Louise, et le charme se fane à cette lumière.

Les lettres qu'il reçoit ne disent pourtant rien de neuf. La répétition des serments, les baisers et les larmes, on l'adore au-delà de l'imagination : *mon cœur n'est plein que de toi, mon cher enfant, ma vie se règle sur cette unique chose, et tout y a rapport et rien ne se résout que dans cette vue*... Toujours la même réserve dans le fond, chez cette femme en émoi ; il s'escrime contre une part insaisissable de son âme ; il croyait la circonvenir, elle se dérobe, et non par caprice, ce qu'il admettrait comme un travers du sexe ; mais par une raison très mystérieuse, et qui est tout le mystère de Louise. Elle parle de mourir pour lui ; mais point d'écourter son voyage. Elle demande à genoux qu'il lui réponde franchement sur toutes les pensées qui lui font de la peine, promet de souffrir une infinité de tourments pour le soulager, donne tous les signes de l'égarement, pour finir en câlineries, et de façon si peu naturelle qu'il ne peut s'empêcher d'y trouver de l'artifice — de se sentir floué.

Et point de nouvelle utile dans ses lettres, nulle information sur les poisons par quoi il pût au moins briller ; rien ; ni sur la cour, ni sur le roi, ni sur la Dauphine.

On l'accable en revanche de conseils sur la conduite qu'il doit tenir avec le comte. Louise prétend lui apprendre comment amuser Bussy, comment le caresser, quelle flatterie lui faire. Elle lui recommande de se faire désirer, *et prier si l'on peut* ; lui dit les ouvrages qu'il faut critiquer et ceux dont il convient de faire l'éloge ; lui prescrit de citer absolument certain passage des *Mémoires*, et d'en réclamer la suite, de paraître touché par tout ce que fait son père, jusqu'à un couplet de chanson, et de reparler bien vite de ce qu'on a vu de lui : « Tu feras plaisir, car on est sensible à cela, en jurant de n'en rien divulguer. » Elle-même ne progresse pas d'un pouce dans sa séparation d'avec Bussy.

Pourquoi lui a-t-elle menti enfin, quand elle lui a exposé l'état de sa fortune ? Il a consulté aussi les notaires, il a bien eu le temps de se renseigner, de croiser les chiffres en puisant à différentes sources. Même en tenant compte de probables exagérations, Louise a augmenté ses dettes d'un quart et réduit de près de moitié ses revenus ; il a fait et refait le calcul. Elle dit qu'elle ne se trouvera jamais assez riche pour lui qu'elle aime tant. Elle se comporte en vérité comme Sa Majesté avec Bussy : *Nous verrons*. Les douceurs sont des paroles...

7

Ses hommes de loi apprennent à Bussy une étrange nouvelle. Vingt hommes armés et masqués sont entrés la nuit dans le château de M. le comte de Dalet, en Auvergne. Ils y ont volé l'argenterie, paraît-il, et tout ce qu'ils ont pu emporter de bons meubles.

Bussy hausse les épaules. L'incident réveille en revanche la générosité de Mme de Coligny. Elle pense qu'il est horrible d'être dépouillé des choses que l'on aime, et voudrait témoigner sa sympathie à Mme de Dalet, sa belle-mère, malgré le procès qui les oppose.

Le père et la fille se sont un peu contredits là-dessus, le comte disant que ces gens-là ne connaissaient pas le prix des honnêtetés. Enfin il s'est rendu sur la réflexion qu'il a faite que Louise, par sa bonté, sera estimée de ses amis et qu'elle se contentera elle-même.

Qu'elle prenne la plume, attendu que le vol soit confirmé.

La grosse Mme de Bussy est partie ce matin pour Laon. Elle a également ses procès. Elle doit en faire juger un cette fois en reprise de succession sur une terre de Manicamp, contre sa cousine la maréchale d'Estrées. On a dû remplacer à la dernière minute un des quatre chevaux de sa voiture ; il n'était point sûr qu'il en restât de libre, et d'assez solide pour la tirer, avec tous les relais pour la cour ; de sorte qu'elle ne fatiguerait peut-être point la poussière des routes sans l'obligeance de M. de Saint-Aignan.

Le soir, Bussy était à nouveau à l'Opéra, fort épanoui, voir *Bellérophon* avec Mme de Montpensier. Il en connaît déjà plusieurs airs par cœur.

Mme de Coligny, à l'étonnement général, ne l'accompagnait pas. Elle s'est fait de nouvelles amies en la personne de Mme de Bruges et celle de Mme d'Arincourt ; et depuis qu'elle l'a présentée à la cour, Mme la maréchale de Humières ne la quitte plus. Ce sont là des dames de la meilleure distinction, pleines d'esprit sans doute, et d'admirables exemples, mais des dames à bajoues et fanions, affligées d'un autre âge, de la génération plutôt de nos mères, de sorte que chacun se demande quelle sorte d'agrément trouve l'aimable veuve auprès de ces vertus décaties.

Elles se donnent de petits soupers particuliers, auxquels un capucin ne trouverait pas à redire. Table abondante autant que fine, car on est devenu bon bec, paraît-il. Badinage égal. Des piques, il en faut, mais avec assez de mesure et d'élévation pour n'offenser personne. Mme de Bruges radote un peu. Mme d'Arincourt, fort plâtrée, la mouche au front, impressionnante d'aigreur contenue : elle dansait à ravir dans les derniers temps de Louis XIII. La maréchale de Humières, plus valide, très digne, assez folle, merveilleusement dévouée à la cause de son époux depuis qu'il lui préfère le métier de la guerre, tout à fait inoffensive. Et Mme de Coligny dans tout cela, encore jeune, jolie sans apprêts, n'en ayant nul besoin, et jouissant de cette compagnie, comme si elle avait sa vie derrière elle.

Mmes de Villars et de Saint-Géran se joignent parfois à leurs petites parties, qui ne s'en trouvent pas mieux assaisonnées. On a connu la fille de Bussy plus *rabutine.*

Le clan a fait visite hier à Mme de Dreux, tout juste sortie de prison. Elle a été admonestée seulement par la Chambre ardente, et obligée à cinq cents livres d'aumône. Sa mère est morte durant son incarcération ; on ne le lui avait point dit ; son mari n'osait encore le lui dire en la ramenant chez elle. — « Où est donc ma mère ? » Mme de Dreux la réclamait, la cherchait aux étages, l'appelait dans les couloirs, tandis que tout le monde pleurait autour d'elle ; quand son confesseur lui a annoncé enfin qu'elle la reverrait au ciel, la pauvre femme s'est évanouie. Elle dit à présent éprouver plus de chagrin qu'elle n'en a eu pendant tout le temps de sa prison, et qu'elle eût préféré y rester.

Bussy pense que Mme de Dreux était innocente, et que les juges lui ont imposé l'admonestation pour sauver leur honneur. Quelques-uns eussent même souhaité l'en dispenser.

À quoi bon augmenter le scandale, en effet, si l'on ne peut convaincre les accusés de leur crime ? La mansuétude serait l'évangile du jour. Il paraît que M. de Luxembourg et d'autres en bénéficieront. M. de La Reynie n'a point été désavoué cependant. On ne connaît pas le dessous des cartes. L'indulgence dont la Chambre semble pleine pourrait avoir été échangée contre la permission de poursuivre les plus grands coupables.

Avez-vous entendu déjà le nom de Madeleine Chappelain ? C'est une bourgeoise de vingt-huit ans, qui a fait un beau mariage. On l'estimait fort dans son quartier. Elle se trouvait assez dévote et riche pour se passer de chercher des émotions dans des curiosités défendues aux gens de conscience. La question lui a fait avouer qu'elle a distillé et empoisonné par plaisir ; qu'elle a donné son enfant au Diable en accouchant dans un cercle de bougies ; qu'elle a célébré des messes d'envoûtement avec son ancienne femme de chambre, formée à son image ; qu'elle a entraîné dans ses pratiques plusieurs dames de la cour.

Serait-ce à nouveau une méchante rumeur ? Les interrogatoires de la fille de la Voisin donneraient des résultats concordants.

Jour après jour, la pluie. Le temps tout détraqué. Les sorties différées, plus de promenade. La poste en attente. Le ciel déchiré par la foudre, quatre chats apeurés à la messe de Saint-Jacques.

Paris croit mourir d'ennui.

Le commencement de la lune remet enfin de l'ordre dans les éléments. Les toits s'égouttent, quelques hirondelles traversent un air revigoré. Après dîner, ces dames vont au sermon, et après le sermon aux fêtes qu'on fait pour la Dauphine, le long de la Seine, puis aux courses de chevaux.

Mlle de Fontanges n'y paraît pas. Elle souffre d'une perte de sang très opiniâtre et très désobligeante, dont ses prospérités sont troublées.

Mme de Sévigné :

« Ne trouvez-vous pas que voilà encore un beau sujet de réflexion pour en revenir à ce mélange continuel de maux et de biens que la Providence nous prépare afin qu'aucun mortel n'ait l'audace de dire : *Je suis content* ? »

Comment le serait-on ? Le monde pleure à tue-tête la mort de M. de La Rochefoucauld. Il s'est éteint entre les bras de M. de Condom, des suites d'une douloureuse agonie, laissant Mme de Lafayette inconsolable.

Maintenant c'est le tour de l'ancien surintendant des finances, ce pauvre M. Fouquet, que le roi avait fait incarcérer au château d'Angers, puis qu'on avait mené à Amboise, et de là à Moret, puis à la Bastille, et enfin dans la forteresse de Pignerol où il a été frappé d'apoplexie.

— Il n'a jamais fait tant de voyages que depuis les dix-neuf ans qu'il a été arrêté, dit Bussy. La famille veut rapatrier la dépouille. Si j'en étais, ce n'est point de la sorte que je voudrais faire sortir M. Fouquet de prison.

On n'a jamais vu, dit-il, perdre tant de personnes qu'on estimait.

Qu'en pense son ami La Rivière ? Quand nous le lui demandons, Bussy détourne la tête, ou nous entretient de la Dauphine. Il n'en dit plus rien, ne le cite pas une seule fois de la semaine. Le froid serait entre ces deux-là. Il semble que le chevalier ait poussé la flagornerie un peu loin ; le comte en tout cas l'a remarquée. La Rivière l'a appelé *mon maître*. Ce *maître* dépasserait les bornes. Le billet de retour se veut sec : « L'article de votre lettre où vous m'appelez votre maître me donne plus de peine à y répondre qu'à faire une lettre au roi. Ce sont de ces endroits où l'on répond d'ordinaire : vous vous moquez de moi. »

Il y a peut-être autre chose, que l'on ne nous dit pas. Le comte s'est enfermé avec sa fille de Coligny en tête à tête quand il a reçu le courrier de Bourgogne. Louise a couru ensuite chez sa sœur de la Visitation, qu'elle n'a pas quittée de l'après-midi. Sa fluxion aux yeux avait dû la reprendre, quoique le temps fût bien radouci, car elle cachait à nouveau son beau visage sous une épaisse mousseline.

Combien de temps croyez-vous que durera la disgrâce du chevalier ?

Bussy va marquer le coup. Et quand sa dose de pommade lui manquera de trop, il reviendra le premier. L'adulation est un besoin naturel de son âme, comme le vin pour les ivrognes. Il aime à s'entendre flatter par le bas, autant qu'il flatte vers le haut. Parlons des faiblesses humaines ! On a bien raison de s'en défier. En une heure tout sera raccommodé à merveille.

9

15 mai.

La Chambre juge bien avec la mansuétude qu'on supposait depuis la relaxe de Mme de Dreux ; MM. Colbert et Louvois l'affirment, il faut sauver l'honneur de la France.

Les confrontations n'ont pas ébranlé M. le maréchal de Luxembourg que d'aucuns disaient perdu. Il a été interrogé tous les jours en vain. Vous savez les vilains bruits qui couraient sur lui, sur sa sœur, sur les fruits de leur inceste, sur l'épouse qu'il avait fait disparaître, sur les traités qu'il avait signés avec le diable, sur l'argent qu'il avait détourné. Tout cela est décrété aujourd'hui dénué de fondement. Deux témoins déposaient contre lui ; ils se sont dédits ; on les a condamnés aux galères. Seul un aide de camp a recouru à des pactes infernaux *en se servant de son nom* ; c'est ce qu'il faut retenir. Les juges ne reprochent plus au maréchal que des broutilles. Elles ne lui valent pas même l'admonestation. Il sort absout de la Bastille, il est à la cour, il doit rentrer dans sa charge.

Le voici aux pieds du roi, où tombent les vraies sentences. On se hausse du col, chacun tend l'oreille. Sa Majesté relève gracieusement le rescapé de la Bastille, avant de l'exiler à Piney pour un temps, avec ordre de n'approcher Paris de trente lieues, parce que les soupçons portés contre lui ont été trop violents.

On ne remet pas en place les gens qu'on a offensés. Tout le monde y a été trompé, et lui plus que les autres.

La magnanimité. Perpétuel va-et-vient. Le ressac de la

mer. Mlle de Fontanges, dont le sang ne coule plus, retrouve de son côté l'entière faveur du roi. Et pourquoi ne l'aurait-elle pas ? Le roi n'est pas encore dévot, dit M. de Trichâteau. Quant à la favorite, son mal bien guéri ne laisse rien de dégoûtant ; au contraire, *c'est pour un amant une blessure reçue à son service.* La voici duchesse avec vingt mille écus de pension. Elle prendra son tabouret mardi.

L'indulgence. Celle de Bussy y ressemble. Le chevalier a su trouver certainement les mots pour se justifier, sa dernière lettre du moins était assez bonne pour effacer la faute de la précédente, car le comte a annoncé à Mme de Scudéry, qui l'a répété à M. de T., que La Rivière les retrouvera bientôt à Paris.

Vu de Bourgogne cela paraît assez confus. Toutes ces choses que l'on ne sait pas, que l'on reconstitue chacun à sa manière, en forçant la conjecture.

La date du procès de la veuve de Coligny vient une nouvelle fois d'être repoussée. Soit. La Bourgogne sans Bussy n'a guère de piquant. Si vous voulez. La Rivière a lui-même des affaires à Paris, et le tumulte des poisons est assez étouffé pour qu'on ne lui cherche pas des poux dans la tête s'il y reparaît. Avouez tout de même que ce voyage est troublant. Bussy a invité le chevalier chez lui, lui a proposé de le loger dans l'appartement vacant de sa femme, Mme de Bussy étant retenue à Laon pour une assez longue durée.

La dame de cœur aura le valet de pique à sa porte.

La place investie, le terrain occupé complètement, et il faut se figurer l'exiguïté des maisons parisiennes, si faciles pour cela à tenir, le chevalier pourra donner au comte autant de *mon maître* qu'il voudra, et même de *mon bien bon maître.*

Qui eût cru que l'affaire irait si loin ?

Notre ami Rouargues n'a pu se retenir de convier La Rivière à dîner, ou à souper s'il préférait, une fois encore avant son départ. Nous avons tous marqué cette journée, pour en être. Les préparatifs ont fait long feu, nous sommes restés sur notre faim. Le chevalier a prétexté une indisposition de sa sœur, des affaires à régler, car il ne savait quand il serait de retour ; le temps le pressait, on croyait entendre Bussy ; il a fermement décliné ; puis s'en est allé prendre de bon matin la chaise de poste à Semur.

Il y aurait derrière tout cela une demande en mariage.

Les choses finissent généralement par percer. Il suffit d'un mot saisi au vol, d'une ombre, d'une lueur sur un visage. Ne vous y trompez pas. L'ennui nous a fait obstinés et perspicaces, et nous rendons des points à M. de La Reynie pour ce qui est de délier les langues.

Le receveur de Boui a eu la chance, d'aucuns diraient le génie, d'emprunter la route de Vantoux pour aller à Dijon. C'est un parcours pittoresque, le long du Suzon ; la vallée s'élargit dans le joli bassin de Sainte-Foy, et les versants se hérissent par endroits de grands rochers dans lesquels le voyageur peut s'amuser à reconnaître des silhouettes humaines ou animales. Le receveur roulait très lentement dans ce curieux paysage, quand il a aperçu, venant vers lui, la voiture de Mme de Sandricourt, la sœur de La Rivière.

Il ne lui avait jamais accordé beaucoup d'attention. Elle n'a pas été longue à céder sous l'assaut de ses amabilités. Bien entendu, elle n'a rien annoncé formellement, mais c'était tout comme. Entre son frère et le comte de Bussy s'étendait désormais l'inconnue, la *terra incognita*, lieu propice aux sables mouvants, a ricané le président Gravlaye, d'une demande en mariage.

La demande a-t-elle été transmise par lettre ? — Le chevalier se rend-il à Paris pour en cueillir les fruits, ou bien pour la présenter de vive voix ? Le receveur eût bien voulu nous contenter, mais il n'en savait pas davantage, la rencontre des bords du Suzon ayant été abrégée par l'apparition de gros nuages, très noirs et menaçants, comme il nous l'a expliqué à titre d'excuse.

M. de Trichâteau s'est dit étonné, ni La Rivière ni Bussy ne l'ayant averti d'aucun projet de la sorte ; mais pas si étonné, à tout prendre.

Jeannin de Castille n'avait vent de rien.

Rien non plus à Lux, chez les Houssay.

Mme de Sandricourt en avait dit beaucoup, et pas assez. Or, du côté des empoisonneuses, le silence régnait, la Chambre paraissant dormir, comme pour mieux digérer les récentes relaxes.

Les anecdotes domestiques amusent la curiosité ; les personnes honnêtes méprisent ces frivolités ; mais l'amusement est un des besoins de l'homme. Chacun y allait de ses questions, de ses soupçons, de ses doutes ; et sur cette masse informe se dansait le ballet des ragots ; c'étaient des feux follets échappés d'un fumier en fermentation. — La demande s'est faite par lettre, affirmait l'un. Ne voyez-vous pas que le froid qui a soufflé sur l'amitié du comte pour le chevalier s'explique mieux par l'effronterie de cette demande que par un *mon maître* déplacé ? — Mme de Sandricourt a paru bien soucieuse au receveur, comme si elle trouvait la démarche risquée, du moins très prématurée, disait un autre qui n'avait pas vu le receveur de Boui depuis la Trinité dernière. — Un La Rivière demander la main d'une Louise de Rabutin, marquise de Coligny ? C'est ce qu'on appelle courir à la déculottée ! — Vous n'y êtes pas. Même si le comte n'a en vue que le bonheur de sa fille, la petite condition de son ami ne l'arrêtera pas : je vous parie vingt livres que la réponse sera positive. Cette union entre tout à fait dans ses desseins. — Vous disiez qu'inviter le chevalier à Paris, c'était introduire le loup dans la bergerie : je crois plutôt à un piège que tend le comte. La Rivière va y tomber tout ficelé, et il ne s'en relèvera pas. — Bussy se séparer de sa fille ? Il porterait les cornes s'il accordait la main de Mme de Coligny. M. de H. possède la preuve qu'ils couchent ensemble... Eh, quoi ! qui doit goûter les fruits de l'arbre, sinon celui qui l'a planté ? — En vérité, s'il se faisait, ce mariage serait une bénédiction pour l'aimable veuve, car il la sauverait des griffes de son griffon de père...

Il se disait même que Mme de Coligny était l'instigatrice de la demande, son honneur ne lui laissant pas d'autre choix.

Le moindre bruit trouve ici sa voie. Quand se montre

la lune, il a déjà traversé tout le canton : nos vallées font d'admirables caisses de résonance.

Il se disait beaucoup de choses, et il y en avait sans doute quelques-unes de vraies dans la constellation des fausses, par la force du hasard.

Il fallait retourner à la source. Tandis que le chevalier de La Rivière franchissait la Loire, gagnant Paris à petites étapes, notre ami Rouargues planifiait, avec l'aide du receveur de Boui, le siège en règle de la petite Mme de Sandricourt.

10

Bussy est retombé dans son marasme. Quatre jours sans quitter le lit. Rideaux tirés, serrure verrouillée, la courtepointe sur le menton. Replié sur lui-même, se repaissant de sa chaleur, de son odeur, ne voyant pas l'utilité de se lever, n'en ayant ni la force ni l'envie. Le monde mérite-t-il qu'on se donne cette peine ?

Les domestiques en ont pris leur parti, on a prévenu les laquais de location :

— M. le comte repose. Évitez l'étage. Silence à l'office, pas un bruit.

La maison se déplace sur les orteils.

Quatre jours d'hibernation, alors qu'au-dehors flottent les chaleurs de l'été naissant ; puis le comte se secoue, s'ébroue, se traîne jusqu'à la fenêtre dont il entrebâille les velours afin d'interroger le ciel.

Sans doute y trouve-t-il quelque réconfort, parce qu'il tire alors le cordon, réclame la soupe sur-le-champ ; et qu'on appelle sa fille, qu'on cherche le barbier, qu'on prépare son habit.

Tout cela dans un murmure : l'autorité du cadavre.

La consigne est alors de ne point l'interroger sur sa santé, de ne manifester aucune joie de le voir à nouveau sur pied. On monte de l'eau pour sa toilette, on vide son pot, toujours en silence.

Quatre jours : un battement de cils. Cette coupure sera-t-elle suffisante ?

Devant la glace, attendant la perruque, M. le comte profite du spectacle de son teint jaune, de ses yeux pochés, de ses joues flétries, mangées de poils blancs, de son crâne tavelé, dégarni vers le haut, hirsute sur les tempes.

Le drap a imprimé sur sa face, par-dessus les rides réelles, son propre chiffonnement, qui les redouble.

Que disait la marquise de Sévigné de la vieille Mme de Sanguin ? — « Elle est morte en héroïne, promenant sa carcasse dans la chambre, se mirant pour voir la mort au naturel. »

Le chevalier de La Rivière s'est annoncé pour le début de la semaine suivante.

Sa fille de Coligny ne quitte plus la cour de la Dauphine et Bussy se trouve quelques jours de libres. Il accueille comme un soulagement l'invitation de M. de Tavannes de l'accompagner à la campagne, chez l'avocat général de Lamoignon, frère de feu M. le premier président. Il se dit lassé de Paris, ce que personne ne comprend, et charmé de revoir le vert nouveau des arbres. Cela vous paraît-il venir d'un goût dépravé ? Sur la route, tandis qu'on lui parle de Boileau, de Benserade, du jeune Fontenelle, esprit si brillant que l'Académie fait déjà des épigrammes contre lui, il contemple les fleurs qui tapissent les bas-côtés, comme il examinait la veille l'usure de son corps, avec la même gravité, et le même effroi superstitieux, car ce sont là pareillement les effets de puissances qui nous dépassent.

Dans les cahots de sa rêverie, il songe à ce mot d'un philosophe qui, sur son lit de mort, quand le prêtre l'exhortait à se *réconcilier*, a répondu : *Je voudrais me réconcilier avec l'appétit.*

Puis il songe que les Anciens n'avaient peut-être pas entièrement tort de voir des divinités derrière toutes les manifestations de la nature, et qu'il en existe assurément d'amicales et de contraires.

Et il songe encore, sa réflexion s'épuisant et tombant de plusieurs degrés, jusqu'à revenir au niveau ordinaire, que quand on n'est pas à Paris dans les places qu'on devrait occuper, on est mieux dans des provinces paisibles, où l'on est considéré selon sa valeur.

Il a envoyé au fidèle Saint-Aignan un nouveau chapitre de ses *Mémoires*, en lui demandant une fois encore de lui servir d'ambassadeur auprès du roi. Sa Majesté daignera-t-elle enfin écouter d'une oreille favorable la supplique de l'exilé ? « Songez que cette prière est mon vin émétique, et que si Sa Majesté n'a pas pitié de ma maison en cette occasion, je n'ai plus rien à espérer, et que je ne l'importunerai de ma vie. » Etc.

Au souper, pour réparer la fatigue du voyage, on sert une poularde bien grasse, dont il ne prend qu'une bouchée. Il trempe à peine les lèvres dans le vin. Il se rattrape en revanche sur les desserts, des pâtes, des crèmes, des confitures bien sucrées. Il s'en barbouille le menton ; si l'appétit lui est passé, au moins lui reste-t-il la consolation de la gourmandise.

On a employé beaucoup d'ingéniosité et d'argent dans l'aménagement du parc de Basville.

De l'autre côté de la fenêtre, dans l'éclat du crépuscule, l'enfilade des allées de buis semble mettre à portée de main un petit village, avec l'église et le vieux pont sur la rivière, qui évoque les choses disparues de l'enfance.

De quoi parle-t-on ? Un peu du roi, comme toujours, un peu des *sultanes*, un peu des poisons. De par sa position d'avocat général, M. de Lamoignon est dans le secret des juges. Il souffre volontiers qu'on l'interroge. Comme M. de Tavannes l'entreprend en lui disant que c'est une étrange chose que de faire brûler une sorcière à petit feu :

— Ah ! répond-il, il y a certains petits adoucissements, à cause de la faiblesse du sexe.

— Eh quoi ! monsieur, on les étrangle ?

— Non, mais on leur jette des bûches sur la tête, les garçons du bourreau leur arrachent la tête avec des crocs en fer.

M. de Tavannes en oublie de demander si le supplice de la Voisin n'a pas été tempéré aussi à cause de quelque arrangement préalable.

Comment le nom de Mme de Montglas arrive-t-il ensuite sur la table ? Etourderie ? Malignité ? Nul n'ignore la passion qu'a eue pour elle le comte de Bussy. Quoi qu'il en soit, c'est son tour de grincer des dents.

— Mme de Montglas, dit-il, aurait donc encore des aventures ?

Il l'avoue volontiers : il a aimé cette femme mieux que ses deux épouses et plus que ses nombreuses maîtresses réunies. En échange de quoi Mme de Montglas l'a trahi, l'a abandonné, s'est moqué de lui, dans le temps que le roi le jetait à la Bastille, puis l'exilait, qu'il était malade, que tout le monde lui tournait le dos. Il lui en a voulu à en crever ; il la voyait partout ; il n'aspirait qu'à l'oublier ; il l'a fait peindre sur tous les lambris de ses salons, par manière de vengeance, sirène périlleuse, plus légère que le vent, changeante comme la Fortune, fuyante comme l'hirondelle, oignon dont on n'atteint pas le cœur sans verser des bouillons de larmes. On connaît ces allégories. Il regrettait l'ingrate ; mais vous savez comme les années soignent les maux et rendent tout insensible : il lui trouverait aujourd'hui presque des excuses ; et sans doute lui garde-t-il de la tendresse, puisque n'ayant pu la déloger de sa mémoire, il lui a pour ainsi dire pardonné.

— Le jour qu'on m'a appris qu'elle s'était liée d'une amitié exclusive avec Mmes d'Olonne et de Montmorency, j'ai expliqué que de même que Rome appelait *triumvirat* l'union d'Auguste, de Lépide et de Marc-Antoine, j'appelais cette union-ci *triumputat.* Aujourd'hui je dis simplement : *cette femme redoute la solitude.*

Qu'a donc fait Mme de Monglas pour qu'on la mentionne encore dans une conversation, à la campagne ? Il semblerait qu'elle touche au bonheur d'un revirement de fortune. Le mari est mort ruiné ; elle spécule sur son fils : la beauté qu'elle lui a transmise l'autorise à prétendre à un beau mariage : Mlle de Saumery, c'est cent mille francs de revenu, et le roi promet de mettre soixante mille écus dans la corbeille.

— Si l'intrigue réussit, vous les verrez avant trois ans parmi les plus riches seigneurs de la cour.

— Mon vieil ami Saint-Aignan, dit Bussy, avait des intentions pour la demoiselle. Il sera fâché d'apprendre qu'on lui a préféré ce garçon. Bah ! tel que je le connais, il se consolera en disant qu'il le fera cocu.

Puis :

— Pour ma part je vous remercie, messieurs, de la bonne nouvelle. Mme de Montglas me doit neuf cents pistoles. A la veille de me quitter, quand j'étais en prison, elle m'a signé une reconnaissance de dettes, pour le tiers de la somme, il est vrai, mais qu'elle a confirmée ensuite dans une lettre. Le moment paraît bon de lui rappeler son engagement. Cela ne me fera jamais qu'un nouveau procès.

Il y pense encore au moment du coucher : passer par l'intermédiaire de Mme de Fiesque, obtenir l'approbation préliminaire de Mme de Montpensier qui sait toute l'histoire, menacer par ces biais Mme de Montglas... Cette perspective de représailles le fait s'endormir sur un nuage.

Cécile de Montglas. Il disait d'elle, dans le temps : *l'air qu'elle souffle est plus pur que celui qu'elle respire.* S'il lui devait la plus rude expérience qu'un amant pût faire, elle l'avait plongé d'abord dans les enchantements les plus exquis qu'un amant pût éprouver. Il en était né une fille ; quelle âge a-t-elle aujourd'hui, cette Mlle de Chiverny qu'on ne lui a jamais présentée ? Sans doute assez de printemps pour aller à la pêche aux époux. — Quand j'aurai fait bien peur à Cécile de Montglas, se dit-il au réveil, qu'elle se croira au bord d'un scandale public et qu'elle pensera ses espérances ruinées, je lui renverrai ses lettres en lui recommandant de les jeter au feu.

Il s'en délecte par avance. Voici un petit discours qu'il lui pourra bien tenir :

— Je vous assure que je n'ai plus rien sur le cœur contre vous, madame. Je ne suis guère vindicatif, et ce que je suis encore moins, c'est dissimulé. Quand je vous dis que je vous baise la main il faut me croire ; car je ne cache guère que je hais.

Il passe encore trois jours à la campagne, qui filent si vite qu'on ne les sent pas passer ; puis prend congé de son hôte et regagne Paris en compagnie de M. de Tavannes ; et s'y prépare à recevoir son ami La Rivière, avec sa fille de Coligny.

11

Sans se presser, par la chaise de poste, sa jument à la longe. Un La Rivière, cela ne voyage pas autrement.

Le chevalier a dû arriver à Paris dans les premiers jours de juin, selon nos estimations. On en espérait grand bruit dans la semaine. Rien ne vient, sinon qu'il a été *bien reçu*, et que Bussy le promène dans le monde, chez les Scudéry, les Montpensier, où l'on ne lui fait pas plus mauvais accueil.

Sur la demande de mariage, pas un mot. A croire que nous avons rêvé un joli conte.

Bussy et La Rivière ont fait de concert avec quelques amis une visite secrète au château de Versailles. La cour étant à Fontainebleau, ils voulaient admirer les aménagements qu'on y achève. La grande nouveauté serait un meuble qui tient du coffre et du cabinet ; trois ou quatre grands tiroirs en occupent la façade, le tout marqueté d'écaille, de cuivre, de bois de couleurs variés, et coiffé d'une plaque de marbre ; cela serait fort pratique et se nomme ainsi une *commode*. Gageons que nous verrons bientôt quelque menuiserie semblable surgir des mains des ouvriers de Bussy-le-Grand.

L'excursion était assez joyeuse, paraît-il, le chevalier et le comte rivalisant de vivacité d'esprit. Personne n'a su nous dire si Mme de Coligny en était.

Les renards à la fin se retrouvent tous chez le pelletier. Attendons.

De retour de la capitale, M. de V.-V. nous a appris qu'un

gentilhomme breton nommé Pergamon a été assassiné par trois masques vêtus en femme, sortant d'une assemblée. Deux le tenaient, l'autre lui perçait le cœur. On pense que ce Breton avait donné des coups de bâton à quelqu'un qui s'est vengé.

— N'avez-vous rien plutôt sur M. de Bussy ?

— Le comte de Bussy, nous a répondu M. de V.-V., craint pour l'avenir de son fils. Ses démarches n'ont pas eu d'effet positif. Amé-Nicolas végète à la cour. Il a quelque chose de brusque et d'impétueux qui ne lui attire pas beaucoup d'amis. Le comte dit que le jeune homme tient du côté Rouville, c'est-à-dire du côté maternel, une dose de férocité qui le rend assez incompatible pour le commerce du monde, quoiqu'il ait de la raison et de l'acquit.

— Et Mme de Coligny ?

— Elle m'a paru lassée des longueurs de la chicane.

— Vous voulez dire...

— Que voyant la difficulté des audiences, elle s'apprête à faire appointer son procès ; à le faire juger sur pièces, si vous préférez. Aussitôt qu'elle aura un rapporteur, elle lui laissera voir son affaire à loisir, dont elle n'aura plus à s'inquiéter avant l'année prochaine.

— Elle reprendra donc bientôt le chemin de la Bourgogne ?

— C'est probable.

— Et La Rivière...

— Eh, quoi, La Rivière ? M. de La Rivière n'est-il pas le commensal du comte de Bussy ?

M. de Ch., de son côté, n'a des nouvelles que de la cour, qui sont déjà dans le public, à deux ou trois détails près. Mme de Fontanges, dit-il, se trouve à nouveau dans une grande faiblesse. Les saignements que lui avait donnés sa fausse-couche ont repris, à cause d'un menuet qu'elle a voulu danser, et qu'elle a dansé fort mal. Elle ne quitte plus le lit. Il semble que la délicieuse Mlle de Châteautiers aille lui succéder, le roi étant de nature aussi impatiente que vigoureuse. Voilà pour le matériel. Pour le reste, Mme de

Montespan n'en a pas fini de trembler. Une autre rivale menace sa position, d'autant plus dangereuse que l'inclination qu'a Sa Majesté pour celle-ci ne touche guère pour une fois aux bagatelles de la chair : délaissant le salon de la vieille sultane, le roi vient désormais tous les jours chez la Maintenon, qui est la gouvernante de ses enfants naturels, après son dîner, avant et après le souper, et il y demeure jusqu'à minuit pour le seul plaisir de la conversation, et parfois même sans conversation, parce qu'il s'y sent bien et qu'on y respire un air libre et naturel. Mme de Montespan est enragée : sa bonté a installé Mme de Maintenon à la cour. On l'a vue verser beaucoup de pleurs. Vous pouvez juger du martyre que souffre son orgueil.

— Et Bussy ? demandons-nous.

Nous avions sous-estimé la petite Mme de Sandricourt. Ni le receveur de Boui, ni notre cher Rouargues, ni le président Gravlaye, quelle que fût leur expérience en la matière, quelques efforts qu'ils eussent déployés, n'ont réussi à la soulager de son secret. La demande en mariage ? Mme de Sandricourt a esquivé tous les coups avec une dextérité extraordinaire. Nous en avons déduit qu'il n'y avait pas encore de réponse solide.

Que savons-nous ? Des vétilles au regard de notre curiosité. Le comte et sa fille de Coligny sont partis de Paris le 10 juillet, La Rivière sur les talons. Ils ont battu bien du pays. Ils sont allés à Laon, admirer Mme de Bussy dans ses œuvres ; l'énorme plaideuse, secondée par une de ses chanoinesses de filles, gère toujours ses affaires avec une application admirable, et c'est sans doute un plaisir que de la voir estimer les biens de Manicamp mieux qu'un expert patenté. Ce plaisir-là consommé, après un détour par Selles, le comte est allé à Notre-Dame-de-Liesse accomplir un vœu (quel vœu ?) qu'il avait fait. Puis la petite troupe est passée par Reims, Châlons, Arcy-sur-Aube, Bar-sur-Seine, Châtillon. Voyez si l'on prend son temps. L'heureuse veuve n'appréciait guère jusque-là l'incommodité des routes ; le chevalier de La Rivière lui en a sans doute révélé la saveur. Nous les attendions hier. La belle-sœur de Toulongeon devait conduire à Bussy-le-Grand l'enfant de Mme de Coligny, dont on lui avait confié la garde. Le garçon a la fièvre, découvrons-nous aujourd'hui, les plans ont été chamboulés, tout le monde s'est précipité à Autun au chevet du petit malade.

La Rivière les accompagne-t-il encore ? Mais oui. Ils nous reviennent ensemble. Et là-dessus, plus rien. La vie reprend son cours. Les bagages n'étant pas défaits, Bussy a convoqué des artisans pour les faire travailler à des agréments qui manquaient encore à sa maison. Nous lui avons rendu visite. Mme de Coligny, comme effarouchée, ne semblait soucieuse que de la convalescence de son fils. De son côté, M. de La Rivière s'est découvert une passion pour les échecs ; il philosophait et moralisait sur ce jeu, indifférent à tout autre sujet. Rien ne rabaisse tant les prétentions, nous a-t-il soutenu, ni ne fait mieux sentir la misère et les bornes de l'esprit. Dans le feu de sa démonstration, il lui a échappé une bizarre confidence. Il a dit que le vrai mérite des échecs était d'obliger à se mettre à la place et dans l'esprit d'autrui, et que son éducateur l'y avait accoutumé dans sa jeunesse, le trouvant assez fier pour dédaigner les avis et les ordres de ses maîtres, *en lui faisant porter un jour entier la livrée d'un laquais.* Il avait huit ans ; cet honteux déguisement lui avait donné la leçon la plus mortifiante et la meilleure qu'il eût jamais reçue.

Notre ami Rouargues a jugé saugrenu, voire révoltant, qu'un gentilhomme trouvât bon de n'être pas lui-même.

Nous n'avons pas été plus avancés.

Le président Gravlaye commence à penser que nous nous sommes trompés du tout au tout. Bussy paraît un père complaisant. Rouargues croit que le trio peut survivre longtemps s'il suit ce train. La vanité du comte empêche que sa fille déchoie en épousant un chevalier de naissance incertaine ; mais comme Bussy a d'autre part infiniment de goût pour ce même chevalier, il se ferme les yeux d'une main, brandit de l'autre quelque bâton de vertu, et fait tout enfin pour que sa vieillesse s'écoule entre une fille dévouée et un ami plaisant autant que respectueux.

Deux béquilles valent mieux qu'une. Le raisonnement se tient.

Mme de Coligny, de son côté, se prête sans doute à cet arrangement qui lui laisse un amant, l'empêche de passer d'une tyrannie à une autre, et lui permet de ne pas voir ses biens tomber aux mains d'un mari qui pourrait aussi bien les dilapider ailleurs.

Reste le chevalier. Lui seul y perd. S'il jouit de la femme et du toit, la dot lui échappe, et cela lui coûte cent courbettes la semaine. Rouargues a balayé l'objection :

— L'échine est souple, messieurs, rappelez-vous la *livrée de laquais*.

La mèche paraît bien mouillée. Nous nous formons à l'idée que le pétard n'éclatera pas quand, quelques jours plus tard, un neveu de Mme de Ch. lance comme une bombe la nouvelle que La Rivière a été renvoyé. Vous voulez dire *parti* ? Parce qu'on a repoussé la demande de mariage ? Il s'agit bien de ça ! Renvoyé ! Congédié comme un domestique, expulsé comme un Juif, banni comme un Huguenot ! Rouargues, le président Gravlaye, nos amis n'en sont pas remis, quoiqu'ils disent maintenant l'avoir prophétisé de longue date.

Il faut écouter le neveu de Mme de Ch. : Bussy a prié le chevalier de ne plus reparaître chez lui. On ignore encore le pourquoi de la chose. L'agitation gagne. C'est une magnifique journée d'été. On se renseigne, on envoie dans les maisons, on y va, on compare les informations, on réfléchit. Liquidé !

Le dimanche suivant, la sortie du sermon donne l'occasion de confronter ce qui a été recueilli.

Selon le receveur de Boui, qui continue de cultiver l'amitié de la petite Mme de Sandricourt : La Rivière dit qu'il a fait sa demande, que Bussy lui a accordé la main de sa fille sous certaines conditions, qu'il a exécuté ces conditions, que Bussy a alors retiré sa parole, que Louise pleurait, que Bussy criait et ne voulait rien entendre, que lui, La Rivière, s'est retiré noblement.

Selon Mme de Ch., dont une sœur était au couvent avec Mme de Sandricourt, les conditions imposées par Bussy étaient extravagantes : il aurait demandé au prétendant d'acquérir une ancienne terre de Coligny passée par héritage dans la maison des princes de Wurtemberg-Montbéliard, qui eût rendu aux propriétés de sa fille leur plénitude d'antan. Cela rappelle les travaux dont on chargeait les héros dans les mythologies. La Rivière n'est pas plus Thésée qu'il n'est Crésus. Comment eût-il pu réunir la somme nécessaire ? Même en hypothéquant sur les biens de sa sœur, et en puisant dans la bourse de toutes ses amies et anciennes maîtresses, il en eût été fort incapable. Il n'est donc pas vrai qu'il a exécuté les conditions imposées par Bussy ; ces conditions représentaient en elles-mêmes une fin de non-recevoir : c'était une façon élégante de le refuser.

Selon le président Gravlaye, qui n'a pas voulu compromettre sa source, le renvoi n'a eu rien à voir avec la fiction d'une demande en mariage : averti par son cocher, lequel avait bu plus que de coutume et s'était chamaillé avec un artisan du château, un certain La Mèche, sans doute nommé ainsi parce qu'il tenait la chandelle aux amants, Bussy a intercepté une lettre, a eu vent d'un rendez-vous, a surpris La Rivière faisant une cour pressante à Mme de Coligny ; certes pas davantage, car s'il a tempêté et traité le chevalier de misérable, Bussy n'a donné aucun coup d'épée ; il a juste chassé l'impudent, et a conservé son ouvrier, quoique celui-ci eût joué le méchant rôle de messager de l'amour ; car ledit La Mèche ornerait les lambris mieux que personne au monde.

Selon M. de R., qui s'est fait un point d'estimer et d'admirer Mme de Coligny en toute chose : c'est elle-même qui s'est plainte à son père des assiduités de La Rivière et a demandé son renvoi. — Le très vieux M. de R. donne pour preuve la force d'un instinct qui ne l'a jamais trahi.

Selon Mme de R., le vieux M. de R. n'a plus sa tête.

Selon Mme de Ch., c'est plutôt ce que jasait le monde qui a outré Bussy ; vous savez comme il est délicat sur la réputation de sa fille ; il a choisi de mettre un terme à son amitié pour La Rivière, sans élever la voix, à seule fin de faire taire les ragots.

12

Août 1680.

Le comte de Bussy est allé passer quelques jours à Lanty, chez ses amis La Rongère.

C'est un château, parmi des prairies à moutons et des bois, qu'on dit un des plus beaux de France. La maison semble le reflet en pierres de son maître, Hyacinthe de Quatrebarbes, marquis de La Rongère, chevalier d'honneur de la duchesse d'Orléans, fort honnête homme, un peu court d'esprit, mais de taille et de visage à se louer sur un théâtre pour faire le personnage d'Apollon.

Le comte y est allé seul, assez mélancolique que son petit-fils souffrît d'une remontée de fièvre, et que sa fille de Coligny demeurât au chevet du malade.

Les terrasses monumentales, les allées en quinconces, les jets d'eau, le labyrinthe, les bâtiments d'ocre pâle, percés de larges fenêtres, les trumeaux moins légers qu'à Versailles, mais légers tout de même, l'escalier à double révolution, les petits appartements derrière les grands, mille propretés enfin donnant envie de s'y retirer, d'y jouer les Caton, les Virgile, de n'en plus bouger, il souhaitait tout voir, tout visiter. Comment expliquer que les La Rongère n'en voulussent plus et désirassent vendre ? Pour se mieux installer à Paris ? Bussy disait qu'il ne le comprenait pas : renoncer à cet Éden ? Pour le remplacer par quoi ? L'âge l'avait instruit, disait-il, du prix du silence à la campagne, qui n'est pas du silence en vérité ; aux oreilles de la sagesse, la conversation des végétaux dépasse souvent celle des hommes ; et l'on était fort bien placé ici pour l'entendre.

Pendant qu'il discourait, il se donnait l'amusement de chercher comment il ferait ajuster le château de Lanty si d'aventure il en devenait propriétaire, quelles modifications, quels agréments il y apporterait. Il traçait ses plans en idée, raccourcissait un corridor, ouvrait une porte, posait des marbres, égayait les couleurs, s'échauffait, et l'on voyait se dissiper petit à petit les ombres de son visage.

Il eût aimé que sa fille de Coligny éclairât cette retraite comme la nymphe Galatée ; le séjour l'eût ravie ; elle lui eût rendu la réplique si elle avait joué l'architecte à ses côtés, car il lui avait appris à s'y connaître merveilleusement. Trois petits jours à Lanty ; puis il est rentré. Il ne se portait pas bien lui-même. Quelque chose ne lui avait pas réussi. Ses nerfs lâchaient. Il se sentait le sang en furie et brûlé à l'excès. La colique l'a pris sur le chemin du retour. Elle le tenait encore hier.

Le barbier lui a tiré deux palettes de sang ; puis deux autres ; on l'a ensuite purgé, afin de ne manquer de rien.

— La tête, dit Bussy, voilà ce qui rend les gens malades.

Comme pour prouver que la sienne était bonne, il s'est remis à ses lettres. Le commis en a porté plus de dix à la poste de Sainte-Reine. Il y en avait une pour le duc de Saint-Aignan, une pour le révérend père Bohours, une pour le révérend père Rapin, une pour Mme de Sévigné, une pour Mme de Montmorency, etc.

Nous avons voulu faire une visite au comte. On nous a répondu à Bussy-le-Grand que tout le monde gardait la chambre.

Quand nous y sommes revenus, dans les premiers jours de septembre, le château s'était claquemuré. Le comte et les siens étaient partis pour Chaseu. Ils doivent passer comme chaque année le dur de l'hiver à Autun.

C'est une fin de saison toute en brouillards. On ne voit pas à dix pas dans le fond des vallées. Le ciel va du gris au noir ; l'orage gronde au loin, et pourtant ne s'épuise pas.

Lumière de crépuscule. Fenêtres closes. C'est le temps des angoisses diffuses, des petits frissons, des demi-mots.

A Paris, parlant des poisons, on ne dit plus les *événements*, mais les *faits particuliers*. Cela désigne plus spécialement les confessions que ne doit pas connaître la rue, qui ne doivent pas même être présentées à la Chambre de l'Arsenal, parce que *les plus hautes dames de la cour* y sont nommées.

Le prétendu abbé Lesage croyait que Louvois lui accorderait la vie sauve s'il disait tout ; la consigne a été ensuite de ne plus l'écouter et que c'était un menteur. M. de La Reynie avait assez bien travaillé cependant pour tirer d'autre accusateurs de ses manches. Marguerite Voisin, la fille de l'empoisonneuse, ne desserrait pas les lèvres dans les débuts du procès ; elle a tenté d'avaler de l'arsenic : sa mère la terrifiait. C'est une fille d'un peu plus de vingt ans, triste à faire monter les larmes, une chienne battue, bonne pour le ruisseau. Elle a raconté qu'elle s'était sauvée de chez elle quand elle avait dû accoucher, afin qu'on n'offrît pas son bébé au Diable, et qu'elle n'était rentrée qu'après avoir mis l'enfant en sûreté *très loin*. Elle a parlé d'accouplements devant le crucifix, et a fini par désigner Mme de Qui-vous-savez, et point simplement sa suivante. Elle citait d'autres gens vivants. La Reynie dit qu'elle n'a pas assez de génie pour inventer et pour suivre ce qu'elle aurait inventé.

Lisant les déclarations de la fille Marguerite Voisin en privé, le roi a blêmi, les a décrétées irrecevables, et a ordonné que certaines personnes ne fussent plus interrogées devant sa Chambre de justice de l'Arsenal.

La cour s'est réjouie, croyant à un coup fatal porté au crédit du chef de la police criminelle. Il semble plutôt que le roi a donné davantage de licence à M. de La Reynie, mais pour œuvrer dans l'ombre de son cabinet, à l'écart des ministres, hors de portée des juges. Tout passe désormais par Sa Majesté, laquelle filtre les aveux. Le moyen cependant qu'il ne s'en échappe rien ? On n'étouffe pas des vapeurs si vénéneuses. Les murs les plus épais ont toujours de ces fissures par où se font les fuites.

Et les interrogatoires se poursuivent : on interroge l'abbé Guibourg, on interroge la Trianon, cette sorcière qui coupait la main des cadavres et gardait un squelette dans sa chambre ; la police a découvert chez elle vingt-cinq manuscrits de sciences occultes et une quantité prodigieuse de poisons : c'était, dit-on, *l'arsenal et la boutique de la Voisin.*

On interroge surtout une certaine Françoise Filastre ; elle sait tout, elle a assisté à des dizaines d'invocations. Le 9 octobre, elle confirme devant greffier les sacrifices d'enfants, et charge l'abbé Guibourg autant que la Voisin.

Figurez-vous un prêtre pouilleux, âgé d'au moins soixante-dix ans, la figure bouffie, des veines violettes sur les joues, le regard oblique : Guibourg tourne tout à fait un œil. Sa concubine est une malheureuse hébétée par l'alcool, qui dit qu'il a fait disparaître leurs treize enfants. Imaginez ces deux-là buvant des rasades à faire s'étrangler un mousquetaire, pour mieux servir les grandes dames en mal d'amour. Voyez le prêtre louche revêtir sa chasuble blanche semée de pommes de pin : il est onze heures du soir, et un carrosse s'est immobilisé devant la porte. La Voisin fait ouvrir par sa fille. Elle s'installe sur son trône, vêtue de son manteau brodé d'aigles d'or, tandis que la grande dame s'allonge sur un matelas, en masque, le ventre nu, les jupes retroussées au-dessus de la gorge, et parfois toute nue, sans chemise, les jambes pendantes, les bras étendus et tenant un cierge dans chaque main, et avec des tabourets de part et d'autre, sur lesquels brûlent des bougies. C'est sur ce corps, c'est sur l'autel de ce ventre où l'on a posé une serviette et une croix, que va être célébrée la messe. L'abbé Guibourg prononce les paroles consacrées au-dessus du calice, tandis que sa concubine, ou Marguerite Voisin, ou la Filastre, ou Lesage, ou quelque autre servant, apporte l'enfant dans un bassin, qui est un enfant né avant terme, ou dont la mère ne veut pas, ou un bébé qu'on a volé, ou qu'on a acheté : le prix est en général d'un écu. Cela dure jusqu'à minuit. Pendant l'offertoire, tandis que s'élèvent les prières dédiées à Astaroth et Asmodée, les princes de l'amour et de l'amitié, l'abbé Guibourg égorge l'enfant dans le bassin. Il le pique au cou à l'aide d'une grande aiguille, et le sang coule dans le calice sur le ventre de la dame, où il se mêle à du sang de chauve-souris et autres matières immondes. Parfois on ajoute les entrailles enlevées avec un canif, ou du sang caillé pris dans le cœur ouvert ; parfois tous ces ingrédients sont distillés et mis dans une fiole, que la dame emporte ; parfois on lie le sang avec de la farine, que l'on façonne ensuite en forme d'hostie ; parfois on y met des rognures d'hosties consacrées, et on bénit l'hostie obtenue comme à la messe ; parfois la dame l'avale ; parfois elle la prend avec elle pour la faire avaler par la personne qu'elle désire. Cela attire irrépressiblement l'amour, paraît-il ; mais pour obtenir de cette messe le résultat désiré, il faut la répéter à trois reprises, et parfois davantage.

Lesage ne parlait pas différemment que la Filastre.

Le nom des grandes dames qui se sont prêtées à ces cérémonies ?

— Interrogez la Coudraye, demandez à la Vertemart, à la Delaporte, à l'abbé Cotton.

La Filastre se bute et ne veut pas dire les noms, malgré la question, ni pourquoi elle ne veut pas les dire, puisque son échafaud se dresse déjà à la Grève.

Ne sait-elle pas qu'elle peut s'éviter l'agonie dans les flammes ?

Elle les dit enfin, par lassitude, et ce sont les mêmes qu'a dit *spontanément* la fille de la Voisin.

Sa Majesté lit le procès-verbal de la question. On attend que s'abatte la foudre de Jupiter. Son honneur conseille au roi de suspendre plutôt les séances. Dans le milieu du mois d'octobre, il fait fermer sa Chambre de justice de l'Arsenal *jusqu'à nouvel ordre*.

Voulez-vous meilleure preuve que Mme de Qui-vous-savez trempe là-dedans jusqu'au cou ?

Une comète est apparue au-dessus de Paris. On se prête des longues-vues pour l'observer. Mme de Sévigné dit qu'elle a la plus belle queue qu'il est possible de voir.

Les grands personnages sont alarmés, écrit-elle à son cousin, et croient fermement que le ciel, bien occupé de leur perte, en donne des avertissements par cet astre.

Une comète était apparue quand le cardinal Mazarin avait un pied dans la tombe, et ses courtisans disaient que le firmament honorait son agonie d'un prodige. — *La comète me fait trop d'honneur*, avait murmuré le cardinal.

« La comète se voit aussi en Bourgogne, répond Bussy à sa cousine de Sévigné, et fait parler les sots de ce pays-ci comme ceux de celui-là. Je trouve que Mazarin eut bien de l'esprit de se moquer des flatteurs. Votre nièce de Coligny admire encore plus sa fermeté que son esprit en cette rencontre, et en effet il faut bien de la force pour dire en mourant les même choses qu'on dirait en bonne santé. »

Pour sa part, le comte pense que la venue d'une comète, fort redoutée dans l'Antiquité, marque tout au plus l'altération des saisons, et qu'elle ne peut causer que la peste ou la famine.

Loin de fixer les yeux sur les étoiles, il les dirige pour moitié sur la cour, où Sa Majesté a lu *avec intérêt*, lui a-t-on annoncé, le nouveau passage des *Mémoires* dont il a confié la lecture à son ami Saint-Aignan, et pour moitié sur la terre de Lanty qu'il rêve d'acquérir.

Il a déjà soumis une proposition aux La Rongère, au nom de sa fille, car c'est pour elle qu'il veut faire l'achat. Le domaine se trouve aux confins de la Bourgogne et de la Champagne, entre Chaumont et Châtillon, à quelque dix lieues de Bussy-le-Grand, c'est-à-dire à moins d'une journée de route de chez lui : situation avantageuse. Louise ajouterait à ses titres celui de baronne de Lanty : titre enviable. Il a fixé les grandes lignes des embellissements qu'on y pourrait mener : les travaux distrairont utilement l'aimable veuve.

Notre ami Rouargues, rappelant les conditions imposées par Bussy à La Rivière en réponse à la demande de mariage, pense que cela devrait avoir pour effet de montrer de combien le père surpasse l'ancien prétendant, puisque celui-ci peut offrir ce que celui-là n'a pas su donner.

Le président Gravlaye a souri à ce mot d'offrir. Le beau cadeau, en vérité ! Puisant dans la bourse de Mme de Coligny, Bussy fait son généreux à bon compte.

C'est maître Thomas, selon notre cher Rouargues, qu'on a choisi pour notaire. On en serait déjà à inventorier les meubles que laisseront M. et Mme de La Rongère, installés à Paris. L'accord de vente sous seing privé doit arriver d'un jour à l'autre.

13

La Bourgogne l'hiver, entre chien et loup.

M. le comte a demandé à son ouvrier un portrait du roi Casimir de Pologne, disant beaucoup aimer ce monarque qu'il a rencontré autrefois aux eaux de Sainte-Reine : tableau d'un pied six pouces de hauteur, destiné à la galerie des grands princes de l'Europe, à copier d'une gravure ; et il l'a chargé de restaurer dans le même temps un vieux blason peint, dont la couronne était ruinée autant que les fleurs de lys : dorure écaillée et tombée en poudre par la faute d'une mauvaise *assiette*.

Fort bien. La Mèche travaille à ces deux ouvrages alternativement, l'huile qui lie les pigments étant longue à sécher.

Lorsque s'achève le jour, La Mèche range ses couleurs. On le laisse alors corriger les pieds d'une table branlante et remplacer un carreau dont le verre fendu menaçait de briser au premier vent. Cela lui plaît. Il tire de l'eau à la pompe quand la lumière ne permet rien d'autre.

Toujours obéissant, ne renâclant jamais, à son habitude.

Il entre pourtant sous la lune dans les rues d'Autun, rue du Moulin, rue de l'Arbalète, le bonnet enfoncé sur les yeux, très mécontent cette fois de la tâche qu'on lui a assignée.

Il entre rue du Fossé-Saint-Bernard ; puis dans un cul-de-sac pour lequel il n'y a pas de nom, trois bâtisses obscures entre jardinets et remparts ; il ralentit le pas, hésite, bouillant de confusion, rongé par un scrupule, furieux contre lui-même.

Que pouvait-il faire ? Mme la marquise de Coligny le dévisageait du haut de sa fenêtre, avec un sourire de gratitude et une exaltation terrible dans le regard.

Comment refuser ? Mlle Poussy lui faisait ses prescriptions en articulant les mots avec soin, comme si elle parlait à l'idiot de la paroisse.

Il s'est s'incliné, oui, trop heureux des bontés qu'on avait pour lui. Il s'est chargé du billet une fois encore.

Tant qu'on était dans les châteaux, à Bussy, à Chaseu, et qu'il ne s'agissait que de porter les lettres au relais de poste, La Mèche pouvait feindre d'ignorer à qui elles s'adressaient en vérité. C'était Dupré le destinataire qu'on avait couché sur le papier, et il n'avait pas à se soucier, lui, que Dupré fût le domestique d'un homme que M. de Bussy ne désirait plus recevoir.

Deux lettres la semaine, certaines fort lourdes ; le rythme n'a pas faibli de l'automne.

Jusque-là le mal n'était pas bien grand. La Mèche se disait qu'il apportait du soulagement à sa maîtresse.

Mais aujourd'hui que nous sommes à Autun, ville de foires et d'auberges, où les gens font moins attention aux voyageurs que dans les campagnes, il y a du changement, la lettre doit être remise en mains personnelles au chevalier, lequel l'attend, si les indications de Mlle Poussy sont justes, de l'autre côté de cette épaisse porte noire... La Mèche a beau être une bête, il ne peut s'empêcher de penser que la présence de M. de La Rivière en ce lieu, ce soir, n'est pas sans rapport avec le départ annoncé de M. le comte, qui s'en est allé de bon matin à Dijon.

Par ce billet Mme la marquise explique sans doute comment on peut la rejoindre.

— Par ma faute !

Que dirait M. le comte s'il savait ?

Mlle Poussy lui a offert quelques sous pour la course. Tandis qu'il soulève le heurtoir, notant au passage qu'il a été fixé de travers et que le marteau lâchera bientôt si l'on n'y remédie, La Mèche se promet d'user de cet argent comme Judas a usé jadis des deniers de la trahison : il y a dans les bois alentour une chouette dont les cris funestes annoncent plus sûrement qu'une comète les malheurs des hommes.

1681

1

Le premier tiers de l'année 1681 se passe comme suit :

La Rivière dans les plaintes et les reproches, parce qu'on ne l'a pas suivi, qu'on s'est laissé acheter, dit-il, qu'on prend trop bien son mal en patience, et qu'il combat en la personne du père un ennemi redoutable ;

Louise de Coligny dans les désespoirs, les ruses, les tergiversations, les battements de cœur, les prières, les serments d'héroïne à l'antique ; tenir dans l'attente devient à la longue une forme d'action où s'épuisent toutes les forces ;

Bussy dans les tracasseries, les ergotages, la chicane financière ; parce qu'il ne veut pas, dit-il, écorner les biens de sa fille ; sans cesse absent, demeurant près d'un mois d'affilée à Dijon, tout seul, chez Chappe, à l'enseigne du *Lion d'or* :

« La plupart des gens y sont rudes, écrit-il à Mme de Scudéry, comme voisins des Comtois et des Suisses dont ils copient la grossièreté. J'y cherche d'ailleurs de l'argent à emprunter pour l'acquisition de Lanty, et sur cela j'aimerais autant parler à des Suisses. »

Les poisons en silence, du moins dans les plus faibles murmures ;

La Rivière officiellement à Barbirey-sur-Ouche, chez sa sœur ;

Louise (et son père, quand il n'est pas sur les routes) à Autun, puis à Chaseu dès le retour du printemps, et à Lanty qu'on occupe déjà, quoiqu'on n'ait pas fini de payer ;

Son fils régulièrement malade ;

Les serviteur partagés, les uns suivant M. le comte, les autres détachés auprès de Mme la marquise : longues discussions pour savoir si La Mèche sera plus utile à Lanty que dans les autres châteaux ; madame finit par l'emporter, avec obligation de rendre l'ouvrier avant l'automne ;

Bussy mettant beaucoup d'eau dans son vin ; gracieux, conciliant ; se démenant pour sa fille, lui accordant plus de liberté qu'il n'a jamais fait, lui laissant presque la bride sur le cou, comme s'il avait conclu un marché avec elle ou qu'il en recherchait les bonnes grâces ; s'amusant pour le reste, parce qu'il n'y a pas de meilleure récréation au monde, à adapter en français les épigrammes de Martial, de Catulle :

Bélise dit du mal de moi,
Et me marque une haine extrême.
Je meurs si je sais pourquoi,
Si ce n'est que Bélise m'aime.

Sera-t-elle jusqu'à la tombe la dame de compagnie de son père ?

Louise en détresse, et dans les ressentiments quand les reproches d'Henri lui ouvrent les yeux.

Dès leur première retrouvaille, où elle arrive tremblante, le chevalier lui parle contre Bussy, au lieu de lui ravir des baisers et des caresses : comment Bussy abuse d'elle, comment il s'est rendu maître de son bien, comment il permet que des bruits affreux circulent dans le public sur sa conduite.

— C'est tout le contraire, dit-elle.

Elle se froisse, tente de se justifier ; mais le chevalier lui rappelle le jour où elle a découvert que son père avait touché un revenu dont elle avait besoin. Quand elle a hasardé quelques plaintes, Bussy lui a répondu d'un ton à faire trembler. Des cris, des menaces ; et lui, La Rivière, était témoin.

— Peux-tu le nier ?

Il lui rappelle comment elle lui cachait ces mauvais traitements quand elle croyait qu'il ne pouvait les apprendre ; et il les apprenait par l'indélicatesse bienveillante des domestiques.

Il lui dit qu'elle ne sait que pardonner, qu'elle ne se venge de son père qu'en l'apaisant.

Il lui montre dans quelle surveillance étroite la tient Bussy, comment il l'a asservie à ses désirs, à quel état d'inféodation il l'a réduite.

Il lui dit qu'on attaque partout sa réputation à cause de la mauvaise opinion qu'on a du comte ; que ce n'est pas assez d'être honnête femme dans le fond, parce qu'on est obligé aux apparences, lesquelles ne lui sont guère favorables ; et qu'on est forcé à croire qu'il faut qu'elle ait fourni à son père de terribles armes contre elle, puisque toute veuve et libre qu'elle est devant les lois, elle ne sort pas d'une servitude qui la ruine de toutes les manières.

Louise comme une souche ; La Rivière comme une pierre, en retrait, les doigts au repos, alors qu'ils sont assis côte à côte, et que les cuisses se touchent.

Lui saisit-elle la main, le chevalier explique qu'il est dans une tristesse à faire pitié. Il finit par en avouer la cause. Bussy, dit-il, l'emporte de beaucoup sur lui, il se connaît trop bien pour en disconvenir ; de là une jalousie mortelle, et la conviction par bouffées que leur amour court à l'échec.

Louise se butant dans les larmes, le suppliant de ne point l'abandonner. La Rivière passant à la compassion, lui enserrant les épaules du bras ; et les lèvres se joignent enfin.

Ils se sont tout juste quittés, et déjà elle lui écrit : défiance, protestation, flétrissure, ambiguïté, poignard, infamie, déchirement, adoration, sans rien décider de neuf, comme de coutume.

La Rivière revient de son côté à des sentiments meilleurs :

« Je ne veux rien que ta volonté, je ne cherche qu'à te plaire, je donnerais pour y parvenir jusqu'à la dernière goutte de mon sang. Ce que je devrais haïr, ma chère enfant, je l'aime dès que tu veux. Tu remues comme il te plaît toutes mes passions à l'égard des autres. Il n'y a que celle que tu m'as donnée sur laquelle tu n'as point d'empire, et que tu ne saurais empêcher d'être jusqu'à la mort la plus forte qui fût jamais. »

Mais, quelques jours plus tard, quand ils se retrouvent dans la voiture fermée que le chevalier loue avec l'argent que lui a avancé Louise :

Il passe sa vie comme un damné, souffre sans diversion ; et les violences contre le père reprennent leur place dans le cortège des aigreurs :

— Si je n'espérais que cet horrible empire que tu lui as laissé prendre sur toi aura moins de pouvoir à la fin que ton amour, je m'étranglerais de mes propres mains. Je suis outré jusqu'à la fureur. A moins de me croire une bête sans sentiment, tu ne peux pas douter que je ne voie et ne sente tout ce que je dois voir et sentir. Me voici induit dans une prison où je trouve qu'on ne me nourrit que par cruauté.

Henri admire Louise dans ces rencontres de ne pas le contredire, sans abonder en mal contre son père. Il pourrait dans le même temps la gifler.

— Depuis deux ans, dit-il, tu m'as livré à des malheurs qui sont d'autant plus affreux qu'ils sont uniques en leur espèce.

Elle baisse la tête. Il lui répète qu'il ne croit pas aux ragots, bien entendu. Mais à la première occasion :

— Resteras-tu à jamais la victime de ton père ?

Elle aurait voulu le raccommoder avec lui, qu'Henri invente quelque manière d'amadouer Bussy, de reconquérir son amitié, de façon qu'ils parviennent à leurs fins par les voies régulières. Elle se berce d'illusions, répond le chevalier.

La semaine suivante, Louise repart pour Chaseu où son père doit la rejoindre. Vous connaissez ce château, dans la paroisse de Laisy. C'est une vieille maison forte, avec pont-levis, fossés et grosses tours, que Bussy a agrémentée d'une aile moderne. De là, le regard s'étend sur une vallée largement ouverte, parsemée de champs cultivés et de prairies que mouillent les eaux tranquilles de l'Arroux : la plus belle situation du monde. Cette situation dégagée n'est pas sans inconvénient ; dans quelque direction que vous alliez, vous marchez à découvert, il y a toujours quelque berger, quelque paysan pour épier vos pas.

On y séjourne trois longues semaines, pendant lesquelles La Mèche ne se charge que de trois lettres dans un sens, et Dupré d'une seule dans l'autre.

Chacun garde ses distances. Bussy intimidé par les grands yeux froids de sa fille.

Puis, dans les derniers jours d'avril, sur le chemin de Lanty, Louise s'arrête pour quelques jours à Bussy-le-Grand, avec son enfant, tandis que le comte poursuit vers Dijon, afin d'y chercher l'argent qui lui manque encore.

La Rivière s'en va alors sur sa jument truitée prendre ses quartiers à Semur ; il n'ose s'aventurer plus près.

Louise livrée à elle-même. Le premier jour qui suit le départ de son père, elle se met en retraite, c'est-à-dire dans des réflexions face à la muraille. Le deuxième, elle le consacre à la charité, à l'exemple de sa tante de Toulongeon. Son cuisinier prépare du bouillon pour les pauvres, et le mot se répand : on accourt le surlendemain de quatre à cinq lieues de distance.

Louise fait donner aussi aux miséreux des médecines, des aumônes, de vieux habits. Elle préside à la distribution lorsque se présente à la grille le notaire des environs qu'elle a fait convoquer par Mlle Poussy : maître du Saulle, héron pâle, clignant les yeux, ébloui par l'honneur qu'on lui fait. Mme la marquise n'est pas moins bouleversée ; il n'en voit rien, car il s'incline à tout bout de champ, avec d'amples mouvements des ailes, obnubilé par l'idée qu'il a des marques de respect qu'on doit prodiguer aux personnes de la noblesse.

Il n'a pas déballé son écritoire, dans le cabinet où il a été poussé, que Louise lui tend le brouillon qu'elle a fait rédiger à Paris. La Rivière y a mis les noms et a rayé deux articles.

— Ah ! dit le notaire, un contrat de mariage.

Les futurs époux, lit-il, adoptent le régime dotal. En cas

de survie de la future ou d'existence d'enfant, le futur fera don d'une rente de deux mille livres, rachetable au principal de trente ; et en l'absence d'enfant, d'une rente de trois mille livres, rachetable au principal de quarante. Fort bien. Tout cela semble merveilleusement dressé. La future renonce à prendre aucun douaire. Le futur et ses héritiers, en cas de dissolution du mariage, rétabliront tout ce que la future aura apporté, ou qui lui aura été échu par succession, ou donation, ou testament, ou de toute autre manière. On ne saurait faire plus clair. Chacun des contractants s'engage à payer ses dettes sur ses propres biens ; et se réserve de faire ultérieurement telles dispositions que bon lui semblerait en faveur l'un de l'autre ; et promet de se présenter dès que requis en face de la sainte Église pour recevoir la bénédiction nuptiale.

— Désirez-vous, madame, que je...

Louise ne lui demande rien d'autre que de copier, que d'enregistrer.

Maître du Saulle aimerait faire des propositions, introduire quelque convention supplémentaire ; il semble qu'il doive mériter ses honoraires. On lui dit de revenir pour la signature, et l'on s'en retourne à ses charités. Le notaire n'a pas achevé sa phrase, il roule encore les bords de son chapeau entre ses mains, et un jeune domestique à qui il manque un doigt le mène à l'anneau auquel on a attaché sa mule. Dieu, que ces gens-là sont abrupts !

Le contrat se signe dans la soirée du 3 mai, à la lumière des chandelles, avec deux laquais pour témoins, le contractant surgissant de derrière une portière à la dernière minute, tel un fantôme, pour apposer sur la feuille en larges lettres ses noms et titres au complet : Henri-François de La Rivière, chevalier, seigneur de Coucy, fils majeur, usant de ses droits, de feu messire Charles-François de La Rivière, seigneur de Coucy, des Roches, Bertoncourt, Alincourt et autres places, gentilhomme de la chambre du roi, et de dame Madeleine de France, dame du Chesnoy.

A la stupeur de maître du Saulle, ce futur disparaît pendant que l'encre sèche.

2

A Bussy-le-Grand, dans le salon des Devises, le portrait du roi, copié de Hyacinthe Rigaud, fait pendant à celui du comte ; les deux en armures, de face, au plus bel âge, même taille, le cadre à l'identique. Ces figures ont le don de vous suivre des yeux. Fort semblables sous la perruque, Sa Majesté et Bussy regardent Louise dans quelque coin de la pièce qu'elle se cache, sans plus la lâcher.

Illusion...

— Illusion, se dit-elle.

Elle pousse la porte de la salle des Hommes de guerre, dont le mobilier dort sous des housses grises ; mais ce mot d'illusion, assez commun sur les lèvres de son père, qui a servi souvent aux remontrances d'Henri, lui paraît soudain la clef d'une vérité profonde. Peut-être à cause de la tension de ses nerfs, des fatigues accumulées, des nuits sans repos, il donne à Louise l'impression de recouvrer une chose essentielle, disparue de longue date. C'est une révélation diffuse qui tombe, telle une parole d'ange, de l'or des corniches, des feuillages du plafond, et que répètent à satiété le verni des tableaux, les fleurons, les rinceaux des lambris, tous les faux-semblants de ce petit Versailles qu'a créé son père pour son usage exclusif, cette fable, ce mirage égoïste, ce château de théâtre où les marbres qu'on prend à distance pour les plus beaux matériaux d'Italie sont de la peinture barbouillée sur des feuilles de bois, peinture médiocre, et qui s'écaille ; une pensée très précieuse, oui ; et cette pensée la pénètre comme un courant d'air humide, lui donnant la chair de poule ; et aussitôt lui échappe et s'envole ; illusion d'une pensée.

Dans son dos, une chandelle à la main, le chevalier évoque des faux-fuyants qu'elle chercherait en vain. Il lui dit à l'oreille quelque chose d'une cage dont les jolis barreaux ne demandent qu'à être descellés. Se tournant vers lui, incertaine d'avoir bien entendu, un doigt sur les lèvres, alors qu'il la prend par la taille et sème des baisers dans son cou :

— Non, s'il te plaît, lui dit-elle, va-t'en vite.

3

A huit heures, toute habillée, les adieux faits, ayant pris son café et entendu la messe, Louise descend dans la cour qui résonne depuis l'aube du grelot des bardots.

Les meubles et effets qu'elle souhaite emporter à Lanty tiennent sur l'échine d'une douzaine de bêtes, les La Rongère laissant leur maison en l'état, propre à être habitée.

Ajoutez tout de même à cela un charroi dont le chargement bâché déborde sur les bancs des domestiques, et la voiture de Mme la marquise et de ses femmes, où l'on a fourré les petites choses de prix.

Le muletier inspecte l'arrimage des ballots et des caisses, La Mèche serre encore des cordes, et la caravane s'ébranle.

On atteint Lanty plus tard que prévu, quoiqu'on ait poussé l'allure. Après le passage de l'Ource, connaissant mal le chemin, on a eu le tort de prendre par la vallée du Gélon : une lieue de surcroît.

Le tintement d'une cloche salue l'arrivée de la marquise et fait s'égayer une nuée d'étourneaux. Les oiseaux se regroupent au milieu du ciel mauve, et s'enfuient pour moitié vers la droite, pour moitié vers la gauche : quel présage les prêtres de Rome y auraient-ils lu ?

Tandis que les hommes vont pisser derrière un rang de tilleuls qu'on dirait plantés exprès pour cet usage, Louise prend possession de son domaine. Elle se met en devoir d'explorer méthodiquement cette maison où elle n'est venue que quatre fois, et dont elle va faire sa demeure principale.

Voici son appartement, sa chambre peinte et dorée, et la chambre de son fils, qu'une tapisserie qu'elle a mise dans ses bagages devrait pouvoir réchauffer, et celle de Mlle Poussy, laquelle pousse des *oh !* de contentement. Son père logera à l'autre bout du couloir, ainsi en a-t-il décidé. Lits solides, bien garnis. Ici, il faudra ajouter une table. Les armoires sentent le propre, on y a placé des sachets de lavande de Provence, les domestiques attachés au château ayant suivi à la lettre les prescriptions laissées par M. le comte à son dernier passage.

Deux entrées par-derrière, cela est bien.

Dehors, les bêtes qu'on débâte braient après l'abreuvoir. Il faut allumer déjà des flambeaux. Qu'a-t-on prévu pour le souper ? Savez-vous où est rangé le linge ? On ouvre les coffres avec impatience, ne voulant rien renvoyer à demain.

Les membres rompus par le voyage, personne ne se couche avant une heure de la nuit ; Louise plus tard encore, à cause de la lettre qu'elle a promis d'écrire.

A Dijon, le comte ne se lasse pas de négocier avec les prêteurs.

— Bussy, dit M. de Trichâteau, s'est fait le singe de Mme de Sévigné, par l'amour et les soins qu'il donne à sa fille.

L'argent semble manquer à tous les hommes de cette famille ; ils se disent très près de tomber dans les derniers désordres.

A Paris, Amé-Nicolas se noie si bien dans les dettes de jeu, qu'il doit confier son salut à la loterie qu'on a ouverte chez Mme de Montespan. Le gros lot sera de cent mille francs, et il y en aura cent autres, chacun de cent pistoles, quand les billets sont d'un louis.

Le jeune homme prétendait avoir été licencié de l'armée à cause d'un manque d'ancienneté de sa part ; on dit aujourd'hui qu'il a été cassé pour indiscipline, et qu'il ne retrouvera pas de sitôt un nouveau régiment. Bon chien chasse de race. Son penchant à la désobéissance lui vient assurément de son Rabutin de père.

Quelle autre nouvelle ? La cour s'inquiète de la maladie persistante de Mlle de Fontanges, parce que Sa Majesté s'en émeut. La blonde sultane s'est retirée au monastère de Port-Royal, dans le faubourg Saint-Jacques, dès avant Pâques, moins pour passer la bonne fête, dit Mme de Sévigné, que pour se préparer au voyage de l'éternité. Ses saignements n'ont jamais disparu ; Mlle de Fontanges dit qu'un feu lui ronge le ventre, et lorsqu'elle s'en plaint, c'est pour jurer qu'elle a été empoisonnée. Ses parents et ses amis le croient. Pour l'extérieur, sa beauté semble à peu près consumée, quoiqu'elle n'ait pas vingt-deux ans.

Enfin, il ne faut point s'attacher à des pensées tristes et inutiles. Puisque Mlle de Fontanges est entrée en religion, elle sait désormais que Dieu règle toutes choses comme il veut qu'elles soient : heureux qui se plie à sa volonté ! Bussy croit d'ailleurs que c'est un chemin sûr aux belles filles que de passer par les mains de Sa Majesté pour se faire ouvrir les portes du ciel. Il pense que de même que le roi dit aux malades qu'il touche : *Le roi te touche, Dieu te guérisse*, il dit aux demoiselles qu'il aime : *Le roi te baise, Dieu te sauve.*

Voulez-vous autre chose ? Mme de Montespan ne gagne rien à l'agonie de sa rivale, au contraire. Le roi traite la grande orgueilleuse avec rudesse, quand ce n'est pas avec mépris. Ils se sont encore isolés l'autre jour, à Versailles, pour se parler à pleine tête, et sont si bien sortis de leurs gonds qu'elle a pleuré, qu'il a tempêté, qu'elle s'est outrée en retour, au point de lui lancer que si elle avait les imperfections dont il l'accusait, *au moins elle ne sentait pas mauvais comme lui.*

On dit qu'elle va devoir abandonner son appartement du premier étage, plus vaste que celui de la reine, pour un autre plus étroit et plus éloigné du centre de la cour, terrible pénitence ; et que M. de Vivonne, son frère, qui était autrefois l'ami de Bussy, risque de perdre le lucratif monopole du tabac que Sa Majesté lui avait octroyé.

Enfin, vous le savez sûrement, la Chambre de l'Arsenal a repris ses séances au milieu du mois de mai, à cause de la persévérance (d'aucuns disent l'acharnement) de M. de La Reynie.

A deux tiers de lieue de Lanty, au-delà de la rivière d'Aube, il y a un village qu'on nomme Dinteville. Ce sont quelques maisons auprès d'un château qui, sous bien des aspects, ressemble à celui de Bussy. C'est là qu'Henri de La Rivière vient se mettre à portée de Louise.

Il trouve un logement décent pour lui et son valet, chez un M. de Baliboeuf, soldat démissionnaire qui pour deux louis la semaine consent à renoncer aux conversations personnelles. La chambre donne sur un ruisseau qu'ombrage un vaste platane. Le chevalier déballe ses affaires, parmi lesquelles son échiquier et assez de livres choisis pour tuer l'ennui pendant un lustre ; puis il bourre sa pipe et la fume en se tournant dans la direction de l'ouest, c'est-à-dire de Lanty que Louise achève d'ajuster à ses goûts.

Un ancien militaire prenant pension chez un autre, cela n'attire point l'attention.

Le soir, on fait sauter une omelette avec de gros champignons. Le vin par ici a une arrière saveur de pomme blette. On le boit dans des gobelets en grès rouge. Le chevalier finit par ronfler devant la cheminée, sans se donner la peine d'ôter ses bottes.

Il se réveille tôt le lendemain et, suivi de son valet, s'en va chasser, afin d'améliorer son ordinaire, le long de la rivière d'Aube où les bois, lui a-t-on dit, ne relèvent d'aucune seigneurie.

En franchissant le gué que marque un amas de pierres, on ne se trouve plus qu'à un quart de lieue de Lanty.

L'eau n'est pas bien haute durant l'été. Il suffit de lever un peu la jambe pour ne pas mouiller ses éperons. Le sentier s'enfonce ensuite dans la forêt jusqu'à un mur délabré, qu'il longe. Comptez cent pas, et vous tomberez alors sur les ruines de ce qui vous semblera un ancien four pour le bois.

C'est là qu'on a posté La Mèche. Accroupi sur une pierre, il s'occupe en taillant à la pointe de son canif un visage de fantaisie dans les nœuds d'une branche.

Les serviteurs ne sont pas moins nombreux à Lanty qu'à Chaseu. Entre ceux qu'y a mis le comte et ceux qu'elle a hérités des La Rongère, et dont elle ignore s'ils n'ont pas été déjà achetés, Louise se force à une circonspection extrême jusqu'en l'absence de son père ; il aura laissé sans doute des *yeux* derrière lui.

— Vingt-cinq domestiques, dit-elle, sont vingt-cinq ennemis.

Elle ne varie pas de précautions. On s'adore par lettres. Il n'est pas question, si près du but, de renouveler l'imprudence commise à Bussy-le-Grand. La tête n'y résisterait pas. Louise en tremble encore. On se rencontre dans une clairière, la femme de chambre de la marquise à vingt pas. Et c'est pour parler de La Mèche, que le chevalier a pris en grippe, à cause d'un certain air de rétiveté que lui oppose le drôle. On se revoit ensuite plus tendrement, dans un carrosse de louage, tandis que Dupré et la Poussy encapuchonnée de noir montent la garde à la croisée des chemins, un peu en contrebas.

Le recevoir demain au château ? Louise secoue la tête. Henri dit qu'il viendra. Elle l'en dissuade. Il insiste d'une voix propre à faire fondre. Elle le supplie de ne pas commettre cette folie. Il dit en riant qu'il la fera tout de même, qu'il escaladera le mur de sa fenêtre avec l'épée entre les dents s'il le faut. Sur le point de le quitter, voyant que la nuit tombe, Louise lui avoue qu'elle ne l'a jamais aimé davantage ; elle lui donne ses seins à toucher et lui baise les lèvres avec une ferveur voisine de l'hystérie.

Agitation décousue, tout le lendemain. Mlle Poussy fort étonnée de l'entrain de sa maîtresse. La Mèche fort abattu, s'enfermant dans son travail qui est une nouvelle fois de peindre un blason, car M. le comte veut apposer ses armes sur la muraille de Lanty, cinq points d'or équipollés à quatre de gueules : de l'hébreu pour le garçon, Mme la marquise a dû lui faire un dessin.

Louise à sa toilette, torturant ses boucles. Louise dans les tourments, tandis que les jardiniers soignent le parterre planté de fleurs qui s'étend sous ses fenêtres.

La pluie tombe le jour suivant, de sorte que La Mèche a cette excuse pour ne pas faire le messager.

Enfin, au réveil, les rayons d'un bon soleil de juin dissipent la grisaille de la brume.

Lettre datée du 18 :

« Quand tu m'aimais, mon amour, tu n'étais pas si soumis à mes ordres. Il y a trois jours que je souffre. Mlle Poussy y a été trompée comme moi ; elle m'assurait que tu serais ici lundi ou hier, et tu n'y es pas aujourd'hui, petit cœur. Hé, mon Dieu, quand je t'ai mandé les difficultés qu'il y avait à te voir ici, je les voyais aussi grandes que je te les faisais voir ; mais je sens bien que mon cœur, qui te désirait ardemment, se rapportait au tien de sa conduite et croyait ne laisser à ma raison que l'honneur du conseil que je te donnais. Je n'ai plus de prudence quand tu en prends, mon amour. On me surveille, mais il ne faut pas moins que je te voie : il ne m'est pas possible d'en perdre l'occasion. Il n'y a qu'une chose qui me laissera toujours de l'amertume, c'est que je croirai t'avoir forcé à faire ce pas, et j'aurais trouvé bien plus tendre que tu m'eusses forcée à le souffrir. N'importe, je te recevrai mon enfant. La Poussy veut toujours gager que tu viendras. Eh quoi, t'en pourrais-tu passer ? Où sont tes transports d'amour qui ne te feraient craindre ni l'averse ni les bourbiers de la forêt pour me rejoindre ? Le soleil te fait-il peur à présent, petit cœur ? Ne te laisse pas méconnaître sur la tendresse, c'est le charme de ma vie. Ce qui me désespère, c'est que tu n'auras ma lettre que demain. Quelque diligence que tu fasses, tu ne saurais être ici que mercredi, et mon père qui est à Dijon depuis seize jours pourrait bien être en chemin pour revenir. J'espère toujours, en écrivant même ceci, que tu arriveras ce soir ou demain. Je ne me trouve pas assez malheureuse pour passer beaucoup de temps seule, sans te voir. Pourquoi ne ferais-tu pas ce que je ferais en pareil cas, car il n'est pas possible que tes sentiments envers moi aient changé ? Je compterais le moins pour rien du tout, je t'en avertis. Je n'ai point de nouvelles de mon père depuis avant-hier. Il me mandait qu'il ne resterait plus si longtemps à Dijon, car c'est une affaire pressée pour lui que la mienne. Il me disait qu'il avait rencontré le commis de M. de Trichâteau, qui lui avait fait un compliment de la part de son maître ; et je suppose qu'il croit par lui, si notre ruse a pris, que tu es à Semur. L'inquiétude me laisse sans dormir ni manger. L'incertitude où je suis de te voir me tue. J'espère la moitié du jour ; le reste, je crains que tu ne viennes pas et, la nuit, je m'afflige de ce que tu n'es pas venu. La migraine ne me quitte point. La Poussy ne voulait pas que je t'écrivisse, mais j'ai choisi le moindre des deux maux. Je m'en vais faire travailler La Mèche à la menuiserie de la chambre que je te prépare. Je ne fais rien ici qu'en vue de te contenter. Viens vite ordonner toi-même de ton appartement, ma chère vie. J'ai déjà écrit la lettre que tu sais pour mon père, et je m'abandonne à la volonté du bon Dieu sur cela comme sur le reste, car je suis plus résolue que je ne l'ai jamais été de nous mettre bientôt en repos, quoi qu'il arrive. Adieu, mon cher et adorable amour. Il faut que je te voie ; prends si bien tes mesures que cela soit. Je ne puis me passer de toi, surtout quand je puis t'avoir. Je m'en vais recevoir la bénédiction et prier bien ardemment le ciel et tous les Bienheureux de la litanie qu'ils nous assistent. Je t'embrasse avec plus d'amour qu'on en eût jamais ; ma chère vie, bonsoir. »

4

Aucune chose ne survient exactement comme on croyait. Quand on passerait sa vie à méditer les changements qu'on voit à la cour tous les jours, on n'y comprendrait rien. Après toutes les accusations portées contre lui, M. de Luxembourg était sensé se morfondre en exil ; on le rappelle, le voici rentré en grâce. Si vous voyez comme il est à la mode, et comme tous ceux qui le blâmaient ouvertement ont l'effronterie de le louer, cela vous ferait bien rire.

Le roi ne pouvait lui faire une plus éclatante réparation que de lui rendre le commandement de sa garde personnelle. Bussy se dit surpris au dernier point. « J'admire, dit-il, la bonté du roi en cette rencontre. A sa place, je n'en aurais pas eu une si grande. Si j'avais fait arrêter un homme de la première qualité, officier de ma couronne, sur des soupçons de poison et de sortilège, je ne le ferais pas mourir ni même rester en prison si les juges le trouvaient innocent, mais je ne m'en servirais plus, et surtout pas auprès de ma personne. La politique voulait qu'on laissât M. de Luxembourg chez lui toute sa vie ; il faut que le roi en ait usé autrement par un principe de conscience. »

Il se disait que Bussy viendrait à Paris en avril, Sa Majesté lui en ayant donné permission, afin de finir le procès de sa fille. Il n'y est pas en mai, ni en juin ; peut-être en juillet ? Mme de Coligny connaîtrait des tribulations de santé ; des affaires le retiennent ; et puis, dit-il, malgré la considération des amis qu'il a là-bas, la grande ville lui est devenue insupportable. Les fortunes du faubourg Saint-Germain l'accablent, tandis que dans sa province il n'aperçoit rien au-dessus de lui. Il a inventé de se distraire à Dijon, avec l'aide de cinq ou six personnes *que le commerce du monde a polies*.

Le chevalier est venu. Ravissement ! allégresse ! On se détermine au parti de ne plus se cacher. Lanty tout éclairé ; des lanternes, des flambeaux comme pour un bal. M. de La Rivière entrera désormais par la grande porte.

L'émotion pousse aux larmes ; pour que la maison entière s'y associe, Louise fait donner par Henri de généreuses étrennes aux domestiques, aux laquais, aux femmes de chambre, tous réunis dans la cour, sous les étoiles. Advienne que pourra ! Chacun reçoit sa pièce d'argent. La perplexité s'efface devant la surprise et fond devant la gratitude. Comme on a dressé les tréteaux et mis deux barriques en perce, la fumée des rôts et les vapeurs d'alcool aidant, une joie sincère éclate ; il y en a qui veulent danser des passe-pieds sur la terrasse.

Le curé Dupoisson, attaché au château, a été tiré de son lit. Il eût préféré une célébration plus conforme aux usages, mais se dit aux ordres de Mme la marquise. A onze heures de la nuit, on allume les cierges dans la chapelle et l'encens grésille dans la cassolette qu'on balance au bout du bras.

Quoi, ce n'était donc pas plus difficile ?

Louise toute raide, vêtue encore de la robe qu'elle portait dans l'après-midi, quand elle n'attendait plus le chevalier, abasourdie et comme marchant dans un autre monde. Henri, magnifique et flottant, moins badin, moins de sang-froid qu'il eût pensé, toujours habillé pour la route. Le curé Dupoisson devant l'autel d'or et d'azur, l'étole de travers, un œil malicieux, l'autre inquiet, plus du tout endormi. Mlle Poussy pleurant plus fort que tout le monde ; et les quelques serviteurs invités à assister à la cérémonie, très remués aussi, comme on l'est toujours par un mariage.

Rien ne manque à cette noce, que de battre le tambour et de se mettre en parade. Les paroles sacramentelles sont prononcées sous la croix, et les mains s'unissent inéluctablement, pour le meilleur comme pour le pire.

Il y a un grand moment d'embarras lorsque sonne minuit, que l'abbé se retire, qu'il faut le faire aussi comme mari et femme.

Au-dehors, près de la ferme, la fête se poursuit, on voit s'épanouir encore des rires sur les visages que rougissent les flammes de bouchons de paille.

Louise prise d'une sorte de vertige sur le seuil de la chambre qu'elle a fait préparer ; cherchant maintenant, après toute cette précipitation, à gagner du temps dans le cabinet où ses femmes l'apprêtent pour la nuit ; voulant prendre du quinquina pour se remonter, et ne le buvant pas, n'écoutant pas un mot de ce que dit la Poussy ; se signant devant le crucifix ; y allant enfin, comme on se jette à l'eau parce que le navire flambe ; commençant par demander pardon au chevalier lorsqu'elle entre dans le lit, auprès de lui ; se soumettant en fermant les yeux, demandant pardon sans cesse ; et le laissant faire à sa volonté, les ongles enfoncés dans les paumes, se laissant ouvrir et malmener par son mari ; Henri, disant qu'il ne la fera pas souffrir, espérant pourtant lui faire mal, et s'en glorifiant ; poussant avec toute la violence que ses fesses lui peuvent donner, pour lui faire mal, encouragé par les pardons qu'elle demande ; lui faisant mal, pensant que cette fausse vierge s'en réjouira ensuite comme les autres.

5

Que reste-t-il de la belle Fontanges ? Le feu de ses entrailles l'a desséchée de l'intérieur. Le roi a versé des larmes quand il lui a rendu visite, et elle est morte en disant qu'elle mourait contente, puisque ses yeux avaient vu pleurer le roi.

On vient de l'enterrer dans l'église du monastère de Port-Royal, et son cœur a été porté en l'abbaye royale de Chelles dont sa sœur est abbesse.

La postérité, a dit M. de C., se souviendra d'elle à cause de la coiffure à laquelle est associé son nom : vous savez comment, un jour qu'elle suivait la chasse du roi, décoiffée par le vent, elle a noué ses boucles blondes d'un ruban, les bouts du ruban lui tombant sur le front ; Sa Majesté a trouvé l'invention si charmante qu'on en a fait une mode, et les coiffeurs se sont mis en devoir de compliquer la *fontange* à l'excès. Ne trouvez-vous pas que voici la matière d'une forte oraison funèbre ?

La famille de Mlle de Fontanges désirait qu'on autopsiât le corps, certaine qu'on y trouverait la marque du poison. Les ministres s'y sont opposés, disant qu'aux yeux des médecins la mort était naturelle.

Pour poursuivre sur le sujet des poisons, le président Gravlaye nous a instruit que la Trianon s'est suicidée ces jours-ci dans sa cellule, à l'imitation de plusieurs autres donneuses de consolation.

Et sur celui des *faits particuliers*, il nous a dit tenir de source sûre que Sa Majesté a ordonné que lui fussent bien remis les minutes et les originaux des interrogatoires où était citée Mme de Qui-vous-savez, et que ces documents fussent enfermés dans son coffre sous scellé, et point présentés aux juges de l'Arsenal, *pour de bonnes et justes considérations importantes à son service.*

On en aurait déjà détruit certains par le feu, en présence de M. le Chancelier et de M. de La Reynie ; car le roi pense aujourd'hui sincèrement que Mlle de Fontanges est morte du poison.

Le pénétrant M. de La Reynie en est convenu ; il l'a dit : si la rivalité des favorites est publiée dans les tribunaux, *il faut craindre des éclats extraordinaires dont on peut prévoir les suites.*

Mme de Qui-vous-savez ne recevra-t-elle donc pas d'autre punition pour ses crimes que de troquer son grand appartement près du roi contre un plus petit et plus distant ? Quand nous lui avons posé cette question, le président Gravlaye nous a commandé de baisser la voix et de prendre bien garde à parler des *faits particuliers* en termes plus couverts, de dire *Chose* au lieu de Sa Majesté, par exemple, comme font la marquise de Sévigné et son cousin.

— Les secrets d'État, a-t-il murmuré, ne sont pas bons pour toutes les oreilles.

Cette grande vérité ne concerne pas les affaires de M. de Bussy.

Disons-le sans ambages, sa fille de Coligny n'a été que quatre jours l'épouse active du chevalier de La Rivière. Le mariage s'est fait dans la nuit du jeudi 19 juin, et l'époux a décampé de Lanty à l'aube du lundi 23, le comte ayant annoncé son retour pour cette date au soir : quatre nuits et trois jours donc, exactement.

Bussy ne revenait pas seul de Dijon. M. de Ligneville, honnête gentilhomme de ses alliés, l'accompagnait avec sa fille de Thourange, qui a le défaut d'être un peu sourde. Ils lui avaient prêté leur carrosse, quand un essieu brisé immobilisait le sien ; il les a priés à souper et à dormir, et leur a offert de rester à Lanty autant qu'il leur plairait. Mettez-vous dans l'esprit de cette malheureuse marquise de Coligny, qu'il faudrait appeler désormais Mme de La Rivière, sur le point de tout dire, n'ayant songé qu'à cela durant les *quatre nuits et trois jours*, ayant amassé enfin assez de courage pour tout dire, cachant même sur elle une lettre d'explications toute prête, *pour le cas*, et voyant ses plans déjoués, ne pouvant rien tenter de ce qu'elle avait combiné, forcée de ravaler son secret à cause de ces hôtes importuns, pour qui elle avait la plus grande estime par ailleurs. Elle a paru à table si anéantie qu'on l'a crue aisément quand elle a invoqué un embarras de poitrine, lequel la suffoquait. Il a fallu enfin causer et veiller si tard, en jouant la bonne humeur, qu'on s'est séparés sans qu'elle eût pu faire d'aucune façon l'aveu de son mariage.

Elle ne l'annonce pas davantage le lendemain, obligée dès le réveil aux devoirs de l'hospitalité, qu'elle remplit si bien que les Ligneville, rassurés sur l'état de sa santé, déclarent trouver Lanty fort à leur goût : ils acceptent sans façon d'y séjourner jusqu'à la fin de la semaine.

Comme si cette société ne lui suffisait pas, Bussy demande à Trichâteau de les rejoindre au plus tôt avec femme et enfants : la maison est grande, que diable ! et il prie Louise de donner plus de poids à l'invitation en y ajoutant quelques lignes de sa main.

C'est une débâcle, c'est un répit.

Tandis que son père fait les honneurs du parc et des allées de la forêt, Louise s'enferme chez elle, avec son fils qu'elle serre contre sa poitrine à la manière d'un bouclier. Le courage s'est dissipé durant la nuit, qu'elle a employée jusqu'à l'aube à converser sur le papier avec La Rivière. Les consolations incessantes de la Poussy l'exaspèrent plus qu'elles ne la soulagent. Elle vomit le peu qu'elle avale. Elle se demande s'il ne serait point à propos qu'Henri écrivît à son père dans le temps qu'elle lui parlerait. Elle envisage d'autres solutions. Elle brûle de se libérer. Elle voudrait qu'on soit déjà au mois suivant. Elle écrit seulement un billet à Mme de Sandricourt, sa nouvelle belle-sœur, souhaitant obtenir au moins l'agrément de ce côté-là.

L'après-midi, comme Bussy accompagne ses hôtes en visite chez le marquis de G., elle s'assure à nouveau, avec toute les ressources de la persuasion, que les domestiques garderont leur langue ; et elle exhorte l'abbé à exécuter ce qu'ils ont fixé ensemble.

Elle se sent d'autant moins encline à parler à son père, à mesure que les jours passent, que plusieurs points restent à résoudre, dont elle en aperçoit mieux la gravité, quant au mariage lui-même.

Il y a le problème des bans, et celui des signatures. On a voulu prendre sans doute trop de précautions. Aucun ban n'a été publié, comment eût-on fait ? Et Louise a préféré que ses témoins, les demoiselles Poussy et Razilly, ne signassent pas le registre, de peur que la colère de son père ne retombât sur elles et ne les fît chasser. Elle n'a d'ailleurs pas signé non plus, ni Henri, dans l'indécision de ce qu'il fallait faire. Seuls deux serviteurs de confiance, Dupré et Boulogne, déjà signataires du contrat civil (La Mèche étant trop jeune), ont mis leur nom auprès de celui du curé, en attendant que celui-ci demandât à son évêque, ou à son vicaire-général, le plus sûr moyen de valider une union contractée à la sauvette.

On va quérir aussi l'avis des avocats du parlement de Dijon, pour que tout paraisse accompli dans les règles. Selon les renseignements qu'a obtenus Henri, le mariage est valable tant au point de vue de la loi ecclésiastique qu'au point de vue de la loi civile, même si la publication des bans, prescrite par le concile de Trente comme par l'ordonnance de Blois, ne l'a pas précédé (précisions de l'abbé Dupoisson). L'omission de la signature des contractants n'est pas davantage une cause de nullité, paraît-il. Avez-vous jamais entendu dire que les premiers moments d'un hymen fussent occupés par de telles arguties ?

On est convenu de placarder les trois bans d'usage dans les jours qui viennent, quand le comte sera absent, car ses affaires le réclament à Bussy-le-Grand ; et de post-dater d'autant le certificat de mariage.

Quoi encore ? Louise songe qu'il lui faut éloigner au plus

tôt les demoiselles Poussy et Razilly, afin de les soustraire à la tempête qu'elle présage, de même que La Mèche, accusé déjà d'avoir porté des lettres et qu'on a menacé de punir cruellement en cas de récidive. Mais alors, qui lui restera-t-il ? L'or de sa cassette suffira-t-il à lui assurer des alliés ? Elle sonde un petit page, entré à son service il y a peu, et est touchée au-delà de ce qu'on peut dire de découvrir qu'il fera pour l'amour d'elle ce qu'elle pensait qu'il hésiterait à faire s'il était grassement rétribué. Le gouverneur de son fils lui tient même discours, ainsi que les laquais, au grand étonnement de Louise, laquelle refuse de s'attribuer le mérite de ces marques d'attachement ; elle juge qu'elles n'ont pas d'autre cause que la passion qu'Henri inspire à tout le monde, jusqu'aux enfants, jusqu'aux chiens de la maison ; elle lui écrit : « Je suis jalouse ; il me semblait qu'il n'appartenait qu'à moi de te connaître et de t'aimer. »

Voici maintenant que la Poussy baise les mains de sa maîtresse, qu'elle jure de ne point abandonner. La Razilly, à genoux, se dit prête également à braver la colère de M. le comte. Louise les relève, retournée jusqu'au fond du cœur. Elle n'en est que plus résolue à les faire partir toutes deux, et à les mettre sous la protection du chevalier.

6

Un prédicateur, pour tourner en ridicule la beauté et les ajustements des femmes, a fait parer une tête de mort de tout ce que les dames les plus propres et les plus magnifiques ont accoutumé de mettre, et l'a exposée à ses fidèles. Vous croyez bien qu'il n'avait pas oublié de poser sur le crâne ce qu'on appelle une *fontange*. Cette farce, dit-on, a été jouée dans une paroisse de Paris.

A la cour, rien ne bouge en apparence. Ceux qui *savent* admirent en silence la profonde sagesse de Sa Majesté.

Pourquoi ces ajournements ? Pourquoi ces dérobades, ces tergiversations ?

Dans ses lettres, comme s'il n'avait pas tout à fait confiance en son épouse, La Rivière exige qu'elle lui envoie le certificat de mariage de l'abbé Dupoisson, pour en finir avec les formalités du mariage et posséder enfin un titre qui le puisse justifier.

« Tu n'auras pas demain le certificat que tu demandes, répond Louise. S'il avait été possible, je te l'aurais envoyé ; mais ta lettre m'est arrivée trop tard, La Mèche travaille encore aux lambris du salon ; il va demain à la pointe du jour chercher, à la droguerie de Chaumont, des couleurs qui lui manquent et, ce soir, le curé est couché. Il me semble qu'il n'aurait été que plus tendre à toi de me témoigner, par une confiance qui ne te pouvait rien coûter, qu'il suffisait que je gardasse le certificat, sans en réclamer un double si pressamment. »

Elle prie en revanche le chevalier d'écrire à son père ; et Henri répond qu'une lettre de lui ne ferait qu'aigrir le comte.

Elle lui dit : « M. de Ligneville et sa fille nous ont tout juste quittés, et mon père est parti pour Châtillon. Je ne crois pas que je pourrai attendre pour parler qu'on aille à Paris, car par parenthèse on y veut aller. Il nous faut finir nos maux ; ils me deviennent comme à toi insupportables. Jeudi semble propice. Je vais faire faire une neuvaine aux âmes du Purgatoire, et tâcher de me confesser et de communier, avant que de parler. C'est un jour de bataille où je ne puis me trouver en trop bon état. Je t'avoue que j'ai de la peine à avaler ce calice, mais le bon Dieu m'aidera. Nous devons sortir de ce pas. Je vois et je sens tout ce qu'il faut pour me hâter là-dessus. La Poussy et la Razilly sont déjà en chemin ; elles avaient bien envie de ne s'en aller que demain pour avoir de tes nouvelles, et elles ont pleuré en me quittant. Je pense à nouveau que je ne ferai pas mal d'envoyer aussi La Mèche en quelque endroit le jour où je parlerai, car on s'emportera ; la colère qu'on n'oserait pas outrer sur moi tomberait sur lui ; je veux l'éviter, s'il y a moyen. Tâche de ton côté de gagner Trichâteau à notre cause ; ses conseils sauront toucher mon père. Explique-moi bien comment tout se sera passé à Semur ; conte-moi tout en détail, jusqu'au temps qu'il fera. Tu es mon pain, ma richesse, ma fortune et mon tout. En quelque endroit que tu sois, mande-moi de tes nouvelles. Il m'en faut pour vivre, car je ne t'ai jamais aimé si tendrement que je t'aime. Je suis ravie de sentir qu'il manquait un degré à ma passion pour toi, que je n'attendais pas du sacrement. Bonsoir, mon cœur, je ne crois pas que ma dernière lettre t'ait pu laisser un seul sujet de plainte. Je ne voulais, comme je veux jamais, que te plaire, t'aimer, t'admirer, te manger d'amour. »

Pourquoi alors ces délais ? pourquoi ces atermoiements ?

Le jeudi se passe, la dernière semaine de juin s'achève, sans que Louise ne livre bataille.

Il faut dire que Bussy est le plus souvent en carrosse, sur les routes, moins pour rendre des visites que pour chercher les derniers écus nécessaires à l'achat de Lanty.

« Je ne crois pas qu'on les trouve, dit Louise. Je voudrais laisser bien chercher et puis, quand je parlerai, glisser en quelque endroit de mon discours que je donnerai les neuf cents livres manquantes. Il m'est arrivé une rentrée d'Auvergne ; tu sais qu'on est sensible à l'argent. Cela pourrait faire goûter mes raisons. J'achèterais volontiers la paix pour une somme que je ne perdrais pas au fond. »

« Il faut te résoudre enfin, répond La Rivière. Combien y a-t-il de temps que tu me fais languir ? Tu ne seras pas plus résolue en attendant davantage. La longueur de notre silence n'en sera ni plus touchante ni plus efficace. Tu m'as conduit par un chemin bien épineux, ma chère mignonne ! Tu m'as promis un bout à mes maux, et j'ai trouvé celui de ma patience. Est-il possible que la plus grande passion du monde conduise à un état aussi malheureux que celui où je suis ? Tu n'as qu'un pas à faire pour rendre ma fortune complète, et cependant tu le négliges, et je passe ma vie, perdu d'amour, le cœur agité de crainte et de douleur. Il y a du danger à me laisser à la merci de tous ces mouvements ; tu peux et tu dois y mettre ordre. »

Du côté de Louise, l'abbé Dupoisson publie les bans les 22, 24 et 29 juin. Du côté d'Henri, le curé de la paroisse de Barbirey n'en publie qu'un seul, le 27, au lieu de trois, en vertu d'une dispense de l'official du diocèse, arguant qu'on craint une opposition injuste au mariage.

Là-dessus l'abbé Dupoisson remet à Louise un certificat attestant que le mariage a été célébré le 1er juillet, jour où Bussy était à nouveau absent ; et qu'il s'est fait dans l'église du village, et non dans la chapelle du château, ce lieu paraissant moins offensant pour le comte et propre à disculper les serviteurs de Lanty.

Louise cache désormais ce document sur elle, avec la lettre d'explication qu'elle a préparée à l'attention de son père, où sont exposées les raisons de sa conduite en sept points, que ses réflexions ont portés à neuf, puis à douze ;

et aussi plusieurs lettres d'Henri qu'elle a un peu retouchées à son idée, de façon à les ajuster au mensonge de la date figurant sur le certificat. Elle parlera demain, dit-elle encore ; mais elle ne trouve jamais le moment heureux ni le moyen de se déclarer.

Le plus extraordinaire, dont Louise s'étonne chaque jour, c'est qu'aucune langue ne se délie pendant ce temps ; personne ne la trahit, alors que la cérémonie est célébrée depuis près de deux semaines ; les domestiques, dont elle se défiait si fort, font corps autour d'elle ; rien ne transpire, on se tait aux communs quand paraît l'affreux Cuzin, le cocher du comte, dont on connaît le caractère et la langue.

L'indiscrétion vient d'ailleurs, et La Rivière n'y contribue pas qu'un peu.

A Semur, le chevalier s'est confié au marquis de Trichâteau, lequel ne s'est pas trouvé en pouvoir d'intercéder (il a décliné par ailleurs l'invitation qu'on lui avait faite de se rendre à Lanty, disant que la fluxion de poitrine dont souffrait Mme son épouse était un obstacle auquel il ne croyait point devoir résister.) Plus amicale, Mme de Trichâteau a dit que Bussy était un furieux, dont Mme de Coligny avait tout à craindre, et que le comte ne consentirait jamais à rien que par force.

L'insuccès de la démarche a poussé La Rivière à s'ouvrir ensuite à quelqu'un qu'il connaissait à peine, pour l'avoir rencontré une ou deux fois au jeu, chez le président Gravlaye, et que le hasard des routes mettait à nouveau sur son chemin — je veux parler de notre ami Foucault, de passage à Dijon.

Foucault nous a dit n'y avoir d'abord rien compris. Le lieu de la rencontre ? le parc de M. le prince de Condé, du côté des parterres dessinés par Le Nôtre. L'instant ? Hier matin, sous le soleil. Y êtes-vous bien ? Ayant salué notre ami avec chaleur, La Rivière lui a débité à brûle-pourpoint un petit conte du dernier comique. Il lui a dit qu'il venait d'apprendre par le juge ecclésiastique que dispense de bans avait été donnée *à l'un de ses parents* pour épouser Mme de Coligny. Ce sont à la lettre les mots du chevalier. Que dites-vous de cette affaire ? Comment vous paraît-elle emmanchée ? Dès son retour, Foucault s'est précipité chez Rouargues. Il en riait encore. Cela nous a animés jusqu'au soir.

Bien évidemment, la chose a été dite par La Rivière dans l'intention qu'elle fût répétée.

Pourquoi la compliquer d'un parent imaginaire ? Foucault penchait pour une simple couardise. Nous nous sommes rangés plutôt à l'opinion du président Gravlaye. Selon lui, La Rivière est plus fin que lâche : l'artifice permettait de tout dire sans craindre de devoir s'expliquer plus avant ; pour l'identité de l'heureux époux, comme pour le reste, il était facile à quelqu'un d'un peu d'imagination de rétablir ensuite la vérité.

— Puisque M. de La Rivière a eu la bonté de vous informer de cette union de son parent, vous ne pouvez pas faire moins que de l'en remercier en mandant vos vœux et félicitations au comte de Bussy.

Le texte du billet nous a occupés un moment. Foucault a fini par s'en tenir à une relation exacte des faits, ajoutant uniquement dans sa conclusion que s'il trouvait ce mariage avec un parent de M. de La Rivière bien positif, il ne pouvait s'imaginer *un pareil caprice du bel esprit de Mme de Coligny*. La lettre est à la poste.

7

Amé-Nicolas a encore perdu au jeu. On s'en plaint. Bussy répond qu'il a assez de peine à lui donner de quoi vivre à la cour, sans lui donner encore de quoi jouer. Cette dernière dette ne s'élève qu'à vingt pistoles. Il n'importe. Bussy refuse de la couvrir, disant qu'il ne balancera pas à laisser son fils avoir une querelle avec un capitaine de dragons ou entrer à la prison du Fort-l'Évêque.

Il devait aller à Paris ces jours-ci, et ses amis du faubourg s'apprêtaient à lui donner fête, mais sa fille de Coligny en a décidé autrement.

Lanty, jeudi 7 juillet. Le comte dans son cabinet. On lui apporte des lettres. Il ouvre en premier celle de notre ami Foucault, puis la montre à sa fille dans l'état d'un homme mort. Il roule des yeux terribles, les larmes jaillissent de ceux de Louise. Il la presse de s'éclaircir sur cette dispense de bans ; elle semble avoir perdu l'usage de la parole. Elle murmure enfin qu'elle a dans sa poche une explication écrite. Elle dit qu'elle voulait parler depuis longtemps ; elle n'a pas osé lui confier en deux ans ses sentiments pour le chevalier, et elle remettait d'un jour à l'autre à se déclarer ; elle avoue d'une traite le contrat passé devant notaire, et qu'un prêtre l'a mariée ; et ajoute par bravade, qu'elle a vécu en épouse *huit jours entiers* auprès d'Henri de La Rivière.

Bussy claque les portes pour crier comme un possédé. Les laquais n'ont guère besoin de coller l'oreille à la serrure ; s'ils perdent en partie les protestations éplorées de la marquise, ils ne manquent rien de la rage du comte, laquelle concède peu de silences où glisser une réponse. Que ne dit-il pas contre le coquin, le scélérat, le suborneur, le bandit ! contre la sottise des femmes ! Quoi ? est-ce d'un gentilhomme de forcer la porte d'une maison qu'on lui a interdite ? est-ce d'une fille de qualité de ne pas sentir qu'elle se déshonore ? ne sait-elle pas qui elle est ? ignore-t-elle à quelle sorte d'animal elle se frotte ? Dire qu'il lui achetait Lanty, en père attentionné, tandis qu'elle se comportait en... Par instants, la voix tombe, on pense la colère de Bussy épuisée ; mais après une brève inflexion, elle se remonte en violence. Louise fait valoir timidement l'amitié qui liait son père au chevalier ; c'est pour le comte la preuve même de la vilenie du coureur de dot — eh oui ! vois-tu un autre mot ? Epouser une veuve, en bon français, cela signifie faire fortune.

— As-tu oublié le sort de ses maîtresses ? Mme du Castellet s'est faite la risée de Paris. Mme de Polaillon se repent encore derrière des barreaux.

— Mme de Polaillon...

— Mme de Polaillon volait jusqu'aux tapisseries qui recouvraient l'ameublement de son mari, lequel a été obligé de les détendre et de les mettre sous clef afin d'empêcher le valet de La Rivière de les emporter en son absence. Le malheureux homme avait fait placer des cadenas à la porte et aux fenêtres de son cabinet. Que n'en ai-je fait mettre à ta chambre ! La Rivière l'a fait empoisonner ; sans doute l'ai-je été également.

L'individu se prétend chevalier, dit Bussy, parce que la fréquentation du monde l'a un peu décrassé. C'est à s'étrangler de rire. Il n'est pas un gentilhomme, mais *d'après* un gentilhomme. Un *Rivière*, cela ne s'épouse pas.

On a abusé de sa confiance, gémit-il. Il serre les poings, et Louise se recule comme s'il allait la frapper.

— Pourquoi crois-tu que je l'ai chassé ?

On lui a désobéi ! On l'a trompé ! Il veut écrire, cherche une plume. La lettre de Foucault revient entre ses mains ;

il prie en quelques mots Foucault d'accourir, car il doit lui parler d'une affaire de la dernière conséquence ; et veut dicter à Louise un billet que Foucault transmettra à l'intéressé : une proposition qu'elle fera au dénommé Rivière de *tout jeter au feu de gré à gré*, et qu'il ne soit plus parlé de rien, en faisant envisager les grands tracas qu'il s'attirerait s'il refusait. — « Écris, écris ! » Louise secoue la tête, dit qu'Henri ne renoncera pas, qu'elle lui dira bien de ne pas renoncer à son engagement. Avec quel front pourrait-elle soutenir d'avoir fait un mariage pour ne plus voir son mari ?

Bussy rugit que l'infâme ne le sera jamais. Leur sang s'y oppose, il est impossible de défendre une affaire comme celle-là contre une famille telle que la leur. C'est au tour de Louise de crier au déshonneur, disant qu'elle en serait écrasée si elle tenait la conduite que son père lui veut imposer, et que les *sots bruits du monde* ne seraient alors que trop justifiés sur son chapitre. On en vient à souhaiter parler aux présidents du parlement de Dijon, à MM. Brulard, Berbisey et Boyer, les trois B, comme on les appelle, Bussy disant qu'il ne doute pas qu'il ne fasse casser le mariage, Louise répétant que le mariage est indissoluble, ayant été célébré devant Dieu comme devant les hommes.

C'est en tout cas ce qu'elle écrit à Henri, sitôt que son père lui permet de se retirer.

Elle lui raconte qu'elle a été brave, qu'elle s'est défendue de toutes ses forces ; que son père veut la mener à Bussy, et qu'elle n'y a point résisté — « parce que j'y serai plus près de tes nouvelles » ; qu'il faut prévenir le premier président du parlement par M. de Trichâteau — « pour empêcher mon père qu'il fît un éclat » ; qu'elle est décidée à se retirer dans un couvent pour laisser passer la tempête ; qu'elle pense être grosse ; qu'elle craint que cela ne fasse encore des équivoques, à cause de la date portée sur le certificat. Mon Dieu, pourquoi s'est-elle mise dans ces mensonges ? Si elle parle, on voudra vérifier les bans, on interrogera le curé, on dira que tout ce qu'elle avance est faux. La date a été bien mal choisie :

« Comment pourrais-je avoir soupçon d'être grosse quelques jours seulement après la noce ? Qui croira que, mon père dans le château, tu sois venu passer des nuits avec moi ? »

Louise à son écritoire : une main appuyée sur le plat de maroquin rouge, imprégnant ses yeux des diverses nuances de cette couleur, et jouant avec le canif à tailler les plumes.

Par instants, elle tourne son regard vers le lit, y cherche une marque solide de ses amours, n'y gagne qu'un sentiment renforcé d'irréalité.

Elle avait anticipé la colère de son père, pas sa douleur. Bussy accablé, au bord de l'apoplexie.

Louise à son oratoire : il lui semble éprouver ce qu'entendent les prédicateurs lorsqu'ils disent que nous marchons dans les ténèbres. Il est bien vrai que Dieu donne des succès contraires à nos craintes et à nos espérances exprès pour confondre nos faiblesses, et quand même il fait réussir ce que nous avons souhaité, il le fait le plus souvent par des moyens contraires à ceux que nous avons employés, pour nous montrer qu'à lui seul appartient l'honneur des événements, et que notre raison n'est qu'une bête. Louons avec Bourdaloue ceux qui s'en remettent aux décrets de la Providence et dédaignent de se conduire selon la prudence humaine, parce que l'une ne s'égare point et que l'autre est sujette à mille erreurs !

Louise au bord de son lit, adossée à l'une des colonnes qui supportent le baldaquin, la tête sur l'épaule, dans une lassitude extrême ; le ventre gonflé, le bout des seins douloureux ; n'aspirant qu'au repos...

Pourquoi s'est-elle enferrée dans le mensonge ? Cela ne finira-t-il donc jamais ?

Elle se lamente, s'accuse, se dégoûte d'elle-même et de tout, sans trouver autour d'elle aucune consolation.

Dans la réponse qu'il lui fait porter par Dupré, le lendemain, La Rivière lui reproche de trembler comme une petite fille, de ne pas se prévaloir de son acte de mariage, de n'envisager que les oppositions qu'il peut susciter, de ne chercher qu'à éviter les contrariétés ; elle lui fait l'impression de se courber déjà devant son père.

Il ne voit qu'une chose, il le répète : ne pas revendiquer sa liberté de veuve, ne pas affirmer la ferme résolution de se regarder comme mariée et de vivre avec son mari, c'est être bien près de capituler.

Et les jours passent de la sorte :

La Rivière s'évertuant à ne pas affronter Bussy ; il s'éloigne de Semur quand le comte s'en approche, et quitte Dijon quand le comte, tout malade qu'il est tombé, vient y consulter MM. les trois B, présidents du parlement, sur la procédure d'annulation ;

Louise sous la surveillance étroite de son père ; conduite à Bussy, puis à Semur ; confrontée à sa grand-mère de Toulongeon, admonestée par toute sa famille ; puis confinée dans un couvent selon son vœu ;

Mais point au couvent de Châtillon, dont une de ses amies est abbesse, où elle aurait pu garder son fils avec elle, évitant ainsi qu'on ne le lui enlève pour en faire un instrument de pression ;

Point non plus aux Saintes-Maries de Semur, car elle aurait eu dans le voisinage trop de personnes de connaissance pour intriguer avec elle, ne seraient-ce que les Trichâteau ; les sœurs se sont dédites, dit-elle, sans doute de peur de déplaire à son père ;

Mise enfin aux Ursules de Montbard, auprès de Mme de Montcha, à six lieues de là, dans une chambre étouffante, où un valet croirait être mal logé ;

Suivant sur son corps les progrès de sa grossesse, refusant toute médecine, veillant, jeûnant, priant sans cesse, en proie à mille faiblesses, égrotante comme on l'est dans les premier temps de son état, au point de ne pouvoir sortir de sa chaise sans qu'on la mène ; espérant vider son ventre à force de pénitence et de macération ;

Bussy inexorable ; la jambe droite rouillée à nouveau ; dictant à sa fille, du haut de ses béquilles, cette lettre de rupture pour La Rivière :

« Les pas que vous êtes cause que je fais, monsieur, ont tellement déchaîné mon père, ma grand-mère, toute la famille et tous leurs amis, et j'ai vu si nettement ces jours derniers les malheurs que j'ai attirés sur vous et sur moi que, pour en faire réparation à tous deux et pour en éviter les suites, je me mets dans un couvent pour ma vie. Le remède est violent, mais il est juste ; et il est pris, je ne m'en dédirai jamais. J'espère que vous ne vous exposerez pas à entendre en face ce que je vous écris, ni moi à vous le dire ; je vous en conjure, monsieur. »

Il n'y a qu'une fenêtre à sa chambre, donnant sur une courette ; l'air n'y pénètre pas. Une seule fille pour son service, choisie par son père. Peu de vêtements dans son coffre, tous inconfortables.

Les religieuses s'intéressent à son infortune. L'une d'elles, sœur Marie-Thérèse, semble la prendre en pitié ; elle doit avoir été pareillement la victime de sa famille. Elle lui fait de fréquentes visites. En poussant la porte un matin, elle aperçoit Louise sans connaissance, livide, le visage et les mains glacés, et la ranime en lui lançant de l'eau. Alors, par intuition :

— Seriez-vous enceinte, madame ?

Louise ne l'a annoncé qu'à Henri jusque-là. La religieuse soupire. Elle procure encre et papier, et promet de porter ce qu'on voudra, où l'on voudra. Voici Louise courbée à nouveau devant la chandelle, s'évertuant à démentir sa lettre précédente, et n'y parvenant qu'à demi.

Elle s'est résignée à la mort, dit-elle, c'est la plus douce chose qui lui puisse arriver : mon Dieu, que tout s'arrête ! Elle pense avoir agi pour le mieux ; elle regrette de n'être pas morte dans l'excès des premiers mouvements par où elle a passé, et envisage une mort de langueur qui la fait frémir ; elle a beau souffrir, elle ne sent pourtant point d'autres maux que ceux qu'elle inflige à son mari adoré — « parce que je te les fais, et que je ne puis pas ne pas te les faire ».

Son vœu le plus cher serait d'achever ses jours auprès de

sa sœur de la Visitation, à Paris, avec l'accord d'Henri, bien sûr ; Bussy y a consenti déjà ; Diane lui servira de consolation et elle trouvera là-bas des gens de piété qui lui soutiendront l'esprit.

Elle écrit à la fin, tandis que ses paupières s'alourdissent : « Quelle injure ne me dis-tu point en me demandant si je t'aime encore ? »

L'unique chandelle qu'on lui a laissée goutte et a besoin d'être mouchée ; mais pas de mouchettes. Elle la mouche avec les doigts, racle la cire, et bientôt s'endort d'un sommeil sans cauchemar, pour la première fois depuis des semaines, dont ne la tirent ni les cloches qui sonnent matines ni les cris répétés du coq.

8

Louise priait La Rivière de ne point chercher à la voir. Rien ne serait plus dangereux pour lui et pour elle. On a pris d'étonnantes précautions, disait-elle, pour empêcher qu'elle communiquât avec l'extérieur ; mais il semble bien qu'elle ait réussi à lui parler une fois ou deux à la grille, grâce au dévouement énergique de sœur Marie-Thérèse, cette religieuse de mérite qu'elle a attendrie — une malheureuse qu'elle aura corrompue, diront certains.

Les ragots ont repris, pleins de détails piquants comme il se doit.

Un bruit parmi d'autres : Bussy va faire égorger le coquin qui a tenté de lui ravir sa fille et la fortune de sa fille. Il a chargé Amé-Nicolas d'engager des bretteurs de Paris, et celui-ci a envoyé quatre têtes brûlées du quartier Montorgueil, contre l'assurance qu'ont règlerait ses dettes. Ceux qui le croient ajoutent que La Rivière, l'ayant su, est passé aussitôt en Italie, déguisé en moine, tandis que ses assassins rôdaient autour du couvent.

Nous n'avons pas l'imagination si fleurie. La Rivière rongeait son frein chez Mme de Sandricourt, sa sœur utérine ; il y est encore.

De Barbirey à Montbard, le chemin est facile. Et Louise de Coligny cachait sûrement dans son bagage quelques-uns de ces jolis bijoux avec quoi s'achètent les plus fermes consciences.

Un laquais de M. de D. n'a-t-il pas affirmé avoir aperçu une jument truitée du côté des ursulines ?

Qui disait encore avoir croisé le chevalier sur les routes, allant dans cette direction ?

Mais si nos époux éphémères se sont revus, comme nous le pensons, que s'est-il dit, quelle maladresse a pu commettre La Rivière, quels mots blessants a-t-il prononcés, de quelle lâcheté s'est-il rendu coupable, qu'il n'ait pas su ranimer l'ardeur de Louise, qu'il ait même éteint les dernières lueurs de l'attachement ?

Il ne se privait pas de remuer les tribunaux de son côté. Ingratitude, audace, imposture : à quel procédé a-t-il eu donc recours qu'on lui dise désormais ne pas moins mépriser sa personne que sa conduite ?

Car on nous assure aujourd'hui, avec toute la certitude possible, que la marquise de Coligny a déclaré devant un notaire de Montbard que son mariage était nul, qu'elle n'en voulait pas, qu'elle avait été dupée par un misérable qu'elle n'avait jamais aimé ; et Bussy ne se trouvait pas dans son dos à lui souffler les mots de ce discours.

Comment se fait-il qu'on ne s'écrive plus que par avocats interposés, assez gauchement d'abord, sinon honnêtement, puis avec toute l'ingéniosité de la malveillance ?

Comment en arrive-t-on à des commandements délivrés par huissier ?

Selon le président Gravlaye, l'amour est une chose étrange, plus instable que le vin et le lait.

Et Rouargues :

— Celui du père devait être le plus fort. Bussy reste le maître absolu de sa fille, comme par le passé.

Ce n'est pas là une explication, cela ne nous convainc pas nous-mêmes. Que Bussy couche avec sa fille est une chose ; que cette fille renonce, en l'espace de quinze jours, à une passion qui l'a travaillée durant deux ans, et dont l'issue proche pouvait lui offrir la liberté, en est une autre, qui nous dépasse. Il faut que La Rivière se soit bien mal comporté ou qu'elle ait appris de bien terribles choses à son sujet, pour qu'elle ait choisi contre lui le parti de son père, sans balancer, et qu'elle parle désormais avec son père d'une seule voix.

Mme de Ch., dont nous respectons les avis, a lâché hier une petite phrase qui nous a donné à réfléchir. Rien ne vient sans racine, a-t-elle dit ; le revirement n'a peut-être pas été si prompt qu'on le pense.

— Vous donnez pour certain que Louise de Coligny a arrangé une entrevue à la grille de son couvent, alors qu'il est probable que c'est le chevalier qui l'a forcée, et que la malheureuse y a consenti pour éviter un esclandre. Figurez-vous les arguments qu'il a dû employer alors. Les hommes ne sont guère délicats en ces rencontres.

Notre ami le receveur de Boui est allé s'informer du côté de la sœur de La Rivière, où il a été éconduit. Le président Gravlaye a eu plus de chance du côté de M. de Saint-Maurice, lequel nous a fait reconsidérer les événements sous cette lumière. Il paraît que dans les premiers jours d'août, alors que Bussy était dans la maison de sa parente Mme de Rouville, la petite Mme de Sandricourt a demandé à être reçue. Ils ont eu là, le comte et elle, une longue conversation au sujet du chevalier. Voyant Bussy fort irrité, Mme de Sandricourt est partie en grand désespoir et s'en est allée écrire à son frère que s'il ne courait pas aux Ursules de Montbard regagner Mme de Coligny, tout était perdu pour lui. Et en effet, le chevalier a été deux heures à la grille, où il a gaspillé ses peines ; et il n'a pas revu son épouse depuis.

Rouargues :

— Cette grille figurait donc les portes de la guerre ?

Vous connaissez notre ami ; il lui faut avoir le dernier mot.

9

M. de La Rivière était devenu *Rivière* dans l'esprit de Bussy. Depuis qu'on lui a dit que des lettres d'amour écrites par sa fille circulaient à Dijon, qu'on les lisait dans les couloirs du parlement, qu'on s'en divertissait dans les allées du parc, qu'on les disséquait dans les salons, et qu'il en apparaissait de nouvelles copies chaque jour, il n'appelle plus son gredin de gendre que *Rivier*.

— Ce Rivier, dit-il, est un homme de rien. Il a pour grand-père un vigneron de Thonnance.

Il faut que ledit Rivier croie aux rumeurs, car il ne se risque guère hors de la maison de sa sœur de Sandricourt. S'il se rend chez les avocats, il marche au milieu de la route, encadré par deux valets, avec une cotte de maille sous la veste et des pistolets armés dans les fontes.

Se prétendant menacé de mort, il a demandé sa protection à M. de Roussillon, lieutenant général aux bailliages d'Auxois, d'Auxerrois et d'Autunois, qui a la charge de régler les points d'honneur entre gentilshommes et anciens officiers. Ceux-ci ont-ils une mauvaise brouille, un différend susceptible de dégénérer en duel, se font-ils des injures et des offenses, il lui appartient de tout régler, et sur le refus d'un arrangement à l'amiable, de les renvoyer devant la cour des maréchaux.

M. de Roussillon a écouté la doléance de La Rivière, a paru embêté, parce que Bussy était de ses relations, mais a pris la plume malgré tout pour ordonner au comte de n'en venir à aucun acte regrettable, directement ou indirectement.

Que n'avait-il pas fait ! La réplique de Bussy n'a pas tardé à claquer, et c'était un modèle du genre :

« Je n'ai de démêlé avec aucun gentilhomme, monsieur. Quand un paysan m'offense, je lui fais donner des coups de bâton, et cela ne regarde point l'autorité de votre charge. Vous m'ordonnez, dites-vous, de n'en venir à aucune voie de fait, et moi je vous ordonne d'apprendre à parler, quand vous écrivez à un homme comme moi. Voilà ce que j'ai présentement à vous dire, à quoi j'ajouterai seulement que lorsque vous m'adresserez un compliment comme un ami qui sait parler et vivre, je vous remercierai, monsieur, et vous dirai que je suis votre serviteur très humble et obéissant. »

La chose s'est sue dans la minute par toute la Bourgogne, et elle a atteint Paris très vite, par le double canal de Mme de Sévigné et de son amie Mme de La Boulaye, belle-sœur de M. de Roussillon. Chacun réclamait le billet dans son intégralité ; on le copiait pour le passer autour de soi. « Pas un mot qui ne porte, admirait-on ; on ne voudrait ni en ôter ni en ajouter un seul ; c'est la pièce la plus parfaite de nos jours. » Il n'était pas jusqu'au roi qui ne fût charmé. Du côté de la lieutenance générale, on prenait cette petite affaire-là en riant, M. de Roussillon se disant lui-même fâché de sa sottise.

Si la *rabutinade* a plu, elle a eu pour effet second d'achever de répandre dans le public l'infortune de Mme de Coligny.

Voilà le père et la fille dans toutes les mains, les lettres de la marquise étant également réclamées : elles voyagent aujourd'hui jusqu'à la cour, dont elles ne font pas moins les délices. On les compare là-bas à celles de la religieuse portugaise, dont M. le marquis de Chamilly nous a régalés il y a quelques années. On prise leur hardiesse, leur ingéniosité, on les trouve pleines de beautés neuves. Force est de reconnaître que le père et la fille écrivent avec esprit, à défaut d'autre chose.

Ceux qui ont découvert par ce biais la liaison avec La Rivière se disent cependant beaucoup plus étonnés par le feu de ces lettres que par la brièveté de l'hymen et la froideur du renoncement, conformes somme toute à la nature de la marquise.

— *Je ne veux point de ton respect qu'en public. Je veux t'abîmer d'amour...* Qui eût cru qu'un sang humain irriguât ce marbre ?

Vous savez l'avidité des gens pour cette sorte d'affaire. On va la plaider ; alors chacun s'en croit juge et absout et condamne comme s'il possédait les dossiers et qu'il présidait la séance.

Selon la vieille Mme de Gr., la fille de Bussy est de ces femmes qui aiment chez un amant la passion plutôt que la personne :

— Le mariage étant ce qu'il est, elle aurait dû aimer en ennemie du sacrement.

Parmi les dames, beaucoup blâment le changement de Mme de Coligny. Les unes disent que, quand on est venue si avant, il faut passer outre, et qu'il vaut mieux se déshonorer par une alliance infâme que de laisser divulguer des lettres qui montrent qu'on a aimé à la folie, pour un dessein légitime, un homme de basse extraction, sans scrupule ni morale ; et les autres soutiennent que la marquise a eu bien tort de commencer son mariage par la fin, le chevalier exhibant cent lettres qui prouvent ce commerce.

A vrai dire, on ne s'accorde guère sur ce point, et il se trouve autant de voix, disposant d'autant de raisons, prises souvent dans les mêmes lettres, pour clamer que la vertu de Louise de Coligny n'a pas failli jusqu'à l'autel et que, chez elle, l'imagination seule l'emportait sur la pudeur.

Tout le clan Rabutin épouse naturellement le ressentiment de Bussy. Orgueil, raison, devoir, chacun s'emploie à attiser autour de soi l'esprit de coterie, louant bien haut Mme de Coligny d'exiger la rupture. Trois cent cinquante ans d'une noblesse sans tache, pour tomber si bas ! Nul ne saurait donner tort là-dessus à l'illustre famille.

Les seuls doutes qui troublent ses rangs touchent à la

façon de porter l'affaire à sa conclusion. Si l'on se réjouit de la résolution de la marquise de mourir plutôt que de continuer son engagement, on la trouve si en colère par ce qu'on voit d'elle depuis peu qu'on a peur qu'elle ne succombe à la tentation de redire chaque jour à Rivier la rage où elle est. On approuve le motif, mais non pas l'exécution. On aime sa gloire, et on la trouverait blessée de crier au misérable qu'elle le méprise. Le silence en ces rencontres est, dit-on, le plus offensant des discours ; ce qui revient à dire, sachant l'usage que fait Rivier des lettres qu'il reçoit, qu'on redoute une augmentation du scandale.

Mme de Sévigné prétend ne pas partager cet avis ; elle pense que l'attachement à la gloire *tient un peu du barbare,* et qu'il est bon de se soulager en déballant au grand jour ce qu'on a dans le cœur. Elle dit admirer sa nièce de vouloir acheter la tranquillité de sa vie au prix de l'éclat que fait inévitablement cette sorte d'affaire et des peines qu'elle sera obligée de prendre pour y réussir. A son cousin de Bussy, elle rappelle que Louise a grand besoin de lui, autant que lui d'elle, et qu'ils trouveront tous deux un grand secours dans leur amitié. Désireuse de les réconcilier :

« Elle est bien votre fille de toute façon, non seulement par cette bonne pâte dont vous l'avez faite, mais par le bel et bon esprit qu'elle a. »

Mme de Sévigné estime seulement qu'il ne faudrait pas que la chose entraîne trop loin. Ne peut-on éviter d'étaler sa rancune devant les tribunaux ? Sommation, appel contre abus, n'y a-t-il pas de voie plus douce pour se sortir de l'ornière ? Qui sait jamais jusqu'où poussera la chicane ? Solliciter, c'est se condamner à patauger longtemps dans une vase nauséabonde. Ne vaudrait-il pas mieux condescendre à quelque négociation, et ne pas perdre toute pudeur ?

Bussy n'y consent pas. Il déclare à qui veut l'entendre que La Rivière, s'étant introduit dans son château de Lanty à une heure indue, et y ayant surpris sa fille seule, a employé tous les moyens dont l'artifice d'un roué peut être capable pour la contraindre au mariage. Elle n'a pas eu la force d'y résister, mais elle a bien marqué son refus de s'engager en ne souffrant pas d'inscrire son nom sur le registre de la paroisse. C'est sa version des faits ; il n'en démord pas.

Amé-Nicolas, revenu en Bourgogne pour le restant de l'été, n'y consent pas non plus.

Il voit son père au lit, dans l'ombre des rideaux, les reins bloqués, invalide d'une jambe, les nerfs en courroux, les intestins en bataille, souffrant d'une colique incessante, la fièvre au front, triste et vieilli. Au couvent des Ursules, Louise n'a pas meilleure mine : les traits creusés, les paupières à vif. Amé-Nicolas a lu à Paris deux des nombreuses lettres de sa sœur qui circulent dans le monde ; alors il veut bien justifier la rumeur, et dit qu'il fera couper avec bonheur la gorge de ce coquin de Rivier.

C'est en litière qu'il fait transporter le comte à Bussy-le-Grand. Louise les rejoint bientôt ; depuis son revirement, il n'y a plus de motif qu'elle demeure au couvent. Quoi qu'elle en dise, elle a toujours eu de l'aversion pour la vie religieuse. Toute petite déjà, quand sa grand-mère de Toulongeon entendait la vouer à Dieu, elle s'évertuait à étudier les airs du monde pour afficher son intention de ne pas le quitter.

On se souvient de tout cela. A peine fait-elle quelques façons pour sortir de sa retraite.

On se retrouve enfin.

Louise réticente à se jeter dans les bras de son père ; Bussy hésitant à faire parler son cœur ; Amé-Nicolas les poussant l'un vers l'autre, remisant pour l'occasion la jalousie que lui donnent une affection si exclusive et une préférence si marquée.

Les lèvres serrées, Louise se blottit contre son fils, détourne son regard des autres, ne tolère auprès d'elle que la compagnie de ses femmes, Mlles Poussy et Razilly ayant repris leur service, et c'est le comte qui les a rappelées, sans leur faire la moindre remontrance : de ce côté-là tout semble pardonné.

Elle descend peu au jardin, évite La Mèche comme un

mauvais souvenir ; et lui, toujours en faveur, toujours à l'ouvrage, ne comprend pas que la vie ait pu recommencer comme s'il ne s'était rien passé.

C'est sans doute cette volonté d'épargner ses gens qui achève de désarmer Louise. On se contient, on va de l'avant — au prix de quels efforts ! Un matin, l'état de son père l'apitoie ; elle s'inquiète de l'air soucieux du chirurgien venu le saigner, et propose, le soir, de faire au malade un peu de lecture.

Les élégies de Tibulle, mélancoliques et lestes, leur rendent enfin, en les leur rappelant, les sourires d'autrefois.

Au fond, qu'y a-t-il de changé ? Les nausées se font moins sentir, sa silhouette ne s'est guère alourdie ; si elle a la démarche un peu pataude, le reste demeure invisible sous la robe.

Il suffit de ne plus penser aux choses pour qu'elles cessent aussitôt d'exister. Il semble à Louise que son vœu de paix commence à être exaucé. Elle donne le bras à son père, et éprouve du soulagement quand elle l'aide à se mettre débout.

S'appuyant sur elle, il lui prend la main et ne la lâche plus.

Le sentiment de supercherie qui la divisait alors s'estompe peu à peu. Il se dissout dans les longues soirées de Bussy-le-Grand, devant les crépuscules roses, devant la table de trictrac qu'on dresse au salon, dans le bruit des dés que secoue le cornet en cuir, dans le froissement des pages que l'on tourne, dans le frémissement des tilleuls par-dessus les bassins, où la lune fait les effets les plus brillants du monde.

10

On a beau ménager la source, on ne saurait s'empêcher de la rendre bien boueuse si l'on fouillait trop près d'elle. N'essayez pas de tout comprendre. Vous en perdriez le goût et le fil des choses.

La Chambre a recommencé à bien travailler depuis que M. de La Reynie lui a fourni de nouvelles empoisonneuses. Il vient de produire une Mme Joly, qu'il prétend plus terrible que la Voisin.

Craignant sans doute que cette femme ne suffise pas à enfumer les esprits, il veut réexaminer des cas fameux, sur les déclarations qu'elle lui aurait faites. Mme de Dreux a déserté au premier bruit qu'on rouvrait son affaire. Elle s'est enfuie en Angleterre, ne se trouvant pas assez en sûreté dans les Flandres, car elle est à nouveau cruellement accusée : du poison pour le mari, du poison pour l'amant.

M. de La Reynie doit se réjouir. Le public parle beaucoup de l'évasion de Mme de Dreux, de sorte qu'il dit moins que Mlle de Fontanges a été assassinée.

C'est que les échos de ce crime, malgré tous les soins qu'on a pu prendre, sont venus si souvent et par tant d'endroits différents qu'on ne peut plus invoquer que le respect dû à l'honneur du roi pour endiguer la rumeur.

Figurez-vous un égout profond, qui s'écoulerait de fort loin. Il semble qu'en 1667, Mme de Qui-vous-savez était déjà en relation avec Lesage, rue de la Tannerie, ainsi qu'avec l'abbé Mariette, alors prêtre de Saint-Severin. Le chevalier de Vanens les lui avait recommandés ; il mériterait d'être tiré à quatre chevaux pour ce conseil.

Souvenez-vous : le roi avait alors trois femmes dans sa vie, la reine, la charmante Mlle de La Vallière dont l'étoile commençait à pâlir, et Mme de Qui-vous-savez dont l'astre se levait.

Sans doute était-ce au début un commerce assez innocent. La belle sultane réclame des horoscopes, des charmes, des poudres d'amour, des fumigations aromatiques pour plaire à Sa Majesté ; mais comme elle est très impatiente de supplanter sa rivale, elle consent bientôt aux sacrifices de pigeons, aux cierges qui se consument à l'envers, aux figurines de cire plantées d'aiguilles, aux neuvaines démoniaques ; sans même s'en rendre compte, elle en est un jour à faire des cérémonies sur des ossements humains. Mlle de La Vallière est évincée, si elle ne succombe pas. On croit avoir découvert la panacée.

Mme de Qui-vous-savez passe alors entre les mains de cet abbé Guibourg qui tuait ses propres enfants pour célébrer des messes à sa façon. Que désire-t-elle, maintenant qu'elle a atteint le sommet ? L'amitié de monseigneur le Dauphin, qu'elle n'a pas encore ; que la reine soit stérile ; que le roi quitte son lit et sa table pour elle ; qu'elle obtienne tout ce qu'elle lui demandera pour elle et pour ses parents ; qu'elle puisse être appelée au conseil du roi et savoir ce qui s'y passe... Les demandes sont satisfaites peu à peu. Mais Sa Majesté n'a pas le cœur borgne, elle folâtre sans cesse, ce dont la fierté de Mme de Montespan — tant pis ! le nom est lâché — s'accommode fort mal.

Tant de beauté et tant d'orgueil se réduisent difficilement à la deuxième place. On multiplie les sortilèges. On les assaisonne de coques du Levant, d'eau de coquerico, de teinture de cantharide, cuite avec des prunes sèches et de la maille de fer.

Vous souriez ? Souvenez-vous : à cette époque le roi souffre de maux de tête, il est attaqué d'étourdissements, sa vue se trouble. D'où lui viennent ces désagréments ? De ce que Mme de Montespan est très fâchée de n'être pas aimée comme elle l'entend tout au long de l'année. Sa Majesté n'avale rien que n'ait goûté d'abord l'officier du gobelet, répondez-vous. Mais quel est le nom de cet officier ? Vous le remettez : Gilot appartient à la favorite.

Le roi aime du côté de la princesse de Soubise, il s'amuse avec Mme de Louvigny, il s'éprend toute une saison de Mlle de Rochefort-Théobon, il a d'autres maîtresses encore, dans un petit intervalle. Alors il faut des philtres, encore des philtres, et les plus puissants.

A chaque éclipse des faveurs royales, toutes les fois en réalité qu'elle craint quelque diminution aux bonnes grâces de Sa Majesté, Mme de Montespan donne avis à la Voisin afin qu'elle y apporte quelque remède. L'arrogante s'étend sur le matelas entre les cierges, dénude son ventre, mêle ses sécrétions au sang du bébé qu'on égorge, râle et se donne au diable, pour que les sorciers lui fabriquent des enchantements en forme d'hosties. On les pile, on les dissout dans le vin. Elles viennent à bout de Mme de Ludres. Elles ne donnent rien contre la trop jolie Mlle de Fontanges.

Mme de Montespan en perd le sens commun, s'il lui en reste encore. Elle fait porter de pressants messages par Mlle des Œillets, sa suivante ; elle parle à la donneuse de consolation dans l'église des Petits-Pères ; elle la convoque une fois sur le chemin de Saint-Cloud.

— Oh ! la belle chose qu'un dépit amoureux, s'écrie la Voisin.

Car la Montespan exige le poison à présent, là où les philtres ont échoué : le poison pour la rivale, le poison pour l'amant qui l'a bafouée.

Il y a cent mille écus de récompense. Dans son cabinet de la rue Beauregard, la Voisin réunit des complices : la Trianon, et Romani et Bertrand, artistes en arsenic. Ils hésitent sur le moyen. Mlle de Fontanges est d'un accès facile. Mais le roi ? On pense à lui présenter un placet enduit de poudres, passé sous le calice. La mort surviendra à petit feu. La Voisin doit porter elle-même le pli fatal. Elle achète des gants, puis marque le voyage dans son horoscope.

C'était compter sans les mouches de M. de La Reynie. Voyez-vous maintenant quel homme providentiel dirige notre police ? Il a fait arrêter la Voisin de justesse, sur le parvis de Notre-Dame de Bonne-Nouvelle. Rappelez-vous : c'était le 12e de mars, il y a deux ans ; quelques jours plus tard Mme de Montespan disparaissait de la cour, pour ne pas y revenir avant plusieurs semaines. Imaginez sa terreur à ce moment. Elle se sent perdue ; le roi est sauf ; mais elle veut avoir la joie de voir périr la Fontanges, à qui Bertrand et Romani ont déjà versé l'arsenic.

Pourquoi la Voisin n'a-t-elle jamais rien avoué de ces crimes ? M. de La Reynie pense que c'est par crainte que le châtiment des régicides ne lui fût appliqué. L'écartèlement est une chose bien affreuse, auprès de quoi le bûcher semble une douceur, et qui vous mène droit à l'enfer. Sa fille avait moins à redouter, de même que la Filastre, de même que Lesage, lesquels n'ont jamais attenté à la vie du roi.

Confronté enfin à la vérité, Louis XIV s'est donné le temps de la réflexion ; il a ajourné les séances de l'Arsenal, a expurgé les dossiers ; puis il a tout jeté au visage de sa maîtresse.

Mme de Montespan était atterrée ; elle a fondu en larmes, confuse, humiliée ; puis elle s'est ressaisie, a tourné son repentir en reproches, et enfin a parlé avec hauteur.

Cet entretien, devinait-elle, la laisserait tout ensemble irrévocablement perdue et sauvée. Le procès avait un retentissement énorme ; une simple punition d'exil suffirait à déchaîner des tempêtes. Les ministres, les courtisans, sa remplaçante elle-même, s'évertueraient à amortir sa chute. On l'avait élevée au rang le plus haut. On ne la chargerait point, pour ne pas souiller la couronne de France, par égard pour les enfants qu'elle avait donnés au roi, en reconnaissance des services passés. La volonté de Sa Majesté était qu'elle expiât à Versailles, sous ses yeux, dans ces places de l'ombre qu'elle avait dédaignées farouchement.

11

Il semble que Mme de Coligny ait acquis auprès du chevalier de La Rivière le goût des sentiments extrêmes : une haine violente remplace dans son cœur le grand amour dissipé. La substitution ne s'opère pas en un jour ; mais elle se fait assez vite néanmoins pour que ses proches eux-mêmes en soient ébahis.

On pourrait parler dans les mêmes termes du renouveau de son dévouement pour Bussy. On préfère n'en rien dire, et laisser la convalescence se faire en silence, et les blessures se cicatriser doucement.

La divulgation de ses billets, qu'elle a réclamés et qu'on a refusé de lui rendre, y est sans doute pour beaucoup. Les lettres révélaient ses sentiments de la manière la plus indécente, et étaient présentées par La Rivière, n'étant pas datées pour la plupart, dans un ordre qui insultait son honneur.

Aux Ursules de Montbard, on a forcé Louise à signer les premiers mots de désengagement. Les suivants ne lui sont dictés par personne. Elle écrit à l'homme qui se croit en droit de se dire son mari, qu'elle sait désormais qui il est. Le public lui a fait le plaisir de le lui apprendre, quoiqu'un peu tard, plus fidèlement que lui, et elle l'honore assez de son ressentiment pour l'informer que non seulement elle fera casser le mariage avec toute la hauteur digne de sa naissance et de la bassesse de la sienne, mais qu'elle se consolera en quelque façon de demeurer engagée, pour lui mieux marquer tous les jours de sa vie le mépris éclatant qu'elle lui fera en ne le voyant jamais.

Il a dupé tout le monde sur sa naissance ; c'est un dol, une fraude, un crime odieux quand la tromperie a causé du préjudice à quelqu'un.

Il l'a diffamée gravement, ainsi que son père, le comte de Bussy.

Il y a cent exemples en France de mariages dissous avec moins de raisons qu'elle n'en a.

Le sien est d'emblée frappé de nullité, n'ayant pas été valablement contracté, puisque les signatures des épousés n'apparaissent pas sur le registre du curé de Lanty, que la publication des bans lui est postérieure, et qu'il a donc été fait contre les saints conciles et les ordonnances.

En vertu de quoi, Louise de Rabutin, marquise de Coligny, s'adresse légitimement au parlement de Paris pour qu'il en prononce la dissolution.

Un acte notarié parvient à La Rivière le 5 septembre ; le 14 novembre, c'est une sommation en bonne et due forme.

L'affaire devrait être jugée par les tribunaux au printemps de l'année prochaine.

1682

1

Bussy :

« Les chagrins que j'ai eus et les fatigues du corps aussi bien que de l'esprit m'ont fait tomber malade d'une fièvre tierce, qui m'a mis à l'extrémité au sixième accès ; j'ai eu bien de la peine à m'en guérir et je ne suis pas encore tout à fait remis. »

Au plus fort de ses crises, il avait la certitude d'avoir été empoisonné. De là les redoublements. Presque déçu ensuite d'être détrompé, il a porté la révolution dans ses cuisines.

On dit qu'il faut s'approcher de lui comme des chevaux qui ruent ; si Homère l'avait connu, il en aurait fait son Achille pour la colère.

Ses correspondants familiers déplorent qu'il les néglige. Mme de Scudéry lui écrit :

« C'est une philosophie outrée que celle qui fait oublier ses amis. Réformez la vôtre sur cet article. Il ne faut pas laisser l'amitié dormir trop longtemps ; le repos ne lui est pas mauvais, mais non pas l'assoupissement. »

M. de Trichâteau s'y est résigné. Le comte ne lui pardonne pas d'être entré dans les desseins de La Rivière, et moins encore de continuer à s'y associer en souhaitant demeurer neutre dans le procès qui se prépare. Il faut choisir son camp, et Bussy pense comme Notre-Seigneur que ne pas marcher à son côté, c'est être contre lui.

Il n'a pas d'autre refrain en tête. Lorsque vous lui parlez des changements qui s'opèrent à la cour, ou du bombardement d'Alger par Duquesne, il vous répond que ce n'est pas une affaire que celle de sa fille de Coligny, et que son ami maître Pageau en a gagné de plus difficile. N'insistez pas ; il vous expliquera sinon qu'il n'estime pas seulement ce dernier comme le premier avocat de son temps, mais que l'homme lui a plu encore dès sa première visite, et que sa physionomie et son expression l'ont touché infiniment.

— Maître Pageau, dit-il, voilà le vrai protecteur de la noblesse contre la lie du peuple.

A tous ceux qui sont venus le complimenter sur son rétablissement, il n'a pas dissimulé qu'ils lui volaient son temps ; il n'en aura jamais assez pour combattre les libelles outrageants que La Rivière répand à profusion dans le monde, où il se voit plus mal traité que sa fille.

Quand M. de H. a trouvé à propos de lui demander des nouvelles de Mme de Coligny, il lui a appris seulement l'impatience qui la tenait d'aller à Paris sortir de son affaire. N'en espérez pas davantage. La marquise ne montre plus le bout de son nez. Personne ne peut se vanter de lui avoir présenté ses respects depuis quatre mois. Les visiteurs se font répondre à Chaseu qu'elle est à Lanty, tandis qu'on s'entend dire là-bas qu'elle se trouve à Autun. C'est à s'interroger si elle n'a pas été renfermée au couvent.

Notre cher Rouargues a réuni la plupart de ces libelles de La Rivière ; leur lecture n'est pas ennuyeuse. Nous avons recherché l'auteur ; le chevalier fait comme la marquise : il était à Dijon, il est à Paris.

Pour l'instant tout se joue, comme il est d'usage avant les plaidoiries, dans ces épîtres, ces pamphlets, ces factums que l'on produit de part et d'autre, comme pour éprouver dans le public la portée de ce qui se dira au prétoire. La Rivière défend comme un beau diable la validité de son mariage, en ravivant les ragots sur le père et sur la fille. Bussy lui donne la réplique par un placet qu'il envoie au roi, dont il fait cent copies. On y admire spécialement le passage qui dit qu'un misérable a cru qu'un homme dans la disgrâce de Sa Majesté serait abandonné d'elle, et qu'on le pouvait outrager impunément :

« C'est ignorer, sire, qu'il n'appartient qu'à vous de me faire souffrir, et que je suis comme ces arbres qui étaient autrefois sacrés, quand la foudre était tombée sur eux. »

La Rivière écrit à son tour à Sa Majesté pour lui dire plus prosaïquement que Bussy est venu chez lui en son absence, au premier bruit de son mariage, lui enlever sa femme, sans aucun ordre de justice.

Vous savez combien le roi est friand des galanteries et des intrigues de ses sujets. La querelle l'amuse assez pour qu'il prie le chevalier de lui confier des lettres de Mme de Coligny. La Rivière lui en remet aussitôt vingt-cinq, choisies parmi près de deux cents. Quand il vient les reprendre, quelques jours plus tard, on lui dit que Sa Majesté les a lues en compagnie de quelques dames, avec un vif plaisir, et qu'elle le remercie de lui avoir donné une bonne soirée.

Mme de Thianges y était. Elle s'est dite spécialement frappée par la promesse de mariage que Mme de Coligny a eu le caprice de signer de son sang. N'était-ce pas ainsi que les plus exaltées des religieuses juraient d'épouser le Christ ? A ses yeux, il était impensable que le mariage n'eût pas été consommé, comme Bussy le prétend, et que Louise de Coligny n'eût pas donné des arrhes de cette promesse.

A Mme de G., La Rivière a affirmé que le roi lui avait dit, en lui rendant les lettres :

— Votre femme a plus d'esprit que son père.

Mais l'opinion générale est que l'échange ne s'est pas fait directement, et que Sa Majesté n'a jamais parlé à La Rivière.

C'est une guerre de tranchées où tous les coups sont permis. Qui croire ? Bussy a appelé à la rescousse toute sa parentèle. Guitaut vient de nous montrer une lettre de la marquise de Sévigné, où passant sur les réticences que lui inspiraient les démarches de son cousin, elle ne se lassait pas moins de l'appuyer et de démêler l'imbroglio dans l'ordre de ses vues, à quelques détails près.

Lettre de Mme de Sévigné au comte de Guitaut :

« A Paris, vendredi 23e janvier :

« Si j'avais écrit comme on le désirait, j'aurais dit d'autres merveilles, mais j'aurais eu peur que ma main n'eût séché, et j'ai réduit mon approbation au courage qu'il faut pour soutenir tout l'éclat d'une telle affaire. Je ne m'en dédis point : il faut en avoir au-dessus des autres, car pour moi, pauvre petite femme, si j'avais fait une sottise, je n'y saurais pas d'autre invention que de la boire, comme on faisait du temps de nos pères. Il faut que je vous dise les raisons de cette pauvre Coligny pour n'en pas user de même. Elle convient d'une folie, d'une passion que rien ne peut excuser que l'amour même. Elle a écrit sur ce ton-là toutes les *portugaises* du monde ; vous les avez vues. Mais qu'apprendra-t-on par là, sinon qu'elle a aimé un homme, avec cette différence des autres, c'est qu'elle en avait fait ou voulait en faire son mari ? Si tous les maris avaient bien visité les cassettes de leurs femmes, ils trouveraient sans doute qu'elles auraient fait de pareilles faveurs sans tant de cérémonie ; mais cette pauvre *Rabutine* était scrupuleuse et simple, car elle avait cru que M. de La Rivière était un gentilhomme. Il avait l'approbation de son père, il a de l'esprit ; elle s'est engagée sur ce pied-là. Tout à coup, elle trouve qu'il l'a trompée, qu'il est d'une naissance très basse. Que fait-elle ? Elle se repent. Elle est touchée des plaintes et des reproches de son père. Elle ouvre les yeux, ce n'est plus la même personne, voilà le rideau tiré. Elle apprend en même temps qu'il y a des nullités dans son prétendu mariage. Elle ne peut pas demeurer comme elle est ; il faut qu'elle se démarie. Elle prend le parti de se démarier plutôt que de passer le reste de sa vie avec un homme qu'elle hait autant qu'elle l'avait aimé :

Tanto t'agitero quanto t'amai.

Vous connaissez ce vers du Tasse, *je te tourmenterai autant que je t'aimais*. Elle sait que nous avons consulté des docteurs qui croient le mariage absolument nul. Lui, que fait-il de son côté ? Il entre en fureur de sa légèreté. Il oublie que c'est lui qui l'a trompée le premier. Il dit des choses atroces contre elle. Il tâche de l'intimider. Il la menace qu'on dira à l'audience qu'elle a couché avec son père, qu'elle a empoisonné son mari, qu'elle a supposé son enfant de Coligny. Voilà les petites peccadilles dont il l'accuse. Elle entre en fureur de son côté. Elle oublie toute pudeur. Elle veut se séparer pour jamais d'un si insolent calomniateur. Voilà où ils en sont. Les avocats éclateront des deux partis. Nous baisserons nos coiffes et nous tâcherons de nous délivrer d'une si odieuse chaîne. Eh bien ! nous avons aimé un homme ; cela est bien mal ! Et nous avons été si sotte que de l'épouser ; selon le monde, c'est ce qui est encore plus mal ! Nous écrivons des lettres brûlantes ; c'est que nous avons le cœur brûlant aussi. Que peuvent-elles dire de plus que ce que nous avouons, qui est d'avoir épousé ? C'est tout dire. C'est la grande et admirable sottise dont nous voulons nous tirer puisque, par bonheur, en voulant faire le mariage du monde le plus sûr, nous avons fait le mariage du monde le plus insoutenable. C'est ainsi que la Providence nous a laissé tomber et nous présente ensuite les moyens de nous relever. Or que veut faire ce La Rivière ? Voudrait-il d'une furie, d'une bacchante, quand même il la pourrait ravoir ? Ne voudrait-il pas mieux assoupir et accommoder cette affaire ? Je ne veux point le voir, mais s'il vient ici, nous avons des amis qui pourront parler à lui, et c'est ainsi qu'on rapproche quelques fois les choses du monde qui paraissent les plus éloignées. Adieu, mon cher monsieur. Voilà tout ce que mon imagination me fait jeter sur ce papier, sans art, sans arrangement, à course de plume ; vous en ferez l'usage qu'il vous plaira. »

Il y a des tentatives de conciliation en février. Croyez-vous qu'elle aboutissent ? On n'en veut ni d'un côté, ni de l'autre.

Bussy vient de se mettre en route pour Paris. « S'il y allait de ma tête dans cette affaire, dit-il, je ne la prendrais pas plus à cœur que je ne fais. » Nous l'avons aperçu à Sainte-Reine, rue des Bourdonnais, dictant des instructions à M. Godar, le maître de la poste. Il lui indiquait où faire suivre son courrier. Mme de Coligny n'était pas avec lui. Il nous a dit qu'elle ne le suivrait pas à Paris, parce que ce n'était pas nécessaire, et qu'elle demeurait à Lanty le temps qu'il serait là-bas, étant certaine de recevoir très vite de lui l'annonce de la dissolution de son mariage ; car l'issue ne fait aucun doute, n'est-ce pas ? Les honnêtes gens, la Sorbonne, les plus habiles des hommes de loi répondent du succès.

Notre ami Rouargues pense qu'en vérité Mme de Coligny se terre dans la honte, et que tout ce qui s'est dit, se dit et se dira sur elle, fera qu'elle n'osera plus jamais reparaître dans le monde.

Le procès contre le comte de Dalet, cet autre beau-père, semble tombé aux oubliettes.

2

Amis, savez-vous l'affaire
De Rabutin,
Contre le sieur de La Rivière
Qui, pour certains,
De sa fille est le vrai mari
Et Rabutin le favori ?

Ces vers se trouvent sur le Pont-Neuf. Les chansonniers les font connaître par toute la ville. La Rivière en rit assez fort pour montrer qu'il n'en est pas l'auteur. Bussy ne les entend pas ou se bouche les oreilles. Est-il arrivé déjà à Paris ? On ne le rencontre pas chez sa femme, rue du Bac, ni dans aucune maison du faubourg Saint-Germain, où l'on se contente de beaucoup parler de lui. Mme de Grignan affirme qu'il est descendu dans une auberge du quartier du Luxembourg, rue de Sèvres, près de l'hôpital des Incurables ; d'autres donnent plutôt l'adresse d'un meublé situé du côté de la porte Saint-Antoine. On l'aurait vu par là-bas, dans les derniers jours de février, en compagnie d'une dame enveloppée d'un gros manteau. Il n'aurait avec lui qu'un seul laquais et se déplacerait dans un petit carrosse aux vitres teintées, prêté par le vieux duc de Saint-Aignan.

Le chevalier n'est pas si courant d'air. Il s'est fait faire un habit de la dernière coupe, garni de ces gros rubans coquelicot qu'apprécient les salons où il fréquente. On lui porte ses invitations chez un capitaine qui lui a offert l'hospitalité, M. de S., rue du Cimetière-Saint-André. C'est un petit appartement près des combles, où il s'occupe dans la journée à peaufiner un nouveau libelle.

Voici le récit qu'il y donne, à la troisième personne, de ses amours avec la marquise :

M. de La Rivière, dit-il, s'était retiré sur ses terres, en Bourgogne, quand le comte de Bussy et sa fille l'invitèrent chez eux avec beaucoup de marques d'amitié. La marquise surtout lui laissa voir une manière d'agir dont un homme vain se serait assurément félicité. Pour lui, il n'en remercia que l'ennui de la campagne où l'on voit si peu de gens qu'on en aime mieux les gens qu'on voit.

M. de La Rivière retrouva Mme de Coligny, une semaine plus tard, dans les mêmes marques de bonté pour lui où il l'avait laissée. Cette femme distante changeait ses manières ordinaires en sa faveur. Il trouvait dans ses yeux un air de distinction qui devait ouvrir les siens. Cependant il présumait trop peu de son mérite pour se flatter d'obtenir d'elle autre chose que son estime.

C'était assurément une des plus jolies veuves de France, par quel côté qu'on la regardât. Son air était modeste, doux, majestueux. Rien ne déplaisait de ce qu'elle montrait, et tout ce qu'elle cachait coûtait à sa beauté. On la respectait à première vue, on l'aimait dès qu'on la connaissait, et les gens qui ne lui trouvaient pas l'art de plaire n'avaient sans doute pas de quoi sentir qu'elle savait plaire sans art. Elle avait tout l'esprit qu'on peut avoir, et elle aurait été un modèle pour son sexe, si son père n'avait fait d'elle un exemple d'horreur et d'infamie.

Sa famille lui avait conseillé maintes fois de se servir de la liberté de sa condition pour secouer un joug qui l'écrasait de bien des manières. Mourant d'envie de se retirer de servitude, elle regardait M. de La Rivière comme un homme qui pouvait aider à ses desseins. Plus pressée par ses malheurs que par le mérite qu'elle lui supposait, elle ne pas tarda pas à lui avouer les vues et l'estime qu'elle avait pour lui. C'était à Riom, en Auvergne, où elle avait un procès. On contestait l'existence de son fils, on affirmait qu'elle était la maîtresse de son père. Le chevalier s'efforçait de la consoler ; cela la rendit plus tendre, plus hardie. Mme de Coligny lui dit les sentiments qu'elle éprouvait pour lui, mais avec une sorte de confusion qui annonçait tant de bonne foi que, s'il fut surpris du procédé, ce ne fut qu'à son avantage. Il était si troublé d'une pareille déclaration que son esprit ne lui répondit pas un mot, et qu'il ne lui répondit que du cœur. Elle parut s'en satisfaire et lui faire crédit du reste.

Quelques jours plus tard, une lettre composée de sentiments très vifs, propre à allumer la passion, attendait M. de La Rivière sous sa porte.

On l'avait aimé au premier regard, lui disait-on ; et on ne craignait pas d'en faire l'aveu, car on en prenait la force dans l'honnêteté de ses desseins : dès la naissance de la tendresse, on avait pensé à épouser.

Qui peut repousser de telles avances ? Louise de Coligny priait M. de La Rivière d'y consentir et de travailler avec elle aux moyens de la rendre la plus heureuse femme de France. Comment s'y opposer ? Quoi qu'il lui fît voir, tout ce qu'il arguait contre ce projet ne servait qu'à la lui donner toute entière.

La marquise lui disait en substance que quand il ne se marierait avec elle que pour la tirer des mains de son père, elle aurait pour lui une obligation éternelle.

Rentré dans sa solitude, M. de La Rivière ne pouvait se détacher du souvenir d'une si aimable personne. Cependant il se défiait un peu de cette perspective de bonheur qui lui apparaissait, et sa joie n'était pas sans mélange. Sentant grandir en lui une passion contre laquelle une foule de réflexions l'avertissait de se tenir en garde, il se résolut d'abord de ne plus voir Mme de Coligny et de l'éviter avec autant de soin qu'il avait mis à la rechercher. Après avoir lutté quinze jours, tantôt vainqueur, tantôt vaincu, le destin fut plus fort que ses résolutions. On l'invitait à fêter la Saint-Hubert ; il prit le parti le plus doux et son cœur l'emporta sur sa raison.

Il trouva que son absence ne lui avait fait aucun tort auprès de Mme de Coligny. M. de Bussy les tenait cependant dans une étroite contrainte. Il les gardait à vue, surveillait leurs regards, laissait échapper quelques fois les mouvements d'un homme alarmé, et il avait tous les airs d'un amant jaloux ; mais Mme de Coligny et M. de La Rivière ne laissaient pas de se parler sans rien dire, leurs yeux commençaient à s'entendre, et leur intelligence augmentait par la contrainte même où ils étaient placés.

Enfin Mme de Coligny, qui avait parlé la première, fit le premier pas.

Blâmera-t-on M. de La Rivière d'avoir fait le suivant ? Chaque soir, quand le comte de Bussy s'était retiré, la femme de chambre de la marquise l'enfermait et venait en donner avis au chevalier. Elle le menait dans la chambre de sa maîtresse et, après quelques moments de conversation, elle les laissait en liberté. Ils lui devaient les plus grands plaisirs du monde.

Mme de Coligny, répétait la conclusion, n'a de défaut que d'avoir eu un père ; il est le principe et le soutien de l'odieuse sollicitation ; et elle applaudira bientôt à sa propre défaite, car en secret elle n'attend son honneur que de la victoire de son mari.

Les rieurs admettent aujourd'hui qu'en effet, il n'aurait pas été bien chrétien pour le chevalier de ne pas remédier aux malheurs d'une personne dont il était aimé et pour qui il avait lui-même beaucoup d'estime et de tendresse : la dame avait aussi bonne mine que qui que ce fût, elle portait un grand nom et passait pour avoir quinze mille livres de rente.

3

Dupré n'a pas l'esprit très fin ni pénétrant, mais c'est un domestique dévoué, fort obéissant aux ordres de son maître. Le chevalier lui a demandé, avant de quitter la Bourgogne, d'ouvrir grand les yeux et les oreilles, et de lui rapporter chacun des mouvements de Mme de Coligny. Dupré s'y emploie comme il peut, à distance raisonnable, craignant le bâton des serviteurs du comte. On lui a dit comme à tout le monde que la marquise était à Lanty. Il va à Dinteville, pour apprendre que le château est inoccupé. Il va à Chaseu (dans les environs de Chaseu), puis à Autun. Mlles Poussy et Bazilly y passent l'hiver, mais point Mme de Coligny. Il demande alors après Cuzin, le cocher du comte, et découvre que la mission dont on l'a chargé était somme toute dans ses cordes ; Cuzin ne lui a jamais paru aussi *remonté*. Dès le lendemain, Dupré peut en rendre compte à Mme de Sandricourt, laquelle écrit dans l'instant à son frère.

Mme de Coligny n'est pas en Bourgogne, pour la bonne raison qu'elle s'est fait conduire à Bars-sur-Seine, avec doubles précautions, d'abord parce qu'on ne voulait pas que cela se sût, ensuite parce qu'elle se trouvait assez près d'accoucher. Le curé de Lanty a béni son union dans le milieu du mois de juin, nous sommes en février : faites le calcul. Cuzin enrageait d'avoir dû mettre ses chevaux au pas, tandis que la marquise, calée sur des coussins, se laissait dorloter par sa cousine de Toulongeon. Les œufs de la noblesse sont bien fragiles : trois jours pour effectuer un trajet qui n'en demande qu'un ! A Bars-sur-Seine, M. de Bussy attendait sa fille sur la grève, entouré de vingt bateliers, chacun faisant valoir les qualités de son bateau, car c'est par ce moyen qu'il entendait poursuivre le voyage, le fleuve étant réputé moins rude que la route aux femmes enceintes. Les eaux de la Seine ne semblaient pas assez hautes pour être dangereuses, et on lui promettait du quinze lieues le jour. Mlle de Toulongeon a laissé le comte et sa fille à leur navigation, et s'est fait raccompagner chez elle par Cuzin. Voilà tout ce qu'on peut dire pour l'instant de cette équipée.

On avait mentionné un petit carrosse prêté par Saint-Aignan ; c'est une de ces bonbonnières à quatre chevaux, munie de vitres bleuies, dont les courtisans usent d'ordinaire pour abriter leurs amours.

La Rivière ne manque pas de relations dans le parquet, dans la police — les partisans de Bussy diront que les gredins ont souvent de ces liaisons, conséquentes à leur métier. Un lieutenant civil Le Camus est son obligé ; il consent à lui fournir un commissaire, homme d'expérience, contre soixante francs la semaine. On tombe d'accord pour cinquante, topons-là ! Ce commissaire-là s'appelle Sacquard. Il interroge ses mouches, il fait les auberges, il ne lui faut pas quarante-huit heures pour retrouver la trace du comte.

Bussy est descendu d'abord à la *Croix-de-Lorraine*, entre l'impasse Guéménée et la Bastille, face le couvent de la Visitation Sainte-Marie. Il y a loué deux chambres faisant appartement, l'une pour lui, l'une pour une dame en masque ayant gros ventre. La Rivière exulte.

Quelques jours plus tard, comme s'il cherchait à brouiller la piste, Bussy a emménagé à l'hôtel de Brissac, qui est une maison garnie de la rue des Deux-Écus, près de Saint-Eustache. Il a fait faire sa réservation par un laquais en livrée rouge. S'il s'absente beaucoup, partant chaque matin dans cette voiture aux vitres teintées qu'on a signalée, pour ne rentrer que le soir, la dame en revanche ne quitte quasiment pas le logis. Sa femme de chambre est une jeune personne répondant au nom d'Antoinette Vigne. De son côté, la dame au gros ventre dit se nommer Gabrielle du Mas ; ce serait, à l'en croire, l'épouse d'un certain Jacques du Puy, gentilhomme breton.

La Rivière paie le commissaire Sacquard, remercie le lieutenant civil Le Camus, et ménage sa bourse en jouant lui-même l'espion de sa femme : il épie la porte de l'hôtel de Brissac depuis les fenêtres d'un établissement de bains, s'ouvrant en vis-à-vis ; et Dupré le relève dès qu'il revient de Bourgogne.

Mignonne, en jupes bleues et vertes, les joues semées de rousseur : La Rivière reconnaît la femme de chambre d'après la description qu'on lui en a faite. Cette Mlle Vigne n'était pas à la marquise en Bourgogne.

Le comte part en voiture tout de suite après dîner. L'air brusque, à son ordinaire.

La Rivière s'est si bien pénétré des manières de la police qu'il note sur ses tablettes chacune des entrées et des sorties, en précisant l'heure à laquelle se font les mouvements.

Le dimanche, il aperçoit Louise de Coligny et ne peut s'empêcher de quitter son perchoir pour la suivre. Elle marche à petits pas de canard, très grosse de la taille, mais si creusée du visage, et avec cela un peu de lourdeur dans le haut du cou, que sa beauté en est toute gâchée. La Rivière la file jusqu'à l'intérieur de l'église Saint-Leu où, s'abritant derrière un pilier, il garde les yeux fixés sur elle tout le temps que dure la messe, dans des sentiments incertains, qu'il ne parvient pas à démêler.

Il n'y a que de dos que la silhouette a conservé quelque charme. Louise devrait faire ses couches à la mi-mars, dans deux, trois semaines au plus tard. Quand il exhibera une preuve patente de la naissance de l'enfant, se dit le chevalier, ni elle ni son père n'oseront plus l'offenser en niant qu'il ait rempli ses obligations de mari.

On en est là. L'affaire vient d'être mise au rôle de la Grand'chambre ; les séances devraient débuter dans les premiers jours du printemps.

4

Chaque jour, après lui avoir donné tous les soins imaginables et s'être assuré qu'elle ne manquerait de rien jusqu'à son retour, Bussy embrasse sa fille et s'en va chez Mme son épouse, son *deuxième lit*, comme il l'appelle, où il feint à présent d'habiter.

Un matin, il y trouve une lettre en provenance de la cour, et croit que le cœur lui lâche. Il s'assied pour la relire :

« Le roi, écrit Saint-Aignan, vient de me faire le plus agréable commandement que j'aie jamais reçu de Sa Majesté ; c'est de vous mander de le venir trouver à son réveil. Le roi veut que vous n'en parliez à personne, pas même à vos plus proches, ni à vos meilleurs amis, parce qu'il veut surprendre tout le monde sur votre retour. Je vous attendrai chez moi demain, à huit heures, nous monterons chacun dans une chaise et serons au lever de Sa Majesté entre huit et neuf. »

Vos plus proches : sa fille de Coligny lui est bien davantage que cela ; la mesure ne s'applique pas à Louise, de laquelle il est assuré autant que de lui-même. Il reprend sur-le-champ le chemin de l'hôtel de Brissac, pour lui apprendre l'incroyable nouvelle, qui augure si bien du reste : le roi le rappelle après un an de Bastille et seize d'exil, c'est-à-dire après dix-sept années de disgrâce ! Et puisque la chose est dite, il écrit dans la foulée cinquante billets à cinquante de ses amis, datés du jour suivant, afin de leur annoncer qu'il *a été* au lever du roi par ordre de Sa Majesté. Ah, si Louise pouvait en être !

Y a-t-il assez de bûches dans la cheminée pour la bien chauffer ? Désire-t-elle qu'on lui aille acheter chez le traiteur une tourte, des pâtés pour le souper ? Qu'elle ne s'avise surtout pas d'accoucher durant son absence ! Bussy est déjà en route.

La cour se trouve alors à Saint-Germain-en-Laye. Il y passe la nuit.

A huit heure et demie, dans l'antichambre du roi, il remue mille choses dans sa tête, sans en suivre aucune. Saint-Aignan l'a averti que Sa Majesté ne veut pas le voir dans la cohue ; on le fera appeler lorsque le roi sera levé, pour qu'il aille se placer à la porte de son cabinet.

Les minutes d'une grosse demi-heure s'égrènent, puis la porte s'ouvre à double battant. Le roi sort de son prie-dieu. Il vient vers lui. Le comte se jette à ses genoux et les lui embrasse. Alors, le prenant par les épaules et s'inclinant fort, car il est fort baissé, le roi lui dit :

— Levez-vous, Bussy.

Et comme il ne se relève pas, d'un ton plus gracieux :

— Eh ! Levez-vous, Bussy ! Je suis bien aise de vous voir ; il y a longtemps que nous ne nous sommes vus.

Retrouvant enfin l'usage de sa langue avec celui de ses jambes :

— Dix-sept ans, sire, répond le comte. Mais je suis ravi aujourd'hui que mon retour et la manière dont Votre Majesté me reçoit me fassent connaître qu'elle m'a pardonné ma mauvaise conduite.

— J'ai tout oublié. Si je n'ai pas toujours été content de vous, je le suis présentement depuis quelque temps.

— Vous l'auriez toujours été, sire, si vous aviez toujours vu le fond de mon cœur pour vous.

Là-dessus Bussy se rejette aux pieds de Sa Majesté, les larmes aux yeux ; et le roi le relève à nouveau, assez attendri lui-même, en le serrant à nouveau aux épaules, puis il rentre dans son cabinet avec le maréchal de Duras et le président de Mesmes.

La nouvelle de cette réception court aussitôt le palais. Amis, ennemis, indifférents, tous du même avis, les courtisans en foule veulent embrasser le comte, puisque le roi l'a embrassé.

Sa Majesté a répondu à l'indéfectible Saint-Aignan, lorsqu'il lui a demandé ce qui lui plaisait qu'il devînt : « Que M. de Bussy aille chez la reine, chez Monsieur, chez Mme la Dauphine, partout où il voudra. » Alors Bussy y va, guidé par son ami. L'évêque de Langres le présente à la reine, qui lui sourit. Le voici devant la porte de la Dauphine, en dessein de lui faire sa révérence. Elle prend sa chemise, et n'est pas complètement habillée quand elle demande :

— Où est M. de Bussy ?

Mme de Montespan l'introduit, on le relève :

— Je suis bien aise, monsieur, de vous voir ici, car je sais que vous êtes un homme de qualité, d'esprit et de mérite.

Tout le monde le reçoit sur ce pied. Il est à la messe rendre grâce à Dieu de tout ce qui lui arrive. Au sortir, c'est à qui lui donnera à dîner. Il va chez le prince de Conti, chez le duc de Montausier, chez le chancelier Tellier, chez Louvois, et si Colbert ne le reçoit pas, c'est que des affaires urgentes l'en empêchent. A quatre heures, Bussy gagne Saint-Cloud où il s'incline devant Monsieur et Madame. La tête lui tourne. Il coucherait à la cour, s'il n'était torturé par l'idée que Louise pouvait avoir besoin de lui. Ce remords le fait rentrer à Paris avant la nuit. Se précipitant à l'hôtel de Brissac :

— Je n'ai jamais passé de ma vie, dit-il, de plus agréable ni de plus honorable journée que celle-là.

Louise en sauterait de bonheur, si on ne lui avait prescrit de ne pas remuer.

Le lendemain, rue du Bac, il reçoit cent visites. L'Académie lui députe son doyen, Charpentier, ainsi que le grand Quinault, pour le féliciter sur son rappel. Et les compliments d'affluer. Mme de Montmorency sait se montrer plus significative en trois mots que des lettres d'une page : « J'en suis ravie, j'en suis ravie, j'en suis ravie. » Benserade : « Vous voilà en chance, monsieur, et si bien avec la Fortune qu'il n'y aura plus de générosité à vous servir. C'est un malheur pour nous autres, gens héroïques. » Et Crécy-

Longueval : « Vous m'avez dit que vous étiez au lever du roi, mais vous avez oublié de me mander à quelle heure je serais demain au vôtre. Je crois qu'il y aura grande presse, par la raison qu'on cherche volontiers les gens qui sont à la mode comme vous y êtes revenu. Ne me faites pas attendre dans votre antichambre ; j'ai trop d'impatience de vous voir paré des nouvelles grâces du roi. »

Bussy dit à la ronde :

— Je ne sais pourquoi on a été surpris de mon retour. Pour moi, je ne l'ai point été. Un homme de condition et de services ne meurt pas en exil, pour des bagatelles, sous le règne du plus grand, du meilleur et du plus aimable roi du monde.

On ne peut se retenir de lui demander cependant si son rappel est d'occasion ou pour toujours. Quand, convié à Versailles, Bussy donne bientôt la preuve qu'il pourra jouir à souhait de la vue de Sa Majesté, on se pose alors d'autres questions : ne serait-ce pas à cause de la malheureuse célébrité que s'est acquise sa fille, par une passion funeste, que le roi a daigné se souvenir de lui ? Lui a-t-on touché un mot de son procès ? S'en est-on bien diverti ?

Les volets clos, la chandelle éteinte. Bussy n'entre jamais dans la nuit sans s'en exagérer les dangers. Il entend le souffle déréglé de sa fille chérie, de l'autre côté de la porte qu'il a laissée entrouverte ; elle pousse de petits gémissements dans son sommeil ; la grossesse touche à son terme et la matrice s'est mise en branle. Cela le trouble d'une façon qu'il ne saurait dire. Il se retourne vers la muraille, se répétant qu'il lui a toujours été pénible de s'endormir dans une chambre étrangère. Son corps ne reconnaît pas le lit ; l'exiguïté du matelas l'incommode, la courtepointe pèse sur ses jambes. C'est l'oppression même de la tombe. Il se voit mourir, et se redresse d'un coup, transpirant et glacé.

L'après-midi déjà, alors qu'il patientait dans l'antichambre de Monsieur, les leçons de l'abbé Nouet, son confesseur à la Bastille, lui sont revenues en tête, sans raison, comme un message du Ciel : *prendre de Dieu les*

adversités et les tourner à notre avantage ; ne songer qu'à la mort ; passer comme les saints du temps à l'éternité...
— Pourquoi, se demande Bussy, moi qui ai l'imagination si remplie de la mort que je ne saurais, quand je suis en tête à tête avec moi-même, me parler d'autre chose jusque dans les heures de félicité, pourquoi ne suis-je pas meilleur chrétien ?

Quels progrès a-t-il accompli sur ce chemin ? La vie est décidément trop courte : cent ans d'assurés paraissent à peine un temps raisonnable pour commencer son salut.

Courant vainement après le sommeil, par une de ces associations d'idées qui guident la pensée dans le tohu-bohu de ces instants, il se souvient d'une petite impiété à laquelle il a pris part autrefois, pendant la campagne de Catalogne. On assiégeait Lérida. Le prince de Condé faisait creuser la tranchée au son des violons, presque sous les remparts. Il y avait là les ruines d'une église, où quelques officiers se donnaient à dîner, dans l'attente de la relève, en soldats qu'a endurcis la guerre. Le vin fait rarement défaut à cette sorte de réunion. Bussy revoit les paniers de victuailles, l'herbe jaune, les armes en faisceau parmi les vestiges de l'abside, sous l'éclatante voûte du ciel. Dans la gaieté du festin, quelqu'un soulève une dalle fracassée et découvre, au fond d'un caveau, un cadavre en parfait état de conservation, encore vêtu de son suaire. La grande sécheresse du pays l'a empêché de se corrompre, ou bien c'est un saint. On l'exhume, on prend ce nouveau convive par les bras, on danse avec lui un menuet, une farandole, tandis que les petits violons du prince jouent toujours à l'abri de la tranchée et que les Espagnols indignés font tonner canons et arquebuses. Deux camarades y passent. Bussy fait alors avec un troisième, nommé Jumeaux, le serment que le premier d'entre eux qui touchera aux rives de l'autre monde enverra au survivant de ses nouvelles. Ils ont en commun, trouvent-ils, une vive curiosité pour la vie future. Ils crachent et jurent ensemble, très solennellement. A quelque temps de là, Jumeaux meurt des suites d'une grande débauche qu'il a faite avec des Suisses. Le fantôme se venge. Et Bussy tombe malade, parce qu'il a mangé trop de fruits et de glace des montagnes ; puis il verse de cheval en chargeant l'ennemi, et se démet l'épaule contre une pierre, de sorte qu'il faut l'évacuer sur des brancards. C'était il y a plus de trente ans. Croyant que Jumeaux honorerait sa promesse, Bussy l'attendait tous les soirs, sans frayeur. Et puis il a vu enfin qu'on ne faisait pas toujours ce qu'on voulait quand on était mort.

Voilà bien par où l'épouvantail épouvante. Bussy ne s'alarme guère sur la façon dont il va mourir ; c'est le spectacle de l'étendue d'éternité où il demeurera impuissant et couché qui lui hérisse le poil. Comment s'y préparer si l'on n'escompte pas trépasser d'une maladie assez hideuse pour dégoûter de la vie ? Peut-être devrait-il faire peindre par La Mèche, dès son retour en Bourgogne, un panneau très noir où l'on verrait des squelettes et autres symboles. En ajoutant les devises appropriées, on aurait là un prétexte à méditation.

Mais le lendemain, se rappelant l'accueil du roi, et le soleil le mettant dans d'autres dispositions :

— C'est être déjà damné, dit-il, que de craindre trop de l'être.

Il est à sa toilette, et se demande s'il trouvera le temps d'aller à l'Opéra, quand Louise pousse un cri. Elle a le visage congestionné et se tient le ventre à deux mains. Le rêve se brise. Vite, il faut envoyer quérir la sage-femme. Mon Dieu, pourquoi, quand il en était encore temps, n'a-t-elle pas choisi d'avorter ?

Ce jour-là, Dupré remplace La Rivière à la fenêtre de l'établissement de bains. Il voit le laquais du comte quitter l'hôtel de Brissac en grande hâte, puis revenir avec l'accoucheuse. Il doit d'urgence prévenir son maître.

Il ne trouve pas le chevalier rue du Cimetière-Saint-André, ni au cabaret voisin. Il laisse des messages, et finit par le rencontrer dans la rue, non loin de la fontaine de l'Abbaye.

La Rivière court avertir le lieutenant civil Le Camus. Sur sa requête, celui-ci dépêche alors à l'hôtel de Brissac le commissaire Sacquard, escorté d'un exempt et de quatre archers. La dépense est plus élevée que prévue, mais il paraît que c'est ainsi que procède la justice du roi, et le chevalier se dit que son argent n'est pas mal investi.

On assaille la maison garnie dans le milieu de l'après-midi. Où est l'enfant qui vient de naître ? Il n'y en a pas, la sage-femme est rentrée chez elle, c'était une fausse alerte. Trouvés dans la même chambre, vexés et ahuris, Bussy et Louise s'en tiennent à leur l'histoire : elle est l'épouse de Jacques du Puy, de Bretagne, il est son père et l'a accompagnée à Paris faire ses couches, en l'absence du mari.

La Rivière dira que le commissaire, lui ayant demandé s'il n'était pas plutôt le célèbre auteur de *L'Histoire amoureuse des Gaules*, le grand Bussy-Rabutin, le comte a été si flatté du compliment qu'il n'a pu se retenir d'acquiescer. La chose paraît un peu forte. Quoi qu'il en soit, les interrogés refusent de signer leur déposition.

On tenait pour assuré que l'enfant était né. N'ayant pas reçu d'instructions pour le cas contraire, le commissaire laisse l'exempt et les archers devant la porte, afin de prévenir toute tentative de fuite, et dit qu'il reviendra dans la matinée du lendemain.

Des contractions prennent Louise en fin de soirée, mais légères, et elles ne sont suivies d'aucun effet. Bussy serre la main de sa fille. Quand il la sent à nouveau d'aplomb, il la fait habiller de sa robe de chambre doublée d'hermine, le vêtement le plus chaud qui lui aille encore, puis s'en va frapper à la porte de leur voisin de palier, un baron de Villermain. Il lui dit que la fille d'un de ses amis a bien du malheur, et qu'il l'obligerait infiniment en l'aidant à quitter discrètement la maison. On croit savoir qu'un M. de Pindref, conseiller au parlement de Bretagne, occupe une chambre du rez-de-chaussée, ouvrant sur la rue de derrière. On réveille ce M. de Prindref, se targuant d'une parenté avec sa bisaïeule. Il cède sa chambre et va coucher ailleurs. Des barreaux épais défendent ses fenêtres, hélas ! et l'on ne peut sortir par ce côté. Ce qu'il faudrait, c'est passer par l'appartement mitoyen, où loge l'évêque de Tréguier. Il y a là-bas un couloir qui traverse la cuisine pour donner sur la rue d'Orléans. Les Bretons ont l'esprit patriote, Bussy du moins s'y entend à merveille pour le leur insuffler au son de ses écus. Le maître d'hôtel de l'évêque le comprend si bien qu'il consent même à démonter une serrure du couloir, dont il n'a pas trouvé la clef. Personne ne passe jamais par ce chemin qu'obstrue un lit chargé de caisses. Bussy aide la femme du Puy à franchir l'obstacle avec des marques de tendresse très appuyées ; sa prévenance frappe tout le monde. Il lui tient le bras, l'enlace, la soulève délicatement, lui souriant et la rassurant sans cesse, et la porte jusqu'au-dehors, quoiqu'elle soit bien grosse et qu'il soit bien âgé.

La femme de chambre et le laquais sont allés en avant. Ils reviennent vite avec le petit carrosse aux vitres bleuies. Bussy remercie chaleureusement la Bretagne, et s'évanouit dans le brouillard de l'aube.

Le commissaire Sacquard ne reparaît pas seul à l'hôtel de Brissac ; La Rivière a déposé une plainte pour l'enlèvement de son épouse, et le lieutenant civil l'accompagne, ainsi que le procureur du roi. On entre, on ne trouve dans la chambre que deux coffres de voyage contenant du linge, des vêtements, de la vaisselle, et dans un pochon de velours un petit portrait ovale. La peinture représente une femme avec un perroquet sur l'épaule. Qu'y a-t-il d'inscrit sur le cadre ? On déchiffre : *Louise-Françoise de Rabutin, marquise de Coligny*. Cela sort du pinceau d'un dénommé La Mèche et porte la date de l'année passée. Quelqu'un reconnaît-il dans ce portrait la prétendue femme du Puy ? Le commissaire Sacquard ne voit aucune ressemblance avec la personne qu'il a interrogée la veille ; le logeur, le maître d'hôtel, M. de Prindref, pas davantage ; le baron de Villermain moins encore. Il se prétend l'ami des Arts. Cela pourrait être la Vierge Marie, dit-il, aussi bien que la reine des Amazones ; c'est juste assez bien peint pour faire connaître qu'il s'agit d'une femme de qualité.

Toutes ces choses figurent dans le procès-verbal que dresse Le Camus.

Les partisans de Bussy diront ensuite :

— Quand on songe à la permanente complaisance du lieutenant civil à l'égard de La Rivière, on aperçoit un peu comment ce dernier a évité de partager le sort de sa maîtresse, Mme de Pollaillon, dans le triste procès des poisons.

La complaisance ne s'arrête pas là. Les mouches de la police ont vite fait de *reloger* Bussy. Il a caché sa fille tout le jour au moulin de Vaugirard, à un quart de lieue de Paris, pendant que le laquais en livrée rouge lui cherchait un appartement meublé à louer près du faubourg Saint-Germain. En période de foire, autant vouloir décrocher la lune. Enfin, au cabaret de l'*Épée royale*, rue du Four, sur le chemin de Sèvres, on lui a proposé une chambre de l'étage.

— Il me la faut, disait le laquais, pour une dame de la campagne.

La tenancière de l'*Épée royale* s'appelle la Roger, du nom de son époux.

Selon sa déclaration, ladite dame de la campagne est arrivée à la brune, accompagnée d'un cocher, d'une petite femme de chambre et de plusieurs autres laquais en livrée rouge. Elle était toute emmitouflée de fourrures et paraissait fort fatiguée. Elle a demandé à se coucher sur-le-champ, sans souper, et n'a pas quitté le lit avant le lendemain au soir, se levant un moment seulement pour qu'on le retape.

Bussy ? Bussy avait ses obligations. Bussy était à l'Académie. Après le compliment que lui avaient fait ses confrères sur son retour en grâce, il ne pouvait faire moins que d'aller les remercier dans leur illustre maison par un petit discours. Cela ne s'ajourne pas, quelles que soient les circonstances. Jugez combien ils l'ont applaudi, alors qu'il n'avait rien préparé. Dix-sept ans d'absence, a-t-il dit, lui avaient fait perdre les dispositions qu'il pouvait avoir à ces beaux tours et à ces nobles expressions qu'on apprend si bien avec eux. Oh, non, il n'avait oublié ni l'admiration ni la gratitude qu'il leur devait, mais la bonne manière de les dire.

— Vous me la rapprendrez, messieurs.

5

Il passait beaucoup de monde dans la rue du Four, et le cabaret de l'*Épée royale* n'était pas aussi facile à espionner que l'entrée de l'hôtel de Brissac ; mais Dupré montrait un don réel pour le métier, il y prenait même du plaisir, et La Rivière voulait bien lui offrir de quoi se grimer en bourgeois : le voilà dans la place, buvant sa bière dans la salle commune et prenant directement de la Roger des nouvelles de la dame de la campagne. Pour amadouer la tenancière, il lui a dit qu'il pensait que la femme était de son pays. Son rapport n'a rien à envier à ceux du commissaire. Mieux, il a su prendre des initiatives, n'a pas manqué de flair et a suivi qui il fallait, quand il le fallait ; il a questionné enfin deux des serviteurs du comte très adroitement ; de sorte que quand La Rivière a transmis au lieutenant-civil les informations glanées par son domestique, l'essentiel du travail était déjà fait ; Le Camus n'a eu qu'à repasser derrière, afin de dresser le procès-verbal.

Déclaration de la Roger :

— Le jeudi 13e de mars, la dame de la campagne a beaucoup gémi, on voyait qu'elle avait perdu les eaux. Mais lorsque je lui ai offert d'envoyer quérir une sage-femme, je me suis vu répondre que quelqu'un allait venir. Nous n'avions pas fini de parler qu'un homme en noir montait à l'étage. C'était M. Boucher, le chirurgien de la reine. Il habite à cent pas d'ici, tout le monde le connaît dans le quartier. Puis il y a eu trois grands cris dans le milieu de la nuit, et la dame a accouché d'un garçon.

Déclaration du chirurgien :

— L'enfant se présentait normalement. Nous n'avons jamais eu de naissance plus facile.

Déclaration de la Roger :

— En vidant le baquet, le lendemain, j'ai vu le petit auprès de la mère, emmailloté à ravir. Les deux se portaient bien.

Déclaration du chirurgien :

— Que voulez-vous que je vous dise ? Un laquais est venu me chercher dans un carrosse dont je n'ai pas eu le loisir de distinguer les armes ; il m'a conduit dans une auberge où je n'étais jamais entré ; j'ai rendu mes services à une dame dont je n'ai pu apprécier les traits : j'avais mis la chandelle du côté de ses jambes et elle était dans ses cornettes et coiffes de nuit ; il m'a semblé qu'un homme ronflait au fond d'un fauteuil tiré dans l'ombre, mais il avait peut-être juste les narines encombrées ; le laquais m'a payé ce que je lui ai dit, et le cocher m'a reconduit chez moi.

Déclaration de la Roger :

— Le monsieur qui était avec la dame venait chaque soir, sans flambeau ni lanterne, le col levé et le chapeau baissé. Il a pris une garde-malade, le lendemain, et j'ai aidé la femme de chambre à changer les linges souillés et à les porter au lavoir. Quand je lui ai demandé s'il était le père de l'enfant, elle m'a répondu qu'il ne l'était pas. Quand je lui ai demandé qui était alors le mari, elle m'a répondu qu'elle l'ignorait. Les belles manières de la dame auraient pu tromper une autre que moi ; mais croyez mon expérience, votre jolie dame était une mauvaise fille que le Bon Dieu amendait par où elle faisait son métier.

Déclaration du chirurgien (après que le lieutenant civil Le Camus lui eut montré le tableau ovale) :

— Cela ressemble moins à un portrait qu'à une de ces figures d'ex-voto qu'on voit aux piliers des chapelles.

Déclaration de la Roger :

— Le dimanche, quand je suis rentrée de vêpres, l'enfant n'était plus dans la chambre. On n'allait pas se plaindre. Si vous l'aviez entendu brailler !

Déclaration du chirurgien :

— Un homme plutôt grand, vêtu d'un manteau gris-brun, a frappé à ma porte dans la matinée du dimanche et m'a demandé l'adresse d'une nourrice de confiance pour l'enfant que j'avais mis au monde. Je l'ai conduit rue Champfleury, près du Louvre, chez une grainetière qui a bon lait.

Déclaration de la Boucher :

— La femme de chambre était à la messe aux Prémontrés. Elle est revenue avec des porteurs de chaise, puis a bouclé le bagage de sa maîtresse, pendant que les porteurs prenaient la dame sous les bras et la descendaient. Ils ont baissé les rideaux des portières de la chaise et sont partis dans la direction de Sèvres. Un laquais est venu ensuite enlever les malles, et la femme de chambre m'a dit ses adieux.

Devinez où Mme de Coligny a abrité sa convalescence. D'après M. de La Rivière, qui la suit toujours comme une ombre, elle a passé six jours dans le faubourg, rue de la Planche, chez le duc de Saint-Aignan ; puis six autres au couvent de la Visitation Sainte-Marie, auprès de sa sœur Diane. La religieuse aurait fait d'abord quelques façons, n'approuvant guère qu'on outrageât les lois divines du mariage, puis l'amitié s'est raccommodée dans les vues de la famille, le comte y ayant porté bon ordre.

Mme de Coligny refait aujourd'hui son entrée dans le monde, disant bien fort qu'elle arrive tout droit de Bourgogne, pour l'ouverture de son procès.

En la voyant paraître dans les salons, agrafée au bras de son père, les gens l'ont comparée au lierre qui expire si l'on a la cruauté de le détacher de l'arbre qui le soutient. La faible plante n'avait pas belle mine, et M. de M.-C., qui s'en était fort entiché au bal de l'évêque de Strasbourg, il y a quelques années, l'a trouvée *assez flétrie,* et a dit que le temps de sa gloire de femme se trouvait derrière elle.

Les dames la fixaient avec des yeux de volaille offusquée, à l'exception de deux ou trois viragos qui la voulaient prendre pour bannière. Seule Mme de la Granadoue lui a fait l'amitié de la gronder d'être devenue si maigre et de se négliger.

Il faut dire que son affaire n'est pas bonne et que le rappel à la cour de son père — pardon bien fragile, grâce qu'on dit déjà éphémère — ne suffira pas à la lui faire gagner.

Toujours selon M. de La Rivière, le lieutenant-civil a recueilli chez la nourrice de la rue Champfleury, dix heures après qu'il y a été laissé, l'enfant que Mme de Coligny, prisonnière de ses mensonges, ne peut plus reconnaître pour sien. Les juges lui ont donné un curateur en la personne de maître Fournier, qui le représentera à l'audience contre cette mère qui l'a abandonné sans lui accorder le sacrement du baptême.

6

Bussy clamait que sa fille avait été abusée par un homme de néant. Il n'aurait pas dû le dire si haut. Le néant se réveille, et il ne l'est pas tout à fait. Le comte donnait le chevalier pour le petit-fils d'un laboureur, devenu laquais du chancelier Sillery. Il est vrai que M. de La Rivière n'a pu produire son propre acte de naissance, et il est très probable que sa mère a été tirée de la roture, mais ses titres ne sont pas tous mauvais : son oncle est le gouverneur de Saint-Dizier, il y a beaucoup de chevaliers, quelques abbés et même un comte dans sa parentèle ; et si tous ces gens ne sont que les petits seigneurs de petites terres, et qu'ils paraissent bien pâlots auprès des ducs, archevêques et maréchaux de France dont se prévaut Bussy, ce sont pour la plupart de braves officiers, ou des fils d'officier, honorablement connus.

Le roi commencerait à changer de jugement. L'enfant abandonné cause beaucoup de tort à Bussy. Sa Majesté n'a pas goûté que le comte contestât l'ordonnance de son lieutenant civil et les procès-verbaux sur quoi elle s'appuyait. Elle n'a jamais aimé d'autre part qu'un de ses courtisans se donnât en ridicule, et moins encore que des soupçons d'inceste pesassent sur lui. Comment croyez-vous que le roi, qui sait tout, ait pris le nouveau placard que le chansonnier Maurepas a mis sur le Pont-Neuf ? La rengaine n'est pas neuve, mais elle joue par accumulation :

Savez-vous pourquoi Bussy
Se fait le tyran de sa fille ?

Ce n'est pas qu'il est du souci
Que l'on foute dans sa famille.
Lui qui nous a écrit toutes sortes d'amours
Est le père Loth de nos jours.

Quand le maréchal de Luxembourg a été rappelé d'exil, Sa Majesté lui a rendu sur-le-champ le commandement de sa garde personnelle. Avez-vous entendu dire que le roi ait consenti au comte la moindre pension, le plus petit titre de dédommagement ? Sa Majesté l'appelait Bussy ; vous verrez qu'elle lui donnera bientôt du monsieur. On connaît ces choses. Le jour n'est pas loin où elle cessera de l'appeler. L'autre matin, à Versailles, tout le monde a bien remarqué que, tandis que le comte dévorait Sa Majesté des yeux, le roi ne l'a pas gratifié d'un regard. Le plus plaisant est que Bussy continue de recevoir des messages de félicitation, en provenance des provinces et de l'étranger, alors que la chance lui montre déjà le dos.

M. de La Rivière disait hier au baron de D.-F. qu'il pourrait, désormais, se passer de renouveler ses libelles et laisser son beau-père travailler seul à sa propre ruine.

Que vous dire d'autre ? On a envoyé une centaine de prostituées au Canada pour peupler les forêts de ce pays. On a expulsé les Juifs de Marseille. On continue de pendre les Protestants par centaines. On ne veut plus que nos bons ouvriers émigrent, pour faire la fortune de nos voisins, et on le leur a interdit sous peine de mort.

La Chambre ardente a fermé ses portes définitivement, renonçant à instruire les procès des différents accusés mêlés aux *faits particuliers*, c'est-à-dire aux agissements de Mme de Qui-vous-savez. Beaucoup de criminels chargés de forfaits monstrueux, certains ayant tenu bureau ouvert pour les empoisonnements, se sont vu éviter ainsi les rigueurs du tribunal, les tourments de la question et le supplice du bûcher. Sur plus de quatre cents personnes inculpées, il n'y aura eu que trente-six condamnations à mort et cinq aux galères perpétuelles. L'abbé Guibourg, Lesage,

Romani, Galet, la Filastre, la fille Voisin, la Delaporte, la Chappelain, tous ceux-là et d'autres de leurs complices, au nombre total de soixante, ont été simplement emprisonnés en différentes forteresses par lettres de cachet, pour le motif du secret d'État, avec ordre que chacun fût attaché à une chaîne de fer dont un anneau serait scellé à la muraille et un autre rivé soit à leur pied, soit à leur bras.

Ils sont aujourd'hui à la citadelle de Besançon, à celle de Belle-Isle-en-Mer, au fort de Villefranche, dans des basses fosses où ils n'auront jusqu'à leur mort aucune communication avec l'extérieur. Le président Gravlaye nous a dit que les soins matériels et spirituels qu'on leur donnait étaient réduits autant que possible, et confiés à la charge de personnes d'une entière confiance. Pour détruire par avance l'effet des révélations qu'ils pourraient leur faire, M. Louvois a écrit aux gouverneurs de ces places que ces prisonniers étaient des coquins qui avaient imaginé des calomnies infâmes, dont la Chambre avait reconnu la fausseté, et que s'il leur arrivait d'ouvrir la bouche à ce sujet, *il fallait leur répondre sans tarder en les rouant de coups.*

Toujours d'après le président Gravlaye, qui le tient de M. de Brentano :

Deux ou trois prisonniers qui avaient eu le malheur d'être retenus à Vincennes dans la même salle et dans le même temps que les *calomniateurs* de Mme de Qui-vous-savez, quoiqu'ils eussent été reconnus innocents par ailleurs, ont été condamnés également à une réclusion perpétuelle, pour la bonne raison qu'ils avaient recueilli des confidences.

Notre cher Rouargues nous a appris de son côté que Mlle des Œillets, la suivante de la favorite, dont on a longtemps cru qu'elle bénéficierait de l'immunité de sa maîtresse, a été confinée aussi dans une solitude étroite pour le restant de ses jours. Elle passe, selon lui, pour avoir été achetée par des émissaires anglais, lesquels utilisaient ses services afin de saupoudrer d'arsenic les philtres d'amour destinés au roi ; on n'ose réfléchir aux conséquences de ce crime s'il avait réussi. Saura-t-on jamais le fin mot de ces choses ? Si elles avait été rendues publiques, a dit le président Gravlaye, la vérité y aurait sans doute gagné, mais c'eût été un dangereux présent que la justice aurait fait à la postérité du royaume.

Bien des événements resteront à jamais enfouis dans l'obscurité des cachots, parfois ignorés même des principaux intéressés. Savez-vous ainsi que, tandis que Mme de Montespan essayait ses sortilèges sur le roi, Mme la duchesse d'Angoulême, Mme de Vitry, et sa propre belle-sœur, Mme de Vivonne, avides de lui ravir sa place dans le cœur de Sa Majesté, recouraient pareillement à la science magique de la Voisin ? M. de La Reynie en possédait les preuves, avant qu'il ne les donnât au feu, sur ordre, devant greffier.

Personne au monde n'aura jamais été l'objet d'autant d'envoûtements que le roi. Rouargues a dit à ce sujet que si Sa Majesté était bien la personne la plus charmante de France, c'était sans doute par l'effet de tous ces *charmes*. Nous l'avons semoncé. Les plaisanteries de cette sorte ne doivent pas franchir les lèvres, même dans le cercle de ses amis.

1683-1684

1

Deux années de procédure. Quinze, vingt audiences, c'est un long procès.

Il y a des incidents, des inscriptions de faux. Bussy présente au tribunal des lettres de *Rivier*, remaniées par lui ou par sa fille dans un sens favorable à leur cause ; contrefaçons irrecevables, selon l'expertise de l'écriture. Il y a des contretemps, des volte-face. On se porte devant un autre tribunal, on change de défenseur ; maître Pageau, l'avocat de qui Bussy attendait une victoire rapide et dont il disait aimer très fort la physionomie, meurt en pleine bataille d'un arrêt du cœur ; Bussy tombe malade à nouveau, la colique est assez barbare pour l'empêcher de faire sa cour à Versailles, il se fait opérer de la fistule, incision d'un demi-pied : soixante-neuf jours sur le dos, sans oser lever les genoux ; le juge Denis Talon, procureur général du roi, n'apparaît pas en meilleure santé : le magistrat s'essouffle, crache le sang, on suspend les audiences, qu'on reporte à trois reprises. La ligne d'attaque change aussi : vouloir faire dissoudre le mariage, c'était en reconnaître implicitement l'existence ; or Mme de Coligny maintient qu'il n'y a pas eu union, et c'était par erreur et mauvais conseil qu'elle interjetait l'appel comme abus d'une célébration qui n'a jamais existé : elle requiert d'abord que soit défendu à La Rivière de se dire son mari. Injures, menaces : on se reproche tous les crimes, remontant loin dans le passé de la partie adverse. Et il y a encore des factums, des libelles, chacun entraînant sa réfutation, de sorte que l'on crache toujours le fiel des deux côtés, quoi qu'en dise La Rivière, dans une surenchère de mensonges.

Bussy :

« Il n'est pas vrai que j'ai jamais invité ledit Rivier à venir dans ma maison. Ayant appris qu'il était en Bourgogne et ne sachant pas encore que c'était pour se sauver de la Chambre ardente qui avait fait arrêter la dame de Poulaillon, dont il était l'amant public et le complice, je lui ai demandé simplement de venir chanter chez moi, sachant qu'il chantait agréablement, pour l'avoir écouté à Paris. »

La Rivière :

« M. de Bussy a reçu de moi tous les respects que je lui devais et tous les secours que je ne lui devais point, car je lui ai prêté par ma femme l'argent dont il avait besoin pour l'acquisition d'une terre, à Lanty. L'honneur de son alliance me coûte plus de la moitié de mon bien. »

Enfin, après tout ce tapage, la Grand'chambre se réunit. Les avocats développent leurs arguments et rivalisent d'éloquence et érudition, pour le plus grand plaisir d'un parterre de courtisans et de belles dames, dans un bruissement continu d'éventails ; et ces grandes voix sont Nivelle pour M. de La Rivière, Guyot pour ses parents, Robert pour le tuteur de l'enfant ; et c'est Chardon qui plaide pour M. de Bussy, et ce sont Severt pour Mme de Coligny et Caillard pour leurs parents ; puis, chacun ayant fait valoir son point de vue, le procureur général du roi se lève et prend à son tour la parole :

— Toutes les circonstances, dit-il, qui se rencontrent dans cette controverse, illustre par la qualité des parties, et importante puisqu'il s'agit de la validité d'un mariage et de l'état d'un enfant, nous représentent d'abord un tableau de l'inconstance humaine qu'on ne saurait regarder sans étonnement, et elles n'excitent que de l'indignation contre tous les personnages qui paraissent sur ce célèbre théâtre, et qui semblent n'avoir d'autre but que de donner un spectacle au public au dépens de leur honneur, et de faire des plaies mortelles et irréparables à leur réputation.

A la grande joie de l'assistance, Denis Talon fustige cha

cun des plaideurs : il juge la conduite de Bussy *très suspecte et odieuse* ; il reproche à La Rivière d'avoir commis un sacrilège en faisant lire à l'audience les lettres de sa femme, et le dit très fautif de s'être engagé dans un procès dont le succès satisfera sa vanité *sans contribuer jamais ni à son élévation, ni à l'accroissement de sa fortune* ; pour lui, il serait demeuré dans le célibat, dit-il, plutôt que de s'embarquer dans une poursuite pleine de chagrins, de fatigues et de dépenses ; quant à Mme de Coligny, il la blâme en premier pour lesdites lettres, *si débordantes de l'impétuosité d'une passion déréglée qu'elles blessent la modestie et la pudeur de son sexe* ; puis, un ton plus haut, la jugeant sans doute la plus coupable :

— Il est difficile de concevoir qu'une femme de la condition de la dame de Coligny, ayant aimé un homme avec tant de violence et d'emportement, lui en ayant donné des marques par écrit, ayant fait tous les autres pas pour s'unir à lui d'un lien indissoluble, change tout d'un coup de sentiment par la seule déférence qu'elle veut avoir pour la volonté de son père, et qu'elle s'expose par là à une diffamation inévitable.

Et enfin, après avoir réduit à rien les cinq clauses de nullité invoquées par Bussy :

— Ne peut-on dire que le mal et la honte que souffre aujourd'hui la dame de Coligny viennent de ce que l'amour l'a d'abord enflammée avec excès, et de ce que, dans la suite, la crainte l'a humiliée mal à propos ? L'aveuglement de son père est pourtant déplorable de vouloir qu'elle passe plutôt pour la concubine que pour la femme du sieur de La Rivière ; et c'est donc faire plaisir à la dame de Coligny et réparer son honneur, autant qu'il peut l'être, que de confirmer son mariage et de légitimer l'enfant qui en est issu.

Pour Bussy, l'arrêt du parlement est un coup de foudre, une totale surprise, un événement terrible. On nous raconte qu'il hurle partout contre la partialité des juges, qu'il jure de se venger d'eux et du lieutenant civil Le Camus, *l'homme qu'il hait et méprise le plus*. Sa fureur croît de ne lui attirer que des railleries. On croit du coup que sa cervelle n'y résistera pas. Elle résiste cependant, et il nous revient dans le milieu de l'été, très abattu, laissant sa fille de Coligny seule à Paris, où elle se pourvoit en appel.

Il lui écrit alors au rythme de la poste, ne pouvant se passer d'elle, et Louise répond de même, lui faisant cent grosses lettres frénétiques où elle l'appelle *mon petit papa*.

La Rivière dit que c'est par sa manie d'écrire que cette famille s'est perdue, le père en faisant les chansons obscènes qui l'ont mené à la Bastille, la fille en ne sachant puiser l'amour que dans son encrier.

Louise de Coligny pousserait jusqu'au vice le besoin de noircir du papier. Elle n'a jamais interrompu, dit le chevalier, son commerce avec lui : elle l'assomme d'invectives et de reproches, lui écrivant trois fois la semaine qu'elle n'est pas sa femme, qu'il ne l'a jamais épousée, qu'elle n'a pas été à lui. — Comme La Rivière ne montre à personne aucune de ces lettres-là, Mme de Ch. pense cependant qu'il les invente, pour se vanter d'inspirer une haine inextinguible.

Pour le reste, quand elle n'est pas à Sainte-Clotilde dans ses dévotions, Mme de Coligny assourdit l'antichambre des avocats. Le masque est tombé : tout paraît extrême dans cette créature. On ne la rencontre plus dans aucun salon. Elle évite l'énorme Mme de Bussy autant qu'elle ignore sa sœur de la Visitation, car elle estime qu'elles ont appuyé son affaire avec tiédeur.

Elle ne voit personne. Elle a claqué la porte de deux hommes de loi, parce qu'ils lui conseillaient d'abandonner la requête civile et qu'ils l'assuraient qu'elle ne réussirait pas à faire casser le jugement. Mais le troisième qu'elle a pris lui a tenu même discours, de sorte qu'elle a fini par se rendre à cet avis. Elle demande maintenant aux amis qui lui restent d'entrer en arrangement avec le chevalier, tout en les priant de montrer clairement combien la tractation lui répugne.

M. de Lamoignon s'entremet. Il sonde un créancier de

La Rivière, il parle à son hôte de la rue du Cimetière-Saint-André ; ces choses-là s'amorcent toujours par des intermédiaires de choix. On laisse entendre en retour que le chevalier n'est opposé à rien, puisqu'il n'a encore rien obtenu de concret de l'arrêt du parlement.

Cet arrêt ordonnait à la marquise de prendre l'enfant pour son fils, de reconnaître M. de La Rivière pour son mari, et de retourner incessamment avec lui. Quant à Bussy, il n'a été condamné à payer que cinquante livres pour le pain des nécessiteux, en sus des dépens ; point de dommages ni d'intérêts.

Le chevalier fait dire qu'il sent bien que Mme de Coligny n'est pas d'humeur à se plier aux commandements qui lui ont été faits. Il le conçoit, et il n'a de son côté aucunement l'intention de se mettre en communauté avec une femme *mûre et récalcitrante* ; il veut bien lui accorder de résider où il lui plaira — mais l'enfant ? N'est-ce pas son devoir de père, dit-il, d'offrir un toit à ce malheureux enfant qui ne connaît pour l'instant que celui de l'institution où la justice l'a placé ?

Pour cet enfant, auquel il n'a toujours pas donné de nom, dont, nous assure-t-on, il ne sait pas même le visage, il réclame que son épouse lui cède en viager l'intégralité des revenus de la terre de Lanty.

La *contrepartie* garantira au chevalier un train de vie confortable. La marquise pourrait en découdre, mais elle a hâte de retrouver son *cher papa*, de sorte que les avocats estiment à présent que l'affaire sera définitivement réglée avant la fin de l'année.

Mme de Ch. :

— La justice était bien inconséquente aussi de condamner deux fauves ennemis à la même cage, et bien présomptueuse de penser qu'ils y gagneraient. Votre procureur Talon me paraît un homme de courte vue.

Et au receveur de Boui, qui crie partout que l'indigne conduite de Bussy a sali toute la noblesse de Bourgogne :

— Connaissez-vous, monsieur, beaucoup de maris en

disposition de se battre pour leur femme comme Bussy a bataillé pour sa fille ? Pour la vôtre, vous ne feriez pas le quart, vous ne feriez pas le dixième.

M. de Boui a plié sous l'attaque. Sa femme l'a vengé en répandant depuis une rumeur qui veut que Mme de Ch. ait accordé des faveurs au comte, autrefois.

2

Bussy :

« J'ai été plusieurs fois sur le point de mourir parce que j'étais sur le point de quitter ma fille de Coligny ; rien ne m'est demeuré si fortement dans la mémoire que ces sortes d'angoisses, qui sont les plus cruels tourments de l'esprit. Il est douloureux d'aimer tant. Ceux qui sont si sensibles sont bien malheureux. »

Le père de La Chaise lui a dit, à leur dernière rencontre, sur les plaintes qu'il lui faisait des duretés de l'injustice royale, que Dieu lui témoignait par là son amour, et que les disgrâces qu'il nous octroyait étaient des marques infaillibles de prédestination. Bussy lui a répondu qu'il le croyait, et qu'il voyait bien que Dieu le voulait avoir, et qu'il l'aurait, mais qu'il eût bien voulu que c'eût été par des mains moins crasseuses que celles du procureur Denis Talon et moins ignominieuses que celles du lieutenant civil Le Camus, et qu'il avait espéré que le chemin de son salut eût été tracé par des anges plus polis.

Le temps de la correspondance est revenu.

Sa cousine de Sévigné lui a témoigné dix fois qu'elle partageait ses épreuves et qu'elle était affligée de ses chagrins plus qu'elle ne pouvait l'exprimer. Il y a des moments dans la vie, disait-elle, bien difficiles à passer ; mais n'avait-il pas reçu de la Providence du courage au-dessus des autres ? Vous connaissez le proverbe, *on donne la robe selon le froid.* Elle ne doutait pas que son cousin triompherait bientôt de l'adversité et qu'il se consolerait auprès de sa fille de Coligny, à la perfection.

A son ami Moulceau, à Montpellier, Mme de Sévigné écrivait néanmoins, dans le même temps : « Le procès a mis La Rivière en vogue. Bussy bondit dans les nues ; sa fille est forcenée dans son lit. Dieu l'a réglé de toute éternité. » *Vae victis*. Douleurs aux vaincus.

A Paris, le Pont-des-Tuileries n'a pas résisté à la fureur des éléments qui ont tout ravagé ; l'une de ses arches a échoué à Saint-Cloud. Jamais il ne s'est vu hiver si terrible. Les bois sont abattus jusque chez nous. Ajoutez à cela le froid qui prend les rivières, et vous comprendrez pourquoi le président Gravlaye a trouvé des cadavres d'hommes sur le chemin de Dijon, et que nous n'avons pu empêcher qu'il n'y en ait la nuit dans nos rues, de très jeunes et de très vieux, durs et glacés.

Mme de Coligny ne dit plus rien. Elle a fini par se séparer de Mlle Poussy, la dotant généreusement, il est vrai, pour la raison que Mlle Poussy *lui rappelait trop de choses*.

La Rivière était ces jours derniers à Lanty. Il avoue de son côté, sans mettre les gants :

— Quiconque m'a connu à fond m'a toujours trouvé fort capable d'amuser une veuve qui n'a rien à faire.

Soutirer de l'argent aux dames ? Il n'y prend pas de honte : regardez autour de vous, qui voyez-vous rougir d'avoir fait fortune par cette voie ? M. de Trichâteau ? M. de Guitaud ? Tout le monde admire la position à laquelle ils se sont élevés. Pensez-vous, demande-t-il, que Bussy pourrait soutenir son rang si on le privait de la dot de son épouse et de l'argent de sa fille ?

Il a entrepris de traduire à son tour les vers de Martial, de Catulle, de Tibulle, de Properce, qui sont les poètes latins de la licence et de la volupté. Cela ne doit pas surprendre. Dans le temps de leur amitié, La Rivière inclinait déjà à imiter le comte. Il veut composer un traité sur le bon usage des prospérités, parce que Bussy a commencé d'écrire sur ce sujet. Il paraît que lorsqu'il signe les lettres qu'il envoie aux gens de condition, il ne manque jamais d'inscrire au-dessous de son nom : *gendre de Bussy-Rabutin*.

Enfin, aux injonctions du curateur de l'enfant, qui le pressait de le prendre, il a fait répondre qu'un père ne remplaçait pas une mère, et qu'orphelin lui-même, il ne concevait pas de meilleure éducation que celle de l'orphelinat.

Nous l'avons rencontré ce matin à la messe et avons discuté ensemble du malheur extrême d'être livré à l'ennui et à l'oisiveté ; c'était le sermon du jour. La Rivière avait la voix enrouée pour avoir couru un renard sous la pluie, mais il nous a tenu un petit discours plein d'honnêteté, de droiture et de bon sens, qui allait beaucoup plus loin que la savante dissertation de l'abbé Langlade. C'est qu'il s'appuyait sur des exemples tirés de sa propre vie, se dépeignant tout entier pour une fois, avec ses soucis, ses découragements, ses retours en pensée vers un monde dont il désirait d'être oublié, mais que lui-même ne réussissait à oublier qu'à demi, car il conservait un *petit feu*, ce sont ses mots, qui l'animerait encore dans sa vieillesse, la trompant et l'empêchant, prévoyait-il, de devenir jamais tout à fait sage. Savez-vous qu'il a l'intention de placer son pécule chez les Bénédictins de Saint-Denis, avant de se retirer à l'Oratoire du Luxembourg ? La conversation se prolongeait cependant, et il moralisait si bien que nous l'avons prié à dîner. La jolie Mme de Renonceau ne le perdait pas des yeux. Comment, vous ne la connaissez pas ? C'est une cousine de notre ami Rouargues, mal mariée à un barbon des Vosges. D'après Mme de T., le chevalier lui a tourné la tête par ses frasques, et elle le lorgne depuis quelque temps. Elle semble avoir de grands desseins sur sa personne, y met de la suite, se trouve partout où il est. Défions-nous de ces dévotes aimables qui montrent un extérieur composé, et qui, par une écorce de modestie, des avancées timides et de petits soupirs étudiés, sont plus dangereuses que des coquettes de profession. Le *petit feu* de La Rivière pourrait bien se réveiller en volcan. Notre cher Rouargues en est mortifié. Il veut parler. Nul ne sait encore ce qu'il en sortira.

« Les détails domestiques amusent seulement la curiosité ; les faiblesses qu'on met au grand jour ne plaisent qu'à la malignité, à moins que ces mêmes faiblesses n'instruisent, ou par les malheurs qui les ont suivies, ou par les vertus qui les ont réparées. »

VOLTAIRE,
Le Siècle de Louis XIV.

Ce roman s'inspire de faits authentiques, du moins des récits authentiques de ces faits. On les trouve principalement dans la correspondance et les *Mémoires* de Bussy-Rabutin, dans les lettres de Mme de Sévigné, dans les libelles de La Rivière. Mais mes emprunts ne se limitent pas à la seule chronique des événements ; de façon générale, j'ai trouvé la matière de mes *ragots* dans toute la littérature du XVIIe siècle, de Mme de Lafayette à Saint-Simon, de l'abbé Fléchier à La Fontaine. Couper, coller, lier, refondre tout en un tout cohérent, c'était la méthode imaginée par Bussy-Rabutin à la fin des années 1670 ; elle induisait, selon lui, « la manière la moins ennuyeuse de conter et la plus naturelle ». Elle m'a permis d'abord de donner à ce jeu d'illusion qu'est un roman, comme un semblant de patine, l'intonation des voix de l'époque.

Pour les *Mémoires* de Bussy-Rabutin et pour sa correspondance, dont la lecture m'a guidé de bout en bout, je me suis servi de l'édition établie par Ludovic Lalanne (Charpentier, 1857 et 1858-1859) ; et pour les lettres de Mme de Sévigné, de l'édition de la Pléiade établie par Roger Duchêne (Gallimard, 1978). Pour ce qui est de La Rivière, j'ai suivi son point de vue, tel qu'il est exprimé dans ses *Lettres choisies* (Michault, 1751) et dans *La Marquise de Coligny*, par J. Henri Pignot (Joseph Ducher, 1888) ; la plupart des lettres de la marquise qui nous sont parvenues se trouvent dans ces deux ouvrages. Pour l'histoire de la Voisin et de Mme de Montespan, j'ai essentiellement puisé dans *Le Drame des poisons*, par Funck-Brentano (Hachette, 1900).

J'aimerais enfin remercier ici Jean-Claude Simoën : c'est sur ses conseils que j'ai lu le joli livre d'André Hallays, *En flânant à travers la France : la Bourgogne* (Perrin, 1923), où j'ai découvert l'histoire des amours de Louise de Coligny ; et également Jacqueline Duchêne, pour sa biographie de Bussy-Rabutin (Fayard, 1992) et pour la gentillesse avec laquelle elle a bien voulu répondre à mes questions et m'éclairer de ses lumières.

S. B.

Cet ouvrage a été composé par
Nord Compo (Villeneuve-d'Ascq)
et imprimé par la Société Nouvelle Firmin-Didot
Mesnil-sur-l'Estrée
pour le compte de la Librairie plon

Achevé d'imprimer en décembre 2000

Imprimé en France
Dépôt légal : décembre 2000
N° d'édition : 13310 - N° d'impression : 54217